FAMILY

> ➤ ## for Future

FAMILY for Future

Das große Umweltbuch
für die ganze Familie

Inhalt

Family for Future
Gemeinsam sind wir stark
6

Ernährung
Wie wir mit unserer Ernährung unsere Umwelt beeinflussen
8

Lifestyle
Kosmetik, Kleidung, Familienfeste, Urlaube … viele Ideen für einen nachhaltigen Lifestyle
60

Energie
Strom-, Wasser- und Gasverbrauch mit kleinen Mitteln reduzieren
114

Mobilität
Wohin geht die Reise? Und vor allem: womit?

160

Müll & Haushalt
Wie wir mit kleinen Mitteln nachhaltiger wohnen und leben

198

Kennzeichen-Auswahl für Bio- und nachhaltige Produkte

252

Stichwortverzeichnis

254

Verweise

256

Family → for Future

Gemeinsam sind wir stark

Eigentlich unglaublich: Am 20. August 2018 saß Greta Thunberg mit ihrem Schild „Schulstreik fürs Klima" das erste Mal vor dem schwedischen Reichstag in Stockholm – allein. Heute ist „Fridays for Future" eine weltweite Klimabewegung. Meine beiden Kinder machen bei den Schulstreiks auch mit. Klar, manchmal mache ich mir Sorgen, dass sie in der Schule was verpassen könnten, aber eigentlich finde ich ihr Engagement super – schließlich geht es ja um ihre Zukunft. Und weil wir auch als Familie nicht tatenlos zusehen wollen, wie das Klima den Bach runtergeht, haben wir unsere Aktion „Family for Future" für ein nachhaltigeres Leben gestartet.

In unserem Freundeskreis gehörten wir zu den Ersten, die sich gefragt haben, was es mit dieser ganzen Nachhaltigkeitsdiskussion eigentlich auf sich hat und was wir als Familie tun können, um die Welt ein bisschen besser zu machen. Wir haben damit angefangen, uns klarzumachen, welche Folgen die Dinge, die wir so tun – also zum Beispiel Auto fahren, Fleisch essen, in Urlaub fliegen –, langfristig für unsere Umwelt haben.

Dann haben wir alle zusammen überlegt, wie wir diese Auswirkungen möglichst gering halten können. Wenn wir zum Beispiel viel Fleisch essen, wird in Südamerika Regenwald abgeholzt, um dort Soja anzubauen, mit dem die Tiere gefüttert werden. Das ist schlecht fürs Klima und noch dazu für Tiere und Menschen, die in diesem Urwald leben. Also essen wir jetzt weniger Fleisch.

In der Nachhaltigkeitsdiskussion geht es ja außerdem nicht nur um die Folgen, die unser Lebensstil für die Umwelt hat, sondern auch für die Lebensqualität anderer Menschen. Und die sind zum Beispiel in der Produktion von Textilien enorm: Damit für uns immer die neueste Mode zu haben ist, arbeiten Menschen am anderen Ende der Welt unter unzumutbaren Bedingungen für einen Hungerlohn. Für uns bedeutet das: weniger und bewusster shoppen, reparieren statt wegwerfen.

Du wirst sehen: Anders, als immer mal wieder behauptet, haben wir als Verbraucher jede Menge Möglichkeiten, zur Klimarettung beizutragen. Klar, an den großen Stellschrauben muss wohl die Politik drehen. Aber gleichzeitig habt ihr unglaublich viele Möglichkeiten, Einfluss darauf zu nehmen, wie es mit der Welt weitergeht.

Ich habe für euch in diesem Buch aufgeschrieben, wie wir als „Family for Future" versuchen, in den Bereichen Ernährung, Lifestyle, Energie, Mobilität, Müll und Haushalt mit kleinen Tricks und auch mal der berühmten „Selbstüberlistung" unseren Weg in ein nachhaltigeres Leben zu finden. Insgesamt sind 365 Vorschläge zusammengekommen – genug für ein ganzes Jahr! Die Tipps sind thematisch zwar ein wenig geordnet, bauen aber nicht aufeinander auf. Ihr könnt also einfach eine Seite aufschlagen und loslegen. Und keine Angst: Wir schaffen es beileibe nicht immer, all das, was ich notiert habe, auch zu leben. Das Wichtigste ist, immer dranzubleiben und an einem Strang zu ziehen. Das hat uns als Familie ganz schön zusammengeschweißt. Die Kinder sind zum Beispiel immer hochmotiviert, wenn wir uns mal wieder einer Challenge stellen – ein paar davon habe ich für euch notiert, aber ihr werdet bestimmt auch eigene Ideen haben, die für euch als Familie noch viel besser passen. Mich hat unser Projekt ja zu einer echten DIY-Else gemacht. Ich bin wirklich begeistert, was man alles selbst machen kann – vom Deo bis zum Toilettenreiniger. Toll.

Und weißt du, was für einen angenehmen Nebeneffekt diese ganzen Maßnahmen auch noch haben? Am Monatsende bleibt deutlich mehr Geld übrig als früher – und keiner von uns hat das Gefühl, wirklich was entbehrt zu haben.

Jetzt aber genug der Worte – macht mit bei „Family for Future"
eure Henrike!

Ernährung

„Essen hält Leib und Seele zusammen" – der Spruch stimmt für uns auf ganzer Linie. Essen tun wir nämlich alle gern, und nie wird bei uns so viel gequatscht wie bei den Mahlzeiten! Logisch, dass es da auch um „Fridays for Future" geht. Das ist ja auch oder gerade bei den Kindern ein großes Thema. Also haben wir uns mal Gedanken gemacht, wie wir unser Leben in Sachen Ernährung ein bisschen nachhaltiger gestalten könnten. Und da geht wirklich einiges. Das Beste ist: Verzichten muss man dafür kaum. Ehrenwort. Es geht einfach darum, hier mal eine Gewohnheit zu ändern, da mal was Neues auszuprobieren, dort über den Tellerrand zu gucken. Und da gibt es viel zu sehen. Was wir für uns entdeckt haben, erfährst du auf den folgenden Seiten.

Bewusster Genuss

Eigentlich sind wir alle in der Familie „fleisch-fressende Pflanzen" – die Kinder könnten jeden Tag Würstchen essen, und mein Mann und ich lieben saftiges Rindfleisch und leckeres Geflügel. Trotzdem kommt bei uns viel seltener Fleisch auf den Teller als früher. Und wenn, dann achte ich darauf, dass es aus artgerechter Haltung stammt und eine gute Qualität hat. Die findest du zum Beispiel häufig bei Metzgern, die noch selbst schlachten, oder auf Bio-Höfen mit Direktverkauf. Alternativ ist Fleisch aus dem Bio-Supermarkt oder Bio-Fleisch aus einem konventionellen Supermarkt okay – allerdings ist das manchmal ziemlich weit gereist. Natür-lich ist das alles ein bisschen teurer, aber das ist der Genuss allemal wert. Und mit dem bewussten und mäßigen Konsum von regiona-lem Bio-Fleisch kann man bis zu 400 kg CO_2 im Jahr sparen. Wie wär's? Einfach mal einen runden Familientisch einberufen und das Thema gemeinsam besprechen. Vielleicht könnt ihr euch ja auf vier vegetarische Tage pro Woche einigen, an den restlichen Tagen gibt es dafür Fleisch in Bio-Qualität. Bei uns klappt es gut so – und wenn mal eine Ausreißer-Woche dabei ist, machen wir uns keinen Stress und steigen einfach die Woche darauf wieder ein.

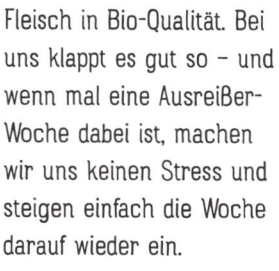

HINTERGRUND: Was hat Fleisch eigentlich mit dem Klima zu tun?

Dass die Produktion von Rindfleisch so schädlich für das Klima ist, liegt unter anderem an den rülpsenden Kühen … Ja, richtig gelesen. Eine Kuh rülpst durchschnittlich ungefähr alle 40 Sekunden und befördert so Tag für Tag 300 Liter Methan in die Luft. Wenn man bedenkt, dass es auf der Erde zurzeit unglaubliche 1,3 Milliarden Kühe gibt, Methan für das Klima rund 25-mal schädlicher als Kohlendioxid (CO_2) ist und außerdem noch riesige Waldflächen gerodet werden, um dort Futter für die ganzen Kühe anzubauen, versteht man eigentlich sofort, warum weniger Fleisch zu essen ziemlich sinnvoll ist. Empfohlen sind 300–600 Gramm pro Woche.

Schweine rülpsen zwar nicht, brauchen aber enorme Futtermengen, um in kürzester Zeit dick und rund zu werden. Die Landwirtschaft in Deutschland schafft es nicht mehr, diese Mengen zu produzieren, sodass vor allem Soja aus Südamerika importiert wird. Jetzt wächst da, wo einst Bäume standen und Getreide für die heimische Wirtschaft, Soja in Monokultur.

Gemüse ist das neue Fleisch!

Dass Fleisch inzwischen nicht mehr unbedingt eine Hauptrolle auf unseren Tellern spielt, tut offensichtlich nicht nur dem Klima gut: Seit wir so viel Gemüse essen, habe ich ein paar Pfund weniger auf den Hüften, dafür aber mehr Geld im Portemonnaie. Wer weniger Fleisch isst, gibt nämlich fürs Essen im Schnitt 20 Prozent weniger Geld aus. Gemüse bereichert eben!

Das hat es mit CO2-Äquivalenten auf sich

Kohlendioxid, kurz CO_2, ist das wichtigste von Menschen gemachte Treibhausgas. Es entsteht bei der Verbrennung von Kohle, Erdöl und Erdgas, durch die Rodung von Waldflächen und die Trockenlegung von Feuchtgebieten wie Mooren und trägt wesentlich zur Erwärmung des Klimas auf der Erde bei. Daneben gibt es noch andere Treibhausgase wie zum Beispiel Methan und Lachgas, die ebenfalls auf das Klima wirken. Um die Wirkung der verschiedenen Treibhausgase auf das Klima vergleichen zu können, rechnet man deren Wirkung auf den Treibhauseffekt auf die Wirkung von Kohlendioxid um.

HINTERGRUND: 3 gute Gründe, statt Fleisch Gemüse zu essen

So viele Ressourcen sind zur Produktion von Rindfleisch, Hühnchen und Kartoffeln notwendig:

Produktion von 1 kg Rindfleisch

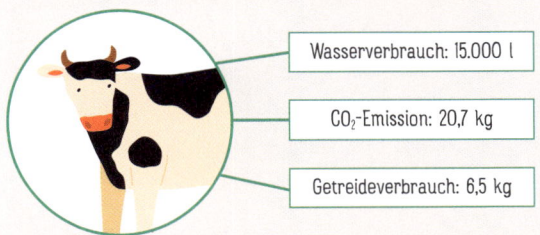

Wasserverbrauch: 15.000 l

CO_2-Emission: 20,7 kg

Getreideverbrauch: 6,5 kg

Produktion von 1 kg Hühnerfleisch

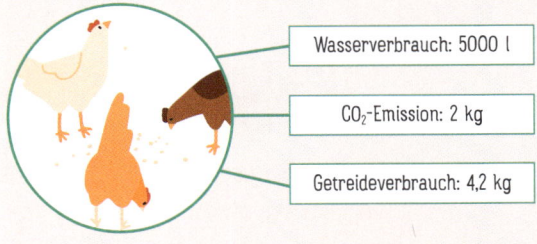

Wasserverbrauch: 5000 l

CO_2-Emission: 2 kg

Getreideverbrauch: 4,2 kg

Produktion von 1 kg Kartoffeln

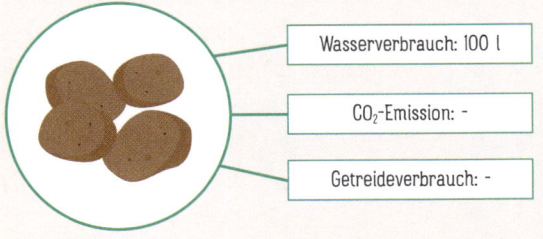

Wasserverbrauch: 100 l

CO_2-Emission: -

Getreideverbrauch: -

Heiß & fettig

Ich weiß es ja, Frittiertes gehört nicht gerade zu den Top Ten der gesunden Küche und endet bevorzugt als Hüftgold. Aber dann und wann muss ich trotzdem die Fritteuse anschmeißen. Geht's dir auch so? Dann habe ich ein paar Tipps für dich: Das Frittieröl kannst du nämlich durchaus bis zu sechs Mal verwenden. Damit es zwischendurch nicht ranzig wird, füllst du es einfach in ein Schraubglas und lagerst es bis zum nächsten Einsatz an einem kühlen und trockenen Ort. Wenn es sich dort ein bisschen dunkler färbt, macht das gar nichts. Entsorgung allerdings ist angesagt, wenn es komisch riecht und/oder beim Erhitzen qualmt und schäumt – aber auf keinen Fall in den Abfluss. Da kann es sich nämlich in den Rohren festsetzen und diese verstopfen. Wie übrigens auch jede andere Art von Fett. Um das Öl loszuwerden, gibst du es, damit nichts durchläuft, nach und nach in den schon gut gefüllten Restmüll. Oder du kippst es auf eine anständige Menge Sägespäne oder Katzenstreu, die du dann in den Haushaltsmüll beförderst. Sollten aus Gründen mal große Mengen altes Frittierfett anfallen, kannst du die auch am nächsten Wertstoffhof abgeben.

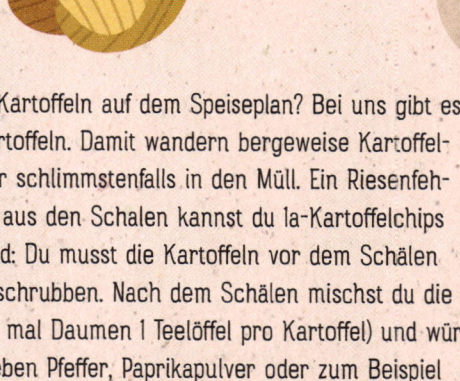

MACH MIT!
Recycling-Chips

Stehen bei euch auch so oft Kartoffeln auf dem Speiseplan? Bei uns gibt es ein paarmal in der Woche Kartoffeln. Damit wandern bergeweise Kartoffelschalen auf den Kompost oder schlimmstenfalls in den Müll. Ein Riesenfehler, wie ich heute weiß. Denn aus den Schalen kannst du 1a-Kartoffelchips machen. Einziger Mehraufwand: Du musst die Kartoffeln vor dem Schälen abwaschen und ein bisschen schrubben. Nach dem Schälen mischst du die Schalen mit etwas Olivenöl (Pi mal Daumen 1 Teelöffel pro Kartoffel) und würzt mit etwas Salz und nach Belieben Pfeffer, Paprikapulver oder zum Beispiel Curry. Schalen so auf einem Backblech verteilen, dass sie sich nicht stapeln, und bei 200 °C ungefähr 15 Minuten kross backen (dabei immer wieder mal in den Backofen schauen und die Farbe prüfen). Möglichst frisch verzehren – was kein Problem sein dürfte …

5

Huch! Was wächst denn da?

Recycling klappt – zum Schrecken meiner Kinder – auch mit vielen Salat- und Gemüsesorten. Am besten mit Kopfsalat, Lauch, Frühlingszwiebeln, Staudensellerie und Fenchel. Wenn man das Gemüse 5 cm oberhalb der Wurzel abschneidet (und den Rest wie immer verwendet), den Strunk gründlich putzt und dann in Wasser stellt, dauert es normalerweise 2–3 Tage, bis das Grün wieder sprießt. Du musst nur darauf achten, das Wasser jeden zweiten Tag zu wechseln oder frisches Wasser anzugießen. Bei uns machen das die Kinder mit großer Begeisterung (obwohl Gemüse nicht unbedingt ihr Lieblingsessen ist).

Mit der Ernte kriegt man natürlich keine Fußballmannschaft satt, aber als i-Tüpfelchen im Salat oder Kräuterbelag fürs Sandwich machen die jungen Triebe richtig was her. Und meine Nachbarin hat nicht schlecht über meine neue Fensterbank-Deko gestaunt.

6

Immer eine gute Wahl:

FREILANDGEMÜSE

Kaufe, wann immer möglich, Freilandgemüse, denn klimatisierte Gewächshäuser haben einen extrem hohen Energieverbrauch und verursachen bis zu 30-mal mehr Treibhausgase als der Freilandanbau. Noch besser ist die Bilanz bei Bio-Gemüse vom offenen Acker.

7

Challenge 5:2 für die Vegetarier

Den Sommer durchgegrillt? Zu Weihnachten gefühlt eine halbe Kuh verspeist? Aus Zeitmangel zu oft Würstchen in die Pfanne geschmissen? Wenn das bei uns vorkommt, machen wir zum Ausgleich gerne mal eine (fast) vegetarische Woche. An fünf Tagen wird vegetarisch gegessen, zweimal darf auch Fleisch mit auf den Teller.

Tipps für die Challenge:

 Überlegt euch alle zusammen, welche vegetarischen Gerichte bei euch sowieso regelmäßig auf den Tisch kommen, allen schmecken und leicht zuzubereiten sind. Bei uns stehen zum Beispiel Pfannkuchen mit Zimt, Zucker und Kompott, Nudeln mit Tomatensauce und Kartoffelgratin mit Salat hoch im Kurs.

 Wagt trotzdem auch Neues, vielleicht am besten am Wochenende, wenn der Zeitdruck nicht so hoch ist. Stöbert in Kochbüchern, im Internet und Zeitschriften nach fleischlosen Rezepten. Bei uns hat die vegetarische Lasagne mit fein gewürfeltem Gemüse und kross gebratenem Tofu den Klassiker mit Hackfleisch schon fast vom Thron gestoßen.

 Wenn ihr die Herausforderung sucht, könnt ihr ja auch mal einen komplett veganen Tag ganz ohne tierische Produkte einlegen. Das ist gar nicht so schwer, denn viele tierische Zutaten lassen sich in der Küche problemlos durch vegane Alternativen ersetzen. Einer Sauce schmeckt man es kaum an, ob sie mit Sojasahne oder mit traditioneller Sahne abgerundet wurde. Viele vegane Produkte gibt es inzwischen auch im Super- und Drogeriemarkt. Und Nudeln mit Tomatensauce waren schon immer vegan. Ein grüner Salat mit gebratenen Pilzen auch. Und wenn es schnell gehen muss, gehen sogar Pommes frites vom Imbiss oder aus dem Backofen.

 Belohnt euch als Team nach gelungener Challenge mit einem Familienausflug – zum Beispiel mit einer Radtour zur Eisdiele, einer Runde Minigolf, einem Kinobesuch.

8

Nein zu Sous-vide

Ist bei euch im Freundeskreis auch der Sous-vide-Wahn ausgebrochen? Wenn wir zum Essen eingeladen sind, kommt inzwischen andauernd im Vakuum gegartes Fleisch und Gemüse auf den Tisch. Ja, klar, alles ist immer wunderbar zart und aromatisch. Aber hast du dir schon mal angeguckt, was für Unmengen Plastikmüll bei dieser Garmethode anfallen? Ich mache diesen Wahnsinn jedenfalls nicht mit. Ich versuche doch nicht, auf der einen Seite jedes Fitzelchen Plastik einzusparen und vakuumiere dann drei Blumenkohlröschen in dicker Kunststofffolie. Das überlasse ich lieber den Gourmetköchen.

9

Superpflanze Soja

Ich finde es ja wirklich unglaublich, was mit Soja so alles geht – ich mag Sojajoghurt inzwischen richtig gern. Aber aufgepasst beim Einkaufen: Achte darauf, dass auf der Verpackung von Tofu, Sojamilch und Co. unbedingt „gentechnikfrei und biologisch" steht. Noch besser ist es, wenn das Produkt auch noch aus Sojapflanzen aus Europa gemacht wird, dann wird dafür auch ganz sicher kein Regenwald abgeholzt.

Das hilft bei Fleischjieper

10

Ab und zu überfällt uns alle der große Fleischhunger. Und da habe ich eine Entdeckung gemacht: Es ist gar nicht so sehr das Fleisch, das einem fehlt, sondern viel mehr eine gewisse Deftigkeit. Ich empfehle in einem solchen Fall Gebratenes. Ich stelle mich dann an den Herd und mache extra-knusprige Bratkartoffeln, Kartoffelpüree mit reichlich Röstzwiebeln oder auch mal eine ordentliche Portion Pommes mit Mayo (ich finde, Pommes gehen sowieso immer).

Und ab und zu kaufe ich auch Tofuwürstchen, Veggie-Hackfleisch oder die neuen vegetarischen Burger. Ich wollte es ja erst nicht glauben, aber wenn man die ordentlich würzt, schmecken die richtig gut – und man bekommt wirklich was zwischen die Zähne. Wenn dir die Ideen fehlen: Ich treib mich immer gerne bei Insta rum und stöbere nach neuen Ideen und Tipps von eingefleischten Vegetariern, da gibt es echt die tollsten Sachen.

Es lebe die Linse

11

Toll als Fleischersatz sind auch Hülsenfrüchte. Ich bin inzwischen ein echter Linsen- und Kichererbsenfan. Neulich haben wir am Wochenende eine Linsenbolognese gemacht, die war echt der Hammer. Die Kinder wollten gar nicht glauben, dass da kein Fleisch drin ist. Total lecker ist auch Hummus, dieser orientalische Dip aus Kichererbsen, Sesampaste, Knoblauch und Zitronensaft. Das zusammen mit Backofengemüse ist unglaublich gut … Gesund sind Hülsenfrüchte sowieso. Sie liefern uns viel pflanzliches Eiweiß.

Mit Stumpf und Stiel

12

Findest du Gemüse putzen und schälen auch so lästig? Die Lösung heißt Bio-Gemüse. Vor allem junges Wurzelgemüse wie Möhren und Rote Bete brauchst du vor dem Kochen nur tüchtig mit der Gemüsebürste zu schrubben und nachher gründlich abzuspülen. Dann schlägst du gleich zwei Fliegen mit einer Klappe: mehr Vitamine für alle, weniger Abfall für die Tonne.

An apple a day ...

Ehrensache, beim Einkauf achte ich auf die Herkunft der Produkte. Bei den Äpfeln zum Beispiel kaufe ich am liebsten welche aus der Region, auf jeden Fall aber nur deutsche. Das hält die Transportwege kurz, weiß man ja, oder? Aber was ich lange nicht bedacht hatte: Hiesige Äpfel müssen zum Teil lange in Kühlhäusern lagern. Deswegen kann es von April bis Juli sinnvoll sein, südamerikanische Äpfel zu kaufen – vorausgesetzt, sie stammen aus Bio-Produktion! Leider kann man selbst dann nicht ganz sicher sein, dass sie nicht am Zielhafen auch eine ganze Weile lang in Kühlhäusern gelagert wurden. Aber: Entscheidend für die Ökobilanz beim Apfelkonsum – und das nicht nur von April bis Juli – ist eigentlich sowieso, wie man zum Supermarkt hinkommt. Wenn du nämlich 10 Kilometer mit dem Auto zum nächsten Bio-Supermarkt oder auch Hofladen fährst, ist es ziemlich wurscht, woher die Äpfel kommen. Das CO_2, was dabei anfällt, treibt den mit deinen Äpfeln verbundenen CO_2-Ausstoß nämlich massiv in die Höhe.

HINTERGRUND

Ehrlich gesagt ist es am besten, wenn du in dieser Zeit möglichst wenig frische Äpfel isst (vielleicht ein Grund, im Herbst mal ein paar Kilo Äpfel zu Mus zu verarbeiten und einzukochen?) und dich stattdessen an die langsam auf dem Markt auftauchenden saisonalen Früchte – Rhabarber, Erdbeeren, Himbeeren, süße Kirschen – hältst.

Saisonkalender

Eigentlich will ich wirklich nur noch saisonales heimisches Obst und Gemüse kaufen, aber ehrlich gesagt bin ich nicht so die Gartenfee und weiß oft gar nicht so genau, was wann wo wächst. Darum habe ich aus Versehen schon ein paarmal alles andere als saisonal gekauft. Damit das nicht mehr passiert, habe ich jetzt eine Saisonkalender-App – auch für Südfrüchte. Die ist äußerst praktisch für unterwegs (s. S. 256).

Fliegende Früchte ade

Wenn ich meine Kinder zu Vitaminen überreden will, klappt das am besten mit Obst. Das ist bei euch vermutlich nicht anders. Im Sommer und Herbst, wenn es im Supermarkt und auf dem Wochenmarkt bergeweise saisonales Freilandobst aus der Region gibt und leckere Erdbeeren, süße Kirschen und Pfirsiche und später Pflaumen, Äpfel und Birnen an jeder Ecke winken, lässt sich die Mannschaft leicht begeistern. Wenn es dann aber irgendwann im Winter gefühlt nur noch Äpfel gibt, droht gerne mal eine Meuterei. Darum greife ich gerne ab und an zu exotischen Früchten.

Allerdings passe ich auf, dass die dann in ihrem Herkunftsland auch Saison haben, möglichst „in der Nähe" (Zitrusfrüchte z. B. aus Südeuropa) wachsen und nicht mit dem Flugzeug, sondern mit dem Schiff – oder zur Not per Bahn oder Lkw – transportiert werden. Die meisten Bananen, Kiwis und Mangos kommen auf dem Wasserweg aus Übersee, während Guave, Physalis, Drachenfrucht, Litschi und Passionsfrucht klassisches „Flugobst" sind. Falls vorhanden, kaufe ich außerdem Bio-Ware, die nicht mit Pestiziden belastet ist.

Und wenn mal wieder jemand über den winterlichen Obstkorb meckert und im Advent nach Erdbeeren verlangt, zeige ich nur noch auf den Saisonkalender an unserer Kühlschranktür.

Saisonkalender

16

Mithilfe unseres Saisonkalenders kannst du auf einen Blick sehen, welches Obst wann Saison hat – auch bei den Exoten, denn in den Zeiten, in denen sie verstärkt importiert werden, haben sie in ihren Anbauländern Saison. Eigentlich logisch, oder? Wenn dich in den Auslagen deines Supermarktes also mitten im Sommer die Litschis anlachen – lieber liegen lassen, denn die haben in ihrer Heimat gerade keine Saison. Und Melonen mit Parmaschinken sind auch nicht die optimale Wahl fürs Weihnachtsessen. Ich empfehle stattdessen Feldsalat mit Walnüssen und Orangenfilets ... Für unterwegs gibt es eine App des Bundeszentrums für Ernährung (s. S. 256), zum Kopieren für die Kühlschranktür gibt es unsere Tabelle:

Beerenobst

	Jan.	Feb.	März	April	Mai	Juni	Juli	Aug.	Sep.	Okt.	Nov.	Dez.
Brombeeren							✓	✓	✓			
Erdbeeren					✓	✓	✓					
Heidelbeeren							✓	✓	✓	✓		
Himbeeren						✓	✓	✓				
Holunderbeeren									✓	✓		
Johannisbeeren						✓	✓	✓				
Preiselbeeren							✓	✓	✓	✓		
Stachelbeeren						✓	✓	✓				
Weintrauben									✓	✓	✓	

heimischer Anbau: ✓

Kernobst

	Jan.	Feb.	März	April	Mai	Juni	Juli	Aug.	Sep.	Okt.	Nov.	Dez.
Äpfel	☐	☐	☐	☐	☐			✓	✓	✓	☐	☐
Birnen								✓	✓	✓	☐	☐
Quitten								✓	✓	✓		

heimischer Anbau: ✓ heimische Lagerware: ☐

Steinobst

	Jan.	Feb.	März	April	Mai	Juni	Juli	Aug.	Sep.	Okt.	Nov.	Dez.
Aprikosen							✓	✓				
Kirschen, sauer							✓	✓				
Kirschen, süß						✓	✓	✓				
Mirabellen							✓	✓	✓			
Pfirsiche/Nektarinen							✓	✓	✓			
Pflaumen							✓	✓	✓	✓		

heimischer Anbau: ✓

Südfrüchte

	Jan.	Feb.	März	April	Mai	Juni	Juli	Aug.	Sep.	Okt.	Nov.	Dez.
Apfelsinen	✓	✓	✓	✓							✓	✓
Avocados				✓	✓	✓	✓	✓	✓			
Feigen						✓	✓	✓	✓			
Granatapfel								✓	✓	✓	✓	✓
Grapefruits	✓	✓	✓							✓	✓	✓
Kakis										✓	✓	✓
Kaktusfeige								✓	✓	✓	✓	✓
Kiwis	✓	✓	✓	✓							✓	✓
Mandarinen	✓	✓	✓	✓							✓	✓
Melonen						✓	✓	✓	✓	✓	✓	
Zitronen	✓	✓	✓	✓							✓	✓

Import aus Südeuropa: ✓

17 Kranenburger deluxe ...

Gab es bei euch zu Hause auch immer Wasser aus dem Hahn? Das kannst du ruhig wieder einführen, denn kein Lebensmittel wird in Deutschland so engmaschig kontrolliert wie Trinkwasser. Dazu wird es noch nach Wunsch jederzeit frisch nach Hause geliefert, und das für unglaublich günstige 0,05 Euro pro Liter. Schwere Kisten schleppen ist damit Geschichte, und für die Umwelt ist Leitungswasser als Durstlöscher die Ideallösung, sogar im Vergleich zu Mehrwegpfandflaschen.

Mein Tipp: Das Wasser immer so lang aus dem Hahn laufen lassen, bis es kühl ist, dann ist es garantiert frisch. Den ersten Schwall nehme ich zum Gießen, Spülen oder Putzen.

18 ... mit hausgemachtem SPRUDEL

Seit wir Wasser aus der Leitung trinken, haben wir einen Wassersprudler, damit auch die Bitzelfreunde in der Familie nicht zu kurz kommen. Beim Kauf des Gerätes war mir wichtig, dass die Flaschen aus Glas sind, denn Mikroplastik will ich weder trinken noch in die Kanalisation verabschieden. Die Sprudelpatronen gibt es übrigens in vielen Super-, Drogerie- und Getränkemärkten – und bei uns sogar fast rund um die Uhr am Kiosk!

19

Kräutertee aus dem eigenen Garten

In manchen Jahren sprießen bei uns die Kräuter so üppig, dass wir mit dem Essen gar nicht hinterherkommen. Besonders die Minze und die Zitronenmelisse. Darum habe ich angefangen, Tee daraus zu machen. Das Kraut kannst du frisch oder getrocknet mit kochendem Wasser aufgießen. Brennnesseltee kaufe ich auch schon lange nicht mehr. Am besten macht man den aus den jungen, zarten Blättern. Und bei meiner jährlichen Entschlackungskur gieße ich mir regelmäßig einen Tee aus Löwenzahnblättern auf – der ist zwar bitter, tut aber unglaublich gut.

20

MACH MIT!
DIY-Limonade

Meine Kinder lieben Limonade – und ich ehrlich gesagt auch. Aber wenn man sich anguckt, was da an Zucker und anderem Quatsch drin ist, schlackert man mit den Ohren. Darum mache ich immer mal wieder selbst Limo – seit wir den Wassersprudler haben, wird sie perfekt. Besonders hoch im Kurs steht zurzeit der Klassiker mit Zitrone. Für 1 Liter nehme ich den Saft von 2 Zitronen, 50 g Zucker (für die Kinder, mir reicht auch weniger) und 1 Prise Salz. Saft, Zucker und Salz mit einem Teil des Wassers aufkochen und so lange rühren, bis der Zucker sich aufgelöst hat. Abkühlen lassen, das restliche Wasser aufsprudeln und auf den Sirup gießen. Toll ist auch ein kleiner Kräuterkick am Schluss. Dazu einfach ein bisschen Minze oder Zitronenmelisse in die fertige Limo geben – total lecker!

21

Frisch unterwegs

Wir versuchen übrigens jetzt auch, unterwegs möglichst keine Kaltgetränke in Plastikflaschen mehr zu kaufen. Hier 'ne kleine Cola, da 'ne Schorle – das geht mit der Zeit nicht nur ins Geld: am Ende der Woche hatten wir, besonders im Sommer, immer einen Berg Plastikflaschen rumfliegen, meistens auch noch Einwegpfand. Jetzt haben wir alle schicke Thermosflaschen, und morgens mischt sich jeder sein Lieblingsgetränk für unterwegs. In den Flaschen kann man sogar Smoothies und Shakes stundenlang echt kalt halten. Cool.

Teatime ohne Mikroplastik

Wusstest du, dass in ganz vielen Teebeuteln Plastik versteckt ist? Selbst in Bio-Teebeuteln? Ist leider so – und daher achte auf das Kleingedruckte. Einige Hersteller weisen da nämlich darauf hin, dass ihre Teebeutel biologisch abbaubar bzw. kompostierbar sind. Steht das drauf, ist alles ok und du kannst den Teebeutel in die Biotonne oder auf den Kompost werfen. Steht nichts drauf und handelt es sich um deinen Lieblingstee, kannst du beim Hersteller nachfragen. Wenn Plastik enthalten ist, solltest du besser auf andere Marken umsteigen, denn die Stoffe landen nicht nur in der Umwelt, sondern auch in dir. Noch besser als jeder Teebeutel ist allerdings loser Tee – und mittlerweile gibt es richtig schöne Teekannen, die einen passgenauen Edelstahl-Filter enthalten. Superpraktisch, hübsch und ganz ohne Abfall – das mag ich eh am allerliebsten.

23

MACH MIT!
Orangeat aus heimischer Bio-Produktion

Orangenschale kannst du auch kandieren, statt sie wegzuschmeißen. Schmeckt toll. Tausendmal besser als industrielles Orangeat. Für eine ordentliche Portion brauchst du die Schale von vier großen, ungewachsten Bio-Orangen. Zuerst Deckel und Boden abschneiden, dann die Schale rundherum viermal von oben nach unten einritzen und abziehen. Danach die Schalenviertel in feine, 3–4 mm breite Streifen schneiden. Orangenstreifen mit kaltem Wasser in einem schweren, breiten Topf aufkochen, dann das Wasser abgießen. Das machst du insgesamt dreimal, dann schmecken die Schalen nicht mehr bitter. Anschließend 150 ml Wasser mit 350 g Zucker vermischen, aufkochen und köcheln lassen, bis der Zucker sich aufgelöst hat. Dabei nicht rühren. Dann die Orangenstreifen eine knappe Stunde in dem Sirup köcheln lassen und weiterhin nicht umrühren, sonst kristallisiert der Zucker aus (bis ich das kapiert hatte …). Dann die Schalen durch ein Sieb abgießen und den restlichen Sirup auffangen (schmeckt super). Die Streifen auf einem Kuchengitter trocknen lassen (am besten über Nacht) und am nächsten Tag in Zucker wälzen. Wenn sie nicht schon vorher weggenascht werden, kannst du sie noch zur Hälfte in flüssige Kuvertüre tauchen.

MACH MIT!
Obst retten

Kennst du das? Sobald Obst auch nur eine winzige Delle hat, will's keiner mehr essen, und ich kann es wegschmeißen. Damit ist jetzt Schluss, denn Obst mit Matschtendenzen wandert bei uns in den Standmixer und wird mit Wasser, Milch oder Joghurt zu leckeren Smoothies verarbeitet. Mein persönlicher Favorit ist aber Frozen Joghurt. Den kannst du kinderleicht herstellen – auch ohne Eismaschine. Du brauchst nur 500 g Natur- oder Soja-/Kokos-/Mandelmilchjoghurt, 50–100 g Puderzucker und 1 Messerspitze

Vanilleextrakt oder 1 Esslöffel Vanillezucker. Das schlägst du mit dem Mixer auf und hebst am Ende die pürierten Früchte unter. Die Mischung kommt für ein paar Stunden ins Gefrierfach. Aber nicht vergessen, alle 20 Minuten umzurühren, dann wird das Eis schön cremig. Total lecker.

25

Beerenhunger

Ist dir manchmal auch im Winter nach einem Stückchen Sommer(obst)? Wenn das bei uns der Fall ist, gönnen wir uns auch mal heimische Bio-TK-Himbeeren oder anderes Sommerobst – am liebsten aus Schwiegermutters Kühltruhe; wenn's nicht anders geht, aber auch aus dem Supermarkt. Damit machen wir dann Törtchen und Smoothies oder essen es heiß auf Eis. Kann man ruhig mal machen, finde ich.

SO GEHT „TO GO"

Ich bin ein echter Kaffeejunkie, ich könnte das Zeug wirklich Tag und Nacht trinken. Coffee to go ist für mich eine der besten Erfindungen überhaupt – aber die ganzen Papp- und Plastikbecher, die jedes Jahr auf dem Müll landen – 2,8 Milliarden, dazu noch 1,3 Milliarden Deckel –, finde ich schon krass. Ich habe mir darum zum Geburtstag einen To-go-Thermobecher schenken lassen. Dicht ist der auch noch. Den habe ich jetzt immer, immer dabei. Und es

gibt jeden Morgen Cappuccino ohne schlechtes Gewissen – und Kleckern. Noch besser ist's natürlich, wenn mein Süßer mir morgens beim Rausgehen meinen Superbecher mit einem hausgemachten Milchkaffee in die Hand drückt!

Grün werden mit Kaffeesatz ...

Apropos Kaffee. Wer viel Kaffee trinkt, produziert auch viel Kaffeesatz. Der wandert bei uns schon lange nicht mehr in den Müll, sondern lässt unsere Blumen sprießen. Ich sammele den Biodünger an einem trockenen Ort in einem Eimer. Wenn genug zusammengekommen ist, drehe ich mit den Kindern eine Runde durch den Garten oder auf dem Balkon, und wir verteilen den Kaffeesatz an Pflanzen, die gerne sauren Humusboden mögen. Hortensien, Rosen und Blaubeeren gehören unbedingt dazu. Aber Achtung: Für Zimmerpflanzen eignet sich der Bio-Dünger nicht.

Palmöl?
Lieber nicht ...

Für deine Familie fängt der Tag gut an, wenn die Nuss-Nougat-Creme aufs Brot kommt? Dann guckt mal auf die Inhaltsstoffe, denn ob Fertigpizza, Kekse, Margarine oder eben Nuss-Nougat-Creme – Palmöl ist in fast jedem zweiten Supermarktprodukt enthalten und macht auch nicht vor Bio-Produkten halt. Besser für die Welt ist es, auf Palmöl möglichst zu verzichten.

HINTERGRUND

Kein anderes Öl kann so billig produziert werden. In Südostasien, Lateinamerika und Afrika werden deshalb jeden Tag riesige Regenwaldflächen gerodet, um Platz für weitere Plantagen zu schaffen. Mit den Bäumen verschwinden viele Tierarten – zum Beispiel der Orang-Utan und der Borneo-Zwergelefant. Zudem werden durch die Brandrodung große Mengen Treibhausgase in die Atmosphäre geschleudert. Und wenn müde Augen Kleingedrucktes schlecht lesen können: Hilfreich dabei ist eine App: einfach den Barcode einscannen, und du erhältst sofort eine Auflistung und Erklärung der Inhaltsstoffe (s. S. 256).

29 Grüne Selbstversuche

Bist du auch so ahnungslos, was Gemüsesorten angeht? Früher kannte ich Blumenkohl, Möhren, Paprika, Kohlrabi, Zucchini und Aubergine, und dann hörte es fast schon auf. Inzwischen gehe ich mit offenen Augen über den Markt und habe vor allem alte Sorten für mich entdeckt. Hast du schon mal die Wurzel Topinambur probiert? Die heißt auf Englisch *Jerusalem artichoke* und schmeckt tatsächlich nach Artischocke. Du kannst die Knollen roh raspeln und als Salat essen oder auch in Scheibchen schneiden und anbraten. Oder kauf doch mal Schwarzwurzeln. Meine Oma hat die immer Arme-Leute-Spargel genannt. Ich schmeck da zwar keinen Spargel, aber unglaublich aromatisch sind die Wurzeln schon. Cool ist auch die blau-violette Kartoffelsorte „Blauer Schwede", die ihre Farbe auch beim Kochen ganz gut behält. Teste doch auch mal ein paar alte Gemüsesorten. Die schmecken super, und du trägst mit zur Pflanzenvielfalt bei.

GO green!

30

MACH MIT!
Kürbissnack

Landen Kürbiskerne bei dir auch immer im Müll bzw. auf dem Kompost? Eigentlich schade drum, denn daraus kann man eine total leckere und dazu noch ganz schön gesunde Knabberei machen. Bei uns gibt's mal die süße, mal die salzige Variante. Egal, welche du machst: Die Kerne muss man auf jeden Fall in kaltem Wasser gründlich abwaschen, die Faserreste grob entfernen und die Kerne trocken rubbeln.

Für die salzige Variante mischst du die Kerne von einem Kürbis mit 1–2 Esslöffeln Öl und würzt sie mit Salz, Kräutern und Gewürzen, z. B. Thymian, Oregano, Curry, Chilipulver, Paprika und Pfeffer. Dann auf einem Backblech verteilen und bei 180 °C Umluft gut 20 Minuten rösten.

Für die süße Variante röstest du die Kerne erst mal nur mit Öl und ein bisschen Salz. Die gerösteten Kerne kommen dann mit 1 Esslöffel Öl in eine beschichtete Pfanne, dazu gibst du noch 2 Esslöffel Zucker und 1 Prise Salz. Nun bei mittlerer Hitze so lange rühren, bis der Zucker karamellisiert. Dann die Kürbiskerne zum Abkühlen auf einen Teller geben. Wenn du es richtig süß haben möchtest, kannst du die heißen Kerne anschließend noch in einer Zucker-Zimt-Mischung wälzen.

31 Fisch nur noch mit Siegel

Fisch ist ja unglaublich gesund. Trotzdem solltest du versuchen, nur solche Meerestiere zu essen, deren Bestand nicht gefährdet ist. Und da wird's ein bisschen kompliziert. Dass man auf Thunfisch, Aal, Schillerlocken (aus den Bauchlappen des Dornhais) und Seeaal ganz verzichten soll, kann ich ja gerade noch so behalten. Aber der Rest? Mir hilft da wieder mal eine App weiter (s. S. 256). Da kann ich genau nachgucken, welche Fische ich guten Gewissens noch auf den Tisch bringen kann. Auch wenn du die App nicht hast, achte beim Einkauf darauf, dass der Fisch ein Bio- oder Umweltsiegel trägt: Die Siegel von Bioland und Naturland bürgen bei Zuchtfischen unter anderem dafür, dass die Futtermittel gentechnikfrei sind und die Besatzdichte tiergerecht ist. ASC- und MSC-Siegel sichern nicht die Premium-Qualität von Bioland und Naturland, stellen aber zumindest sicher, dass gentechnisch verändertes Futter deklariert werden muss, und reglementieren den Antibiotika-Einsatz.

32 KRABBEN? SCHWIERIG!

Magst du auch so gerne Krabbenbrötchen? Ich konnte da früher kaum dran vorbeigehen. Sollte man aber eigentlich, denn die berühmten Nordseekrabben sind zwar nicht vom Aussterben bedroht, aber umwelttechnisch ziemlich bedenklich: Um sie zu fangen, wird der Meeresboden mehrmals im Jahr regelrecht umgepflügt. Dabei wird alles zerstört, was im Weg ist. Für 1 Kilo Krabben sterben reichlich Meerestiere als ungenutzter Beifang. Dann werden die meisten Krabben noch nach Marokko oder Osteuropa verschifft, um da von billigen Arbeitskräften ver- arbeitet zu werden. Erst dann landen sie wieder in deutschen Supermarktregalen. Aber keine Angst – ganz brauchst du Krabben nicht vom Speiseplan zu streichen: Seit einiger Zeit gibt es auch MSC-zertifizierte Krabben, die in Deutschland gepult werden und damit deutlich weniger Umweltsünden auf dem Buckel haben.

MACH MIT!
Joghurt aus dem Backofen

Joghurt kann man auch ohne Joghurtmaschine selbst herstellen. Geht ganz leicht. Du brauchst nur einen gekauften Joghurt als Starterkultur. Oder du holst dir im Bio-Laden Joghurtferment. Außerdem benötigst du saubere Schraubgläser (ich nehme leere Marmeladengläser, unbedingt mit heißem Wasser ausspülen) und 1 Liter Milch. Du kannst Vollmilch oder fettarme Milch, Soja- oder H-Milch, Schaf- oder Ziegenmilch verwenden. Die Milch auf 90 °C erhitzen (dieser Schritt entfällt bei H-Milch) und auf 40 °C abkühlen lassen, den Joghurt oder das Ferment einrühren (ich rühre meist noch 2 Esslöffel Milchpulver unter, damit der Joghurt stichfest wird), die Mischung in die Schraubgläser füllen und mit locker aufgelegten Deckeln auf ein Backblech in der mittleren Schiene des Backofens stellen. Dort bleiben die Gläser bei 50 °C etwa 30 Minuten, dann machst du den Backofen aus und lässt den Joghurt über Nacht im Ofen reifen, ohne die Tür zu öffnen. Der fertige Joghurt hält sich im Kühlschrank mindestens 4 Tage. Das Ganze klappt auch im Schnellkochtopf: Einfach etwas Wasser im Schnellkochtopf zum Kochen bringen, Schnellkochtopf abdampfen, Wasser auskippen, die mit Joghurtmasse befüllten Gläser reinstellen, Deckel wieder schließen und Joghurt über Nacht reifen lassen. Fertig. Das mache ich manchmal, wenn ich Kartoffeln oder Ähnliches gedämpft habe – und ich habe einen doppelt guten Effekt: Transportkosten vermieden und Strom gespart.

MACH MIT!
Gesund essen und die Erde retten

Hast du schon mal von der „Planetary Health Diet" gehört? Der von Wissenschaftler*innen entwickelte Speiseplan soll die Gesundheit des Menschen und vor allem die der Erde schützen. Damit das funktioniert, sollen die Menschen ihren Konsum von Zucker und Fleisch stark zurückfahren und doppelt so viel Obst, Gemüse und Hülsenfrüchte essen wie bisher. Mit dieser Umstellung soll es nach ihrer Meinung möglich sein, im Jahr 2050 10 Milliarden Menschen gesund zu ernähren – wenn es uns bis dahin gelingt, die Produktion von Lebensmitteln nachhaltiger zu gestalten und weniger Lebensmittel wegzuschmeißen. Ich habe dir den Plan mal leicht vereinfacht aufgezeichnet. Versuch doch mal, dich und deine Familie eine Woche lang so zu ernähren. Ich finde, das ist gar nicht soooo schwer. Wenn du es genauer wissen möchtest: Beim Bundeszentrum für Ernährung gibt es die komplette Tabelle mit weiterführenden Informationen (s. S. 256).

LEBENSMITTELGRUPPE	EMPFOHLENE MENGE PRO TAG IN GRAMM
Gemüse	300
Milchprodukte (Vollmilch oder aus dieser Menge hergestellte Produkte)	250
Vollkorngetreide	232
Obst	200
Hülsenfrüchte	75
Nüsse	50
Stärkehaltiges Gemüse (Kartoffeln, Maniok)	50
Ungesättigte Fette (Oliven-, Raps-, Sonnenblumen-, Soja-, Erdnuss-, Traubenkernöl	40
Alle Süßungsmittel	31
Geflügel	29
Fisch	28
Rind-, Lamm- oder Schweinefleisch	14
Eier	13
Gesättigte Fette (Palmöl, Schmalz, Talg)	11,8

Quelle: EAT-Lancet-Kommission

SPECIAL ★★★

36 Holzkohlegrill oder Gasgrill?

Wir haben ja noch nie zu den Verrückten gehört, die sich auch im tiefsten Winter an den Grill stellen, aber spätestens im April oder Mai holen auch wir den Grill aus dem Keller. Allerdings schmeißen wir ihn viel seltener an als früher, seit ich gelesen habe, wieviel CO_2 man bei so einem Grillabend produziert. Das fängt bei der Holzkohle an und endet beim Rindfleisch. Ganz verkneifen wollen wir uns den Spaß aber auch nicht. Wenn du auf ein paar Sachen achtest, steht einem kleinen Barbecue dann und wann eigentlich nichts im Weg. Übrigens: Wir sparen jetzt auf einen Gasgrill. Der ist nämlich deutlich besser fürs Klima als die Version mit Holzkohle.

35 Wärmstens zu empfehlen

Benutzt ihr chemische Grillanzünder? Wenn ihr darauf verzichtet, tut ihr euch und der Umwelt was Gutes. Nehmt doch stattdessen unbedenkliche Bio-Grillanzünder. Oder ihr versucht es mal mit Spaltholz und unbehandeltem Karton, dann ist auch keine Chemie drin.

37

Es muss nicht immer Kohle sein

Wusstest du, dass in Grillkohle viel zu oft auch Tropenholz enthalten ist? Ich bis vor Kurzem nicht. Darum habe ich neulich im Bioladen mal Briketts aus Olivenkernen gekauft. Die sind zwar ein bisschen teurer, brennen aber schön heiß und dazu noch ein bisschen länger. Unsere Nachbarn hatten mal Kokos-Briketts, die fand ich auch nicht schlecht. Aber da hat man ja dann wieder das Problem der Transportwege. Falls ich keine Holzkohlealternative bekomme, achte ich darauf, dass die Grillkohle ein FSC- oder PEFC-Siegel hat, denn da kann ich einigermaßen sicher sein, dass sie aus nachhaltiger Holzwirtschaft stammt.

Edelstahl statt Alu

38

Man soll ja das Fleisch möglichst nicht direkt auf den Grill legen, damit Fett vom Fleisch oder die Marinade nicht auf die Holzkohle tropfen und krebserregende Stoffe entstehen können. Alugrillschalen sind aber auch nicht gerade der Weisheit letzter Schluss, denn für die Gewinnung von Aluminium braucht man unglaublich viel Energie, und dabei entsteht außerdem noch giftiger Rotschlamm. Eine nachhaltige Alternative sind Grillschalen aus Edelstahl, Keramik oder Emaille. Aber vielleicht hast du ja auch Lust auf eine pflanzliche Lösung und verwendest mal Kohl- oder Weinblätter als Grillschale für deine Würstchen.

Wolldecke statt Heizpilz

39

Holt ihr gerne den Heizpilz raus, wenn es draußen eigentlich noch oder schon wieder zu kalt zum Grillen ist? Wir haben unseren jetzt abgeschafft, denn – Hand aufs Herz: Ist es nicht total verrückt, draußen zu heizen? Wer bei uns zum Grillen kommt, weiß, dass er sich unter Umständen warm anziehen muss. Punkt.

Zucchini – die besseren Grillfackeln

40

Bei uns gingen früher immer unglaubliche Fleischmassen über den Grill. Das machen wir jetzt anders, denn was unser Fleischkonsum fürs Klima bedeutet, ist ja inzwischen kein Geheimnis mehr. Seit wir unsere Edelstahl-Grillschale haben, gibt's immer viel Grillgemüse, und beim Fleisch achte ich auf Qualität statt Quantität, nach dem Motto „Klasse statt Masse". Und die Kinder lieben zwar weiterhin ihre Grillwürstchen, finden Grillkäse aber auch superlecker.

41

Nicht ohne meine Taschen

Im Supermarkt kaufe ich ja schon lange keine Plastiktüten mehr – so ein Einkauf ist geplant, und da nehme ich immer genügend Taschen mit. Und auch in der Obst- und Gemüseabteilung verzichte ich auf die kleinen Plastiktüten. Hier habe ich uns die federleichten Nylon-Netze angeschafft. Aber beim Shopping mit Freundinnen ist es mir doch immer wieder mal passiert, dass ich dann mit reichlich Tüten nach Hause gekommen bin. Aber das ist jetzt auch vorbei, denn ich habe immer mindestens einen faltbaren Nylon-Beutel in der Handtasche. Die sind wirklich miniklein, ganz hübsch anzusehen, einfach unverwüstlich und sehr praktisch. Jetzt bin ich gerade dabei, das auch meinem Mann und meinen Kindern anzugewöhnen.

go green

JETZT MAL KLARTEXT

42

PAPIERTÜTEN? NEIN, DANKE!

Wusstest du, dass Papiertüten zwar super umweltfreundlich aussehen, es aber gar nicht sind? Für die Herstellung braucht man nämlich unglaublich viel Wasser und dazu noch wertvolle lange Zellstofffasern. Da Papiertüten auf der anderen Seite überhaupt nicht lange halten, sind Stoffbeutel, die quasi jahrelang verwendet werden können, eindeutig die bessere Wahl.

43

MACH MIT!
Pimp your Stoffbeutel

Mit Kartoffeldruck, Zahnbürsten-Airbrush oder Textilstiften wird ein langweiliger Stoffbeutel im Handumdrehen zum Hingucker oder einem tollen Geschenk. Meine Kinder lieben diese Regenwetter-Bastelaktion. Damit die Kunstwerke auch beim Waschen in der Maschine halten, verwendet ihr am besten spezielle Stoffmalfarben. Zur Not kann man auch einfache Acrylfarbe auf Wasserbasis verwenden, aber die verträgt maximal eine kalte Handwäsche.

44

Plastik- und Papiertüten? Da gibt's was Besseres!

Habt ihr auch einen Beutel voller Mini-Plastiktüten von der Obst- und Gemüsetheke im Supermarkt zu Hause rumfliegen? Bei uns war das jedenfalls so. Darum finde ich die wiederverwendbaren Beutel für Obst und Gemüse, die es inzwischen in fast jedem Supermarkt gibt, so praktisch. Die kosten ja wirklich nicht die Welt, und du kannst damit echt viel Plastik einsparen. Ich habe mir zwei davon zu meinem Faltbeutel in die Handtasche gestopft, damit ich auch für Spontankäufe gerüstet bin.

Für Brot und Brötchen nehme ich jetzt auch immer Baumwollbeutel, dann verbrauche ich nicht diese Berge von Papiertüten. Die Beutel habe ich ruckzuck selbst genäht. Es gibt auch spezielle Brotbeutel zu kaufen, ich wollte aber lieber meine alten Stoffreste verwenden – Stichwort Recycling.

Aus der Theke in die Box

Auch an der Wurst- und Käsetheke kannst du sehr viel Plastik und Papier einsparen. Inzwischen sind viele Supermärkte und Fleischer bereit, die Ware auch in mitgebrachte Behältnisse abzufüllen. Ich finde das eigentlich sogar ganz praktisch, denn dann kann ich die Wurst direkt von der Einkaufstasche in den Kühlschrank räumen. Vielleicht geht das ja auch bei euch.

46

Wer schreibt, der bleibt ...

… sparsam. Kennst du das? Du gehst aus dem Haus, um Butter zu kaufen, und dann kommst du mit tausend Sachen wieder – aber ohne Butter. Damit das nicht passiert, am besten immer mit Einkaufsliste einkaufen gehen. Das funktioniert ziemlich gut, und vor sinnlosen Spontan- und Zuvielkäufen (die am Ende nicht allzu selten im Müll landen) bist du damit gefeit – zumindest meistens.

Weniger ist nachhaltiger

47

Geht dir das auch so? Mir passiert es immer wieder, dass ich zu viel einkaufe – weil es gerade günstig ist, ich keine Lust habe, am nächsten Tag schon wieder durch den Supermarkt zu eilen, weil ich Hunger habe … Gründe gibt es viele, doch ein guter spricht absolut dagegen: Am Ende muss ich von meinem Großeinkauf häufig einiges wegschmeißen, denn meine Pläne passen oft genug nicht zum Lauf des Lebens. Darum konzentriere ich mich beim großen Wocheneinkauf inzwischen auf mehr oder weniger haltbare Basics, empfindliches Obst und Gemüse sowie Wurst und Fleisch werden nach Bedarf frisch gekauft. Ist zwar ein bisschen mehr Arbeit, schont aber Geldbeutel und Umwelt.

48

MACH MIT!
Gläser verschönern

Zum Aufbewahren von Lebensmitteln wie Mehl, Nudeln, Körnern, Nüssen und Gewürzen eignen sich die gut gereinigten Gläser von Konserven wie Sauerkirschen, sauren Gurken und Kapern ganz hervorragend. Und ihre Verschönerung mit Glasmalfarben, Aufklebern, Serviettentechnik und was euch sonst noch so einfällt ist die perfekte Beschäftigung für einen Nachmittag zu Hause.

Mogelpackung XXL

49

Wir alle fallen wohl immer mal wieder auf vermeintlich günstige Großpackungen im Supermarkt rein. Aber die zu kaufen ist eigentlich Quatsch. Zum einen – und das ist wirklich ärgerlich – verdirbt oder vertrocknet oft genug die Hälfte und landet schließlich im Müll, denn bei uns hat einfach keiner Lust, ewig und drei Tage immer nur Gouda, gekochten Schinken oder sonst was zu essen, und zum anderen sind die Preise häufig gar nicht günstiger. Und Platzfresser in Kühlschrank oder Vorratskammer sind die Riesenpackungen auch noch.

50 Angeboten widerstehen

Beim Einkaufen verliert man gerne mal den Überblick und kauft – ganz ungeplant – vermeintliche Schnäppchen, für die regelrechte Apothekenpreise aufgerufen werden. Darum solltest du immer auf den Grundpreis achten, der entweder für 100 g oder das Kilo angegeben wird. Dann verliert so manches „Superangebot" ganz schnell seinen Reiz, und du sparst Geld und Ressourcen.

51 Nachfüllpack statt Müll für den Sack

Fragst du dich auch manchmal, warum eigentlich immer alles doppelt und dreifach verpackt sein muss? Wir kaufen darum so oft Nachfüllpacks wie möglich, z. B. für Gewürze, Waschmittel und Reiniger. Und den Kindern macht es Riesenspaß, die Aufbewahrungsbehälter selbst zu verschönern.

52 Mehr Mitsprache, weniger Verschwendung

Ich gebe mir wirklich viel Mühe mit dem Essen. Trotzdem hatte hier immer jemand was zu meckern. Das ist bei euch vermutlich nicht anders. Doch ich habe eine Lösung gefunden: Wir entscheiden alle gemeinsam, was es in der Woche zu essen geben soll. Seitdem landen viel weniger Lebensmittel in der Mülltonne. Außerdem versuchen wir, tolle Sachen ohne Fleisch zu essen. Die Kinder finden es übrigens klasse, nach vegetarischen Gerichten zu stöbern und auch mal etwas Neues auszuprobieren, das sie selbst entdeckt haben. Und der letztens ausprobierte Linsenburger hat uns allen supergut geschmeckt.

Unverpackt vom Wochenmarkt

53

Ist eure Gelbe Tonne nach dem Großeinkauf auch immer mit Plastikverpackungen verstopft? Ich finde es unglaublich, was man so alles aus dem Supermarkt nach Hause schleppt. Die Alternative wäre einer dieser Unverpackt-Läden. Aber die gibt es ja nicht gerade wie Sand am Meer. Doch neulich ist mir aufgefallen, dass der Wochenmarkt eigentlich nichts anderes ist als ein riesiger Unverpackt-Laden. Mach doch deinen nächsten Gemüseeinkauf mal da: Das macht viel mehr Spaß, und ein paar Rezepte und Ideen für ihr knackfrisches Gemüse geben die Verkäuferinnen und Verkäufer einem auch noch gerne mit auf den Weg.

54

Besser regional als global

Es ist eigentlich verrückt, Lebensmittel zu essen, die per Luftfracht transportiert werden. Schließlich tut das Fliegen unserem Planeten ja wirklich nicht gut. Darum versuche ich, auf Flugware zu verzichten. Und das ist eigentlich gar nicht so schwer, wenn man erst mal weiß, was so per Flugzeug zu uns geschafft wird. Bei allem, was an Gemüse, Fleisch und Fisch frisch aus Übersee oder Afrika kommt, kannst du meistens davon ausgehen, dass es im Flugzeug zu uns transportiert wurde. Aber es geht nicht nur um Flugware, denn generell ist es einfach wichtig, auf die Transportwege zu achten. Wein aus Neuseeland, Amerika oder Südafrika, Bohnen oder Viktoriabarsch aus Kenia oder Frühkartoffeln aus Ägypten solltest du im Supermarkt also weiträumig umfahren.

Auf der folgenden Tabelle kannst du sehen, wie viel CO_2-Ausstoß der Transport von 1 Kilogramm Lebensmittel mit den unterschiedlichen Verkehrsmitteln verursacht:

Flugzeug 1000 g

Lkw 200 g

Bahn 80 g

Schiff 35 g

55

Immer für eine Überraschung gut –
DIE BIO-KISTE

Kennst du das? Beim Auspacken der Einkäufe erntest du lange Gesichter! Warum die gelben Paprikas und nicht die roten? Und warum Brokkoli und nicht Blumenkohl? Hier kommt der ultimative Tipp, um die Verantwortung nicht immer allein tragen zu müssen: Bestellt euch eine Bio-Kiste! Gegessen wird, was in der Kiste ist, für Abwechslung ist damit gesorgt, und gleichzeitig wird die Umwelt geschont. Kurze Transportwege, saisonale und ungespritzte Ware frisch vom Feld. Besser geht's nicht!

Eine Alternative dazu ist SOLAWI: Bei der „Solidarischen Landwirtschaft" finanziert eine Gemeinschaft einen Bauern und teilt sich die Ernte, während der Bauer im Gegenzug Planungssicherheit erhält. Beides einfach mal googeln und schauen, ob es bei euch in der Nähe so etwas gibt!

56

Hofladen

Einkaufen direkt beim Bauern macht, finde ich, nicht nur mehr Spaß als im Supermarkt, sondern ist auch noch viel nachhaltiger. Jedenfalls dann, wenn in dem Hofladen vor allem Produkte aus eigener oder zumindest lokaler Erzeugung verkauft werden und die Fahrt zum Hofladen mit dem Fahrrad unternommen wird. In unserem Lieblings-Bauernlädchen gibt es nicht nur frisches saisonales Obst und Gemüse, sondern auch Eier, Milch und Milchprodukte (der hausgemachte Quark schmeckt einfach himmlisch). Erkunde doch mal die Hofläden in deiner Nähe – das ist auch ein prima Familienausflug am Samstag.

57

Ei, Ei, Ei

Eier sind ja eine tolle Sache – wenn sie aus artgerechter Haltung kommen. Am besten kaufst du sie direkt beim Erzeuger, dann kannst du dir gleich selbst ein Bild von den Bedingungen für das Federvieh machen. Wenn du im Supermark: Eier kaufst, wirf unbedingt einen Blick auf den Stempel. Die erste Ziffer verrät dir, wie die Legehenne lebt: Eine 0 steht für ökologische Erzeugung, 1 bedeutet Freilandhaltung, 2 Bodenhaltung und 3 Käfighaltung.

58

„Nose to tail" oder „Von Kopf bis Fuß"

Klar, wenn man mich nach meinem Lieblingsfleischstück fragt, ist die Antwort „Filet" oder „Schnitzel". Aber diese Abschnitte machen ja nur einen Bruchteil des ganzen Tieres aus. Versuche doch mal, was anderes auf den Teller zu bringen. Es müssen ja nicht gleich Nieren, Leber, Lunge oder Herz sein. Das Kronfleisch vom Rind zählt zum Beispiel zu den Innereien, ist aber reines Muskelfleisch, und das Endstück, der Nierenzapfen, schmeckt gegrillt ganz wunderbar. Man kann daraus auch prima Suppe oder Gulasch kochen. „Nose to tail" beim Huhn geht übrigens ziemlich einfach: Schiebe doch demnächst mal wieder ein ganzes Huhn in den Ofen, statt nur das weiße Brustfleisch zu braten.

Challenge

Zwei Wochen schmeißen wir nichts weg!

Dein Lieblingsjoghurt ist fast um die Hälfte reduziert? Das Kilo Kirschen gibt's für 1,99 €? 125 g Büffelmozzarella für 1,29 €? Bei Sonderangeboten passiert es schnell: Wir kaufen zu viel – und müssen verdorbene Lebensmittel irgendwann wegwerfen. Um das mal in Zahlen zu formulieren: Jeder Deutsche wirft pro Jahr 81,6 kg Lebensmittel weg. Weitere 56 kg Lebensmittel pro Kopf gehen auf das Konto von Industrie, Handel und Großverbrauchern. Jede und jeder von uns kann eine Menge dafür tun, dass diese Bilanz besser wird.

Wie wär's mit dieser Challenge: Zwei Wochen lang werden alle Lebensmittel komplett verbraucht! Du wirst sehen: Das spart nicht nur Ressourcen, sondern auch Geld!

Tipps für die Challenge:

Einkaufen: Satt und mit Einkaufszettel kaufen wir gezielter ein. Damit trotzdem nicht zu viel im Einkaufswagen landet, kaufst du Obst und Gemüse während der Challenge am besten unverpackt, denn in Großpackungen ist häufig mehr drin, als gegessen wird. Am meisten Spaß macht das beim Wochenmarkt um die Ecke oder im Hofladen!

Kochen: Wenn du selber kochst, kannst du die Mengen selbst bestimmen. Anders sieht das natürlich bei Fertigprodukten aus. Um die Challenge zu meistern, kochst du mit deiner Familie am besten frisch oder auf Vorrat und frierst portionsweise ein.

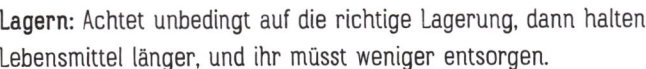
Lagern: Achtet unbedingt auf die richtige Lagerung, dann halten Lebensmittel länger, und ihr müsst weniger entsorgen.

Denk dran: Im Kühlschrank gehören Gemüse und Obst ganz nach unten, ins Fach darüber kommen Fleisch, Fisch und Wurst. Das mittlere Fach ist prima für Milchprodukte, und oben sind die Lebensmittel gut aufgehoben, die lange haltbar sind, oder angebrochene Produkte, die sowieso schnell verbraucht werden müssen (siehe auch Tipp 82).

Einfrieren: Kleine Portionen einfrieren und diese am Vorabend aus dem Tiefkühlfach holen. Großpackungen werden meist nur zur Hälfte gegessen und, da Aufgetautes nicht mehr lange haltbar ist, häufig leider weggeschmissen.

60 Abgepackt oder frisch ...

... was ist eigentlich besser, fragst du dich vermutlich auch manchmal beim Kauf von Fleisch, Wurst und Käse. Die einen sagen so, die anderen so, würde meine Oma sagen. Um es kurz zu machen: In Sachen Qualität tun sich Kühl- und Frischetheke nicht viel. Der Vorteil der Frischetheke liegt darin, dass du ganz nach Bedarf einkaufen kannst, weniger Verpackungsmüll anfällt (besonders, wenn du deine eigenen Behälter mitbringst ...) und die Ware meist ein bisschen frischer ist. Und da das für mich mittlerweile deutlich wichtiger ist als die längere Haltbarkeit der abgepackten Lebensmittel, greife ich zu frischer Ware und gehe dafür etwas häufiger und dafür „passgenauer" einkaufen.

61 Gib letzten Resten eine Chance

Früher gab's am Samstag traditionell Eintopf, in den all das wanderte, was während der Woche übrig geblieben war. Nicht so deine Sache? Dann stöbere doch mal in anderen Länderküchen nach klassischen Resteessen: In Spanien gibt's die Tortilla, in Großbritannien den Shepherd's Pie, und auch die heiß geliebte Pizza diente mal der Resteverwertung. Wenn dir außer „Arme Ritter" und „Bauernschmaus" gar nichts einfallen will, hilft auch das Internet weiter. Auf der Website des Bundesministeriums für Ernährung und Landwirtschaft (➲ www.bmel.de) gibt es zum Beispiel „Rezepte für beste Reste", entwickelt von Starköchen. Da gibst du einfach an, was Kühlschrank und Vorratskammer noch hergeben, und die Seite spuckt ein passendes Rezept aus. Sehr praktisch. Und wenn du ein bisschen surfst, wirst du noch viel mehr Tipps finden!

IST DAS NOCH GUT …

… oder muss das weg? Das fragst du dich vermutlich auch manchmal, wenn du Kühlschrank und Vorratskammer aufräumst. Du kannst dich in dieser Frage eigentlich ganz gut auf deine Sinne verlassen. Wenn ein Lebensmittel unangenehm riecht, schimmelig ist (bis auf Edelschimmel auf Käse natürlich) oder wenn eine Gasbildung stattgefunden hat, gehört es in die Tonne. Aber nur weil das Mindesthaltbarkeitsdatum abgelaufen ist, muss es noch lange nicht in den Müll. Butter zum Beispiel kannst du häufig noch Wochen, wenn nicht gar Monate nach Ablauf des Haltbarkeitsdatums essen. Auch Joghurt hält sich eine ganze Weile länger, Mehl, Zucker und Nudeln können eigentlich kaum schlecht werden. Anders sieht es bei Ablauf des Verbrauchsdatums aus. Das findet sich nämlich auf empfindlichen Produkten, bei denen die Gefahr besteht, dass sich Keime und Bakterien bilden, etwa bei Hackfleisch und Frischfisch. Die musst du nach Ablauf des Verbrauchsdatums unbedingt entsorgen, denn ihr Verzehr ist unter Umständen gesundheitsgefährdend.

Das ist noch gut

Wenn du doch einmal Lebensmittel übrig hast, die du beim besten Willen nicht mehr verwerten kannst, musst du die noch lange nicht wegschmeißen. Bei uns in der Nachbarschaft gibt es inzwischen eine rege Lebensmittel-Tauschbörse. Wenn jemand in Urlaub fährt oder von einer Party Leckeres übrig geblieben ist, findet sich immer ein dankbarer Abnehmer.

Haben Freunde und Familie keine Verwendung für überzählige Lebensmittel, kannst du sie auch über Online-Portale an den Mann und die Frau bringen (s. S. 256). Und wusstest du, dass du auch privat an die Hilfsorganisation „Tafel Deutschland" (➲ www.tafel.de) spenden kannst? Weitere Infos bekommst du von der „Tafel" an deinem Wohnort oder vom zuständigen Landesverband.

Keine Gentechnik im Essen

Fragst du dich auch manchmal, was an Gentechnik so schlimm sein soll? Die Antwort ist, dass man schlicht nicht weiß, wie sich der Verzehr von gentechnisch manipulierten Lebensmitteln auf den Körper des Menschen auswirkt – die Wissenschaft hat das noch nicht erforscht.

Allerdings gibt es aus Tierversuchen Hinweise auf nachteilige Wirkungen. Sicher ist hingegen, dass bei Genpflanzen häufig ein Unkrautvernichtungsmittel namens Glyphosat eingesetzt wird, das, wie in Studien herausgefunden wurde, das menschliche Erbgut schädigen kann und im Verdacht steht, krebserregend zu sein. Außerdem trägt es zum Bienensterben bei. Das sind ja eigentlich schon genug Gründe, auf gentechnisch manipulierte Lebensmittel zu verzichten.

Kochen statt kochen lassen

Viele Gründe sprechen dafür, vor allem frische, unverarbeitete Lebensmittel zu kaufen. Dann kannst du nämlich sicher sein, dass keine unerwünschten Zusatzstoffe im Kochtopf landen, und du weißt, woher dein Essen kommt und wie es transportiert wurde. Die Ökobilanz fällt auch besser aus, weil jeder Verarbeitungsschritt Energie kostet. Und du sparst jede Menge Verpackungen ein.

66 Brot zum halben Preis

Meine Familie ist die reinste Brotvernichtungsmaschine. Ist das bei euch auch so? Dabei finde ich, dass Brot und vor allem Bio-Brot ganz schön ins Geld geht. Gott sei Dank bekommt man in vielen Bäckereien Brot und Gebäck vom Vortag und manchmal schon am Abend zum halben Preis. Das kaufe ich, wann immer es geht, denn ich finde, gerade Bio-Brote sind am zweiten Tag noch genauso lecker wie am ersten. Ist doch eigentlich eine tolle Sache: Ich spare Geld, und es landet weniger Brot auf dem Müll. Wäre das vielleicht auch was für dich?

67 Die faire Milch macht's

Grundsätzlich ist es ja immer richtig, Bio-Produkte zu kaufen. In Sachen Milch liegt die Sache allerdings ein bisschen anders. Die deutschen Milchbauern bekommen von den Molkereien so wenig Geld für ihre Milch, dass sie davon schlicht nicht mehr leben können. Und solange das der Fall ist, ist die Umstellung auf Bio-Produktion kaum dankbar. Darum: Achte beim Milchkauf vor allem auf das Siegel für einen fairen Milchpreis. Und wenn es das in Kombination mit Bio-Qualität gibt, ist das natürlich noch besser.

68 NO ERDÖL, PLEASE

Ich habe mir ja nie Gedanken darüber gemacht, woraus Kaugummis eigentlich gemacht werden – vielleicht auch, weil ich ohne kaum leben konnte. Aber als ich erfahren habe, dass die Hauptzutat Erdöl ist, hat sich mir schon ein bisschen der Magen umgedreht. Inzwischen kann ich gut auch mal ohne auskommen, und wenn die Lust mich übermannt, kaufe ich Bio-Kaugummis ohne Erdöl, entweder aus Birkenzucker, auch als Xylit bekannt, Harz und Bienenwachs oder aus Chicle. Das Kaugefühl ist erst ein bisschen komisch, aber mit der Zeit gewöhnt man sich daran.

GERECHT HANDELN

Beim nachhaltigen Konsum geht es ja nicht allein darum, die Umwelt zu schützen, es geht auch um die Produktions- und Lebensbedingungen für die Menschen, die all das herstellen, was wir kaufen. Vor allem, wenn du Kaffee, Tee, Kakao/Schokolade und Bananen kaufst, solltest du unbedingt darauf achten, dass sie aus fairem Handel stammen. Nur dann kannst du sicher sein, dass sie unter menschenwürdigen Bedingungen, ohne Kinderarbeit und von angemessen bezahlten Arbeitskräften hergestellt wurden.

Alles andere als (all)täglich:
AVOCADOS

Findest du Avocados auch so lecker? Klar, für die Nährstoffe gibt es mit Leinöl auch einen heimischen Ersatz, aber der ist nicht ganz so attraktiv. Leider hinterlassen Avocados einen ziemlich tiefen ökologischen Fußabdruck, weil ihr Anbau enorm viel Wasser verschlingt und sie nicht gerade vor unserer Haustür wachsen. Wenn du allerdings die ein oder andere Regel beachtest, kannst du dir und deiner Familie durchaus ab und zu eine Avocado gönnen: Kaufe lieber unreife, harte Avocados als vorgereifte, denn der Reifeprozess findet in riesigen klimatisierten Hallen statt und verbraucht Unmengen an Energie. Dabei kannst du die Früchte problemlos zu Hause nachreifen lassen. Das geht am besten, wenn du sie in Zeitungspapier einwickelst, wenn es geht, zusammen mit einem Apfel oder einer Banane, deren Reifegase den Reifevorgang beschleunigen. Wenn du am Wochenanfang eine Avocado kaufst, ist sie am Wochenende wunderbar reif. Um Avocados aus Übersee solltest du lieber einen Bogen machen. Besser sind weniger weit gereiste Bio-Früchte aus Spanien und Israel.

SUPERFOOD –
lieber lokal als exotisch

Ich finde diesen ganzen Superfood-Trend ja schon spannend. Aber was für den Menschen toll ist, ist für die Umwelt nicht ganz so klasse: viele Superfoods kommen aus fernen Weltregionen und deshalb häufig als Flugware in unsere Bio- und Supermärkte. Und die hohe Nachfrage bei uns führt auch noch häufig zu steigenden Preisen am Weltmarkt, sodass die Menschen im Produktionsland sich das Lebensmittel gar nicht mehr leisten können. Außerdem wachsen die ganzen Superfrüchte oft in riesigen Monokulturen, für die Wälder gerodet werden und die die Existenz der lokalen Kleinbauern bedrohen. Meine Lösung: Ich setze auf heimisches Superfood. Das ist mindestens genauso gesund und dabei viel ökologischer!

LIEBER	STATT
	Chiasamen
Leinsamen	
	Quinoa
Hirse	
	Aronia-Beeren
Heidelbeeren	
	Açai-Beeren
Holunderbeeren	
	Papaya
Lupine	
	Matcha
Löwenzahn	
	Goji-Beeren
Sanddornbeeren	
	Granatapfel
Johannisbeeren und Grünkohl	

Bio

Alles in Butter?

Apropos Superfood: Für mich persönlich gehört Butter unbedingt dazu. Schließlich heißt es nicht umsonst: Mit Butter kann man Pflastersteine schmackhaft machen. Aber leider, leider, leider gibt es zur Butter in Sachen Nachhaltigkeit kaum Gutes zu vermelden. Für die Herstellung von einem Kilo Butter werden 25 kg CO_2 freigesetzt. Darum mein Tipp: Verwende da, wo es nicht weiter wehtut, z. B. beim Backen, ihre etwas blasse Stiefschwester, die Margarine, allerdings in Bio-Qualität. Auf deren Konto gehen nämlich pro Kilo nur 0,7 kg CO_2.

Schwing den Holzkochlöffel

73

Natürlich ist es Unsinn, alles, was du an Küchenutensilien aus Kunststoff besitzt, aus deiner Küche zu verbannen. Viel nachhaltiger ist es, bei Bedarf ausgediente Kochlöffel und Schneidebrettchen durch hölzerne Utensilien zu ersetzen. Olivenholz ist übrigens besonders gut für den Einsatz in der Küche geeignet, da es sehr langlebig und robust ist. Und die Bäume werden erst abgeholzt, wenn sie keine Früchte mehr tragen. Allerdings darfst du die hölzernen Gerätschaften nicht in die Spülmaschine tun. Musst du auch nicht. Es reicht, sie mit einem feuchten Tuch abzuwischen und an der Luft trocknen zu lassen. Ich finde ja auch mein neues emailliertes Retro-Küchensieb viel schicker als das alte Teil aus Plastik.

VIP-Plätze im Kühlschrank

74

Gönne häufig benutzten Lebensmitteln einen Platz in der ersten Reihe, dann musst du nicht lange danach kramen und kannst die Kühlschranktür schnell wieder schließen, was Energie spart.

75

Früchtetrennung, bitte

Geschmacklich passen Äpfel und Bananen ja eigentlich ganz gut zusammen, aber vor dem Verzehr solltest du die beiden unbedingt trennen, denn Äpfel verströmen das Reifegas Ethylen, das dafür sorgt, dass Bananen diese unschönen braunen Sprenkel kriegen. Meine Familie hält sie dann für ungenießbar, und ich kann sie ihr höchstens noch als Smoothie unterjubeln.

76

Obst nicht ins Verderben stürzen

Achte darauf, Obst immer ungewaschen im Obstkorb zu drapieren – gewaschen wird es nämlich viel schneller schlecht.

77

Lebensverlängernde Maßnahmen

Kopfsalat lässt schnell die Blätter hängen. Das kannst du verhindern, indem du ihn in ein feuchtes Tuch einschlägst und dann im Gemüsefach des Kühlschranks aufbewahrst. Noch besser funktioniert die Methode, wenn du das feuchte Tuch mit etwas Essig oder Zitronensaft beträufelst.

Schneide das Grün von Karotten und anderem Wurzelgemüse ab, bevor du es im Kühlschrank lagerst. Durch die Verdunstung über das Laub wird das Wasser aus den Wurzeln gezogen. Karotten sollten im Übrigen zwar kühl, aber nicht zu kalt lagern, denn dann verlieren sie ihre angenehme Süße und entwickeln einen seifigen Geschmack.

Challenge

Bye, bye Fast Food!

Ich habe neulich meine Vorräte neu organisiert und aufgestockt. Der Grund war ein kleines Familienprojekt. Wir haben nämlich einen Monat lang auf Fast Food und Lieferservices verzichtet. Von dem Geld, das wir gespart hatten, konnten wir uns glatt einen tollen Ausflug leisten – mit einem Restaurantbesuch zum Abschluss. Das war insgesamt eine super Sache: Auf der einen Seite Geld, Transportwege und Verpackungsmaterial gespart – auf der anderen einen herrlichen Tag gewonnen. Wie sieht es aus: seid ihr dabei?

Mach dir am besten eine Liste, welche Vorräte du brauchst, um während der Challenge einen attraktiven Snack aus dem Ärmel schütteln zu können. Bei uns sind das zum Beispiel Blätterteig, Spinat und Nürnberger Bratwürstchen im Tiefkühler, ein Stück abgepackter Käse (zum Überbacken und für aufs Brot), etwas Schinken, vakuumverpackter Feta und Butter im Kühlschrank, Toastbrot und Dosen-Ananas im Vorratsschrank. Du ahnst es vermutlich schon: Bei akutem Heißhunger auf Junkfood kann ich mit einem souveränen Griff in den Schrank Würstchen im Schlafrock, Blätterteigtaschen mit Spinat und Feta und Toast Hawaii zaubern. Das lieben wir alle, und bevor sie verhungern, können die Kinder diese Snacks sogar selbst zubereiten.

MEAL-PREPPING

79

Hinter diesem Trend verbirgt sich nichts anderes als eine instagramtaugliche Variante des guten alten Vorkochens für unterwegs und zu Hause. Das Prinzip ist einfach: Am Wochenende kochst du zum Beispiel Hühnersuppe. Einen Teil esst ihr direkt, und aus einem Teil des Fleisches machst du schon mal Hühnerfrikassee, das ihr dann während der Woche esst. Und der Rest wandert in einer fest verschlossenen Dose in den Kühlschrank. Dann bereitest du noch ein paar Beilagen vor: Nudeln oder Reis, gedünstetes oder gebratenes Gemüse, dazu ein paar Dips. Fertig. Das alles kommt in dichten Behältern in den Kühlschrank. So kannst du dir und deinen Lieben morgens vor der Arbeit oder der Schule einen tollen Imbiss – Sandwich mit Hühnchenfleisch oder Grillgemüse – oder beim Heimkommen ein leckeres Essen zusammenstellen. Was das bringt? Weniger Stress, weniger Fastfood, weniger Verpackungsmüll, weniger CO_2, mehr Genuss. Überzeugt?

80

Dem E auf der Spur

Mein Tipp: Achte bei verarbeiteten Lebensmitteln mal auf die Inhaltstoffe. Es kommt nämlich gar nicht selten vor, dass sich in eigentlich vegetarischen Produkten tierische Inhaltsstoffe verbergen, zum Beispiel Gelatine in Saft und Frischkäse oder Wild oder Kälberlab in Chips. Meistens kannst du ganz leicht eine Alternative ohne Tier finden. Und es lohnt sich auch, mal zu erforschen, was sich hinter den E-Nummern verbirgt, die in den Inhaltsstoffen aufgeführt werden. Bei E120, das auch als „echtes Karmin" bezeichnet wird, handelt es sich um einen Farbstoff, der aus Scharlach-Schildläusen gewonnen wird. Interessante Informationen über fragwürdige Zusatzstoffe im Essen findest du im Internet (s. S. 256). Grundsätzlich meiden solltest du die E-Nummern E102, E104, E110, E122–E129, E142, E150c, E151, E154, E155, E173 und E180, bei denen es sich weitgehend um synthetisch hergestellte Farbstoffe handelt.

Gewusst wo – Vorräte richtig lagern

Viele Lebensmittel werden schlecht, weil sie nicht richtig gelagert werden – diesen Schwund kannst du dir und der Umwelt ersparen, wenn du bei der Organisation deiner Vorräte auf einige wenige Kleinigkeiten achtest.

In den **Kühlschrank** gehört alles, was frisch und verderblich ist. Räume deine Einkäufe immer gleich ein und verpacke sie gut, damit sie nicht austrocknen oder den berühmten Kühlschrankgeruch annehmen. Und immer schön die rechts beschriebene Kühlschrankordnung beachten. Aber Achtung – nicht alles, was frisch ist, ist im Kühlschrank gut aufgehoben: Bananen bekommen braune Flecken, Brot trocknet aus, Basilikum wird matt, Kartoffeln werden mehlig und süß, Tomaten verlieren an Aroma, und Knoblauch und Zwiebeln schimmeln. Zitrus- und anderen Südfrüchten ist es im Kühlschrank einfach zu kalt, und auch Avocados reifen lieber bei Zimmertemperatur nach.

Im **Tiefkühlschrank** kannst du Lebensmittel mehrere Monate aufbewahren, ohne dass sie nennenswert an Qualität verlieren. Wenn du deine Vorräte portionsweise einfrierst, kannst du immer genau so viel entnehmen, wie du gerade brauchst. Sehr praktisch. Ach so: Versieh die Verpackungen unbedingt mit Inhaltsangaben und Datum. Ich wollte neulich Spinat kochen, und dann gab es doch Grünkohl … Wasserreiches Obst und Gemüse wie Gurken, Radieschen, Rettich, rohe Kartoffeln, Zwiebeln, Tomaten,

Melonen, Trauben, rohe Äpfel und Birnen sind ebenso ungeeignet zum Einfrieren wie Eier und viele Milchprodukte.

Und denk dran: Auch eingefrorene Lebensmittel kann man nicht ewig aufbewahren: Obst und Gemüse muss man nach 11 bis 15 Monaten aufbrauchen, Rindfleisch und Geflügel nach 9 bis 12 Monaten und Fisch und fettreiches Fleisch nach 6 bis 9 Monaten.

In den **Vorratsschrank** gehören Lebensmittel, die lange oder sogar endlos haltbar sind, etwa Konserven (Obst, Gemüse, Fisch, Fleisch), Nudeln, Reis, Mehl, Salz und Gewürze, Kaffee und Tee, Zucker, H- und Kondensmilch. Am besten guckst du deine Vorräte regelmäßig durch, dann siehst du gleich, was bald mal aufgebraucht werden müsste. Neue Vorräte räumst du am besten nach hinten ins Regal. So kannst du sicher sein, die ältere Ware zuerst zu verbrauchen. Angebrochene Packungen solltest du in dicht schließende Behälter umfüllen, dann bleibt Ungeziefer fern. Achtung: Konserven, deren Boden und/oder Deckel nach außen gewölbt ist, nicht mehr verzehren. Sie sind verdorben.

In früheren Zeiten war der **Keller** der perfekte Ort, um Kartoffeln und Äpfel einzulagern. Heute ist es dort meistens zu warm, doch bei Temperaturen zwischen 15 und 20 °C kannst du dort alles lagern, was auch im Vorratsschrank gut aufgehoben ist.

Den Kühlschrank nachhaltig ordnen

Wenn du den Kühlschrank richtig einräumst, bleiben deine Lebensmittel länger frisch und du sparst auch noch Energie. Bei der empfohlenen Temperatureinstellung von 7 °C ergeben sich im Gerät verschiedene Klimazonen, die sich für die Lagerung unterschiedlicher Lebensmittel eignen:

8–10 °C
Zubereitete Speisen wie Kuchen, Saucen, Marmeladen

5–7 °C
Milchprodukte wie Quark, Joghurt, Sahne, Milch, Eier

2–4 °C
Schnell verderbliche Lebensmittel wie Fisch, Fleisch, Wurst

6–8 °C
Salat, Obst, Gemüse

Butter, Margarine

Dressing, Senf, angebrochene Glaskonserven

Angebrochene Getränke, frisch gepresste Säfte (für Milch ist die Temperatur in der Kühlschranktür zu mild)

Die ganze Ordnung kannst du dir allerdings sparen, wenn du einen Kühlschrank mit dynamischer Kühlung hast, in dem ein Ventilator dafür sorgt, dass die kalte Luft gleichmäßig verteilt wird. Dann herrscht überall dasselbe Klima.

MACH MIT!
Fertigprodukte aus eigener Herstellung

Ich finde ja, Fertigprodukte wie Brühe, Puddingpulver, Semmelbrösel und – ja! – Schokocreme sind besonders dann ein Segen, wenn es in der Küche schnell gehen soll. Meine Großmutter hat zu Instantbrühe immer „Mariahilf" gesagt, weil die Geschmack an Suppen und Saucen bringt, wenn gar nichts anderes mehr geht. Das Tolle ist, dass du diese Sachen auch selbst machen kannst. Das spart Verpackungsmüll, hilft gegen Lebensmittelverschwendung und ist auch noch kinderleicht.

Wie sieht's aus: Seid ihr bereit für eine gemeinschaftliche Kochaktion?

Hier meine Rezeptvorschläge. Wenn es euch Spaß gemacht hat: Im Internet findet ihr noch jede Menge weitere.

SUPPENWÜRZE

Die Grundzutaten für die Paste sind Salz, Öl, Kräuter und frisches Suppengemüse sowie Zwiebeln, Knoblauch und nach Belieben auch Champignons und Tomaten, insgesamt etwa ein Kilo. Gerne kannst du auch unansehnlich gewordene Schrumpelmöhren, Strünke von Brokkoli und Blumenkohl oder Möhren- und Kohlrabigrün verarbeiten.

Das geputzte und grob zerkleinerte Gemüse mit den gehackten Kräutern in einen leistungsstarken Mixer oder den Fleischwolf geben und zu einer feinen Paste mahlen. Zu je 100 g Gemüse gibst du dann noch 10 g Salz und 1 Esslöffel Oliven- oder Rapsöl, die machen die Paste haltbar. Dann füllst du die Paste in sterile Schraubgläser. Fest verschlossen kannst du sie bis zu einem Jahr im Kühlschrank lagern.

PUDDINGPULVER

Dafür musst du wirklich kein Geld ausgeben. Mische einfach Speisestärke und Zucker im Verhältnis 1:1, und fülle das Pulver in ein Schraubglas. Dann kannst du dich beim Kochen immer spontan für eine Geschmacksrichtung entscheiden. Für 500 ml Pudding brauchst du etwa 60 g Pulver. Dazu kommen dann noch die Zutaten für den Geschmack, zum Beispiel Kakao oder geriebene Schokolade für Schokoladenpudding oder das ausgekratzte Mark einer Vanilleschote für Vanillepudding. Und nicht vergessen: An jede Süßspeise kommt immer auch 1 Prise Salz.

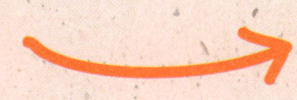

SEMMELBRÖSEL

Für DIY-Semmelbrösel sammelst du altbackenes Brot in einem Baumwollbeutel und lässt es durch-trocknen. Wenn die Reste richtig hart sind, zerkleinerst du sie in der Küchenmaschine auf die gewünschte Bröselgröße. Das klappt auch, wenn du die Brotreste in einen Gefrierbeutel gibst und dann tüchtig mit dem Nudelholz bearbeitest. Sehr fein gemahlen, kannst du Semmelbrösel auch zum Binden von Saucen verwenden.

SCHOKOCREME

Das ist, wen wundert's, der Favorit meiner Kinder. Du brauchst nur 400 g Haselnüsse, 4–5 Esslöffel neutrales Öl, etwa Rapsöl, rund 100 g Kakaopulver, 5–6 Esslöffel Puderzucker, Agavendicksaft oder Ho-nig, 1 gute Prise Salz und etwas Vanillearoma. Die Creme ist wirklich schnell gemacht. Zuerst röstest du die Nüsse im Ofen. Dabei musst du gut aufpassen, dass sie nicht verbrennen. Dann mahlst du sie ganz fein und vermischst sie gründlich mit den anderen Zutaten. Dann füllst du die Schokopaste in sterilisierte Gläser, die du am besten im Kühlschrank aufbewahrst.

JETZT MAL KLARTEXT

84

Glas oder Dose?

Beim Einkauf von Konserven greift man ja inzwischen spontan eher zum Glas, der Nachhaltigkeit wegen. Dabei ist die Blechkonserve gar nicht so schlecht, wie du vielleicht glaubst, denn bei der Herstellung des Glases wird sogar noch mehr Energie benötigt als bei der Dose. Und weil es schwerer ist, kostet sein Transport auch mehr Treibstoff. Der Vorteil des Glases liegt aber darin, dass man es nachher noch weiterverwenden kann. Auch aus gesundheit-licher Sicht ist es die bessere Wahl, denn Blechkonserven haben innen oft eine weiße Kunststoffbeschichtung, und in der hat man schon das bedenk-liche Umwelthormon Bisphenol A gefunden, das in dem Verdacht steht, das Wachstum ungeborener Kinder zu stören und später zu Übergewicht beim Kind zu führen.

Einkochen wie zu Omas Zeiten

Wenn du einkochst wie zu Omas Zeiten, musst du zwar für das Haltbarmachen deiner Konserven eine Menge Energie aufwenden, kannst aber in Sachen Nachhaltigkeit trotzdem noch ordentlich punkten. Wenn du leckere hausgemachte Konserven für ein schnelles Abendessen im Haus hast, sparst du dir den Verpackungsmüll von Fertigmahlzeiten mit dubiosen Inhaltsstoffen und musst auch nicht mehr zum Einkaufen raus. Und die Lagerung deiner haltbar gemachten Speisen kostet null Energie. Eingekochtes Obst ist bei uns nicht so der Renner, aber Eintöpfe und Suppe sind als schnelles Essen ziemlich gefragt. Wenn du sowieso gerade dabei bist einen

großen Topf Suppe zu kochen, kannst du ja auch gleich ein paar Gläser davon einkochen. Unsere Lieblingskonserve ist der französische Gemüseeintopf Ratatouille, mit dem man echt ein Stück Sommer in den Winter retten kann.

Zum Einkochen brauchst du übrigens nicht unbedingt einen Einkochtopf. Es reicht der Backofen oder einfach ein sehr großer Topf für den Herd. Dazu kommen nur noch ein paar Schraubgläser mit Twist-off-Deckel, und das war's auch schon. Genaue Anleitungen zum Einkochen mit den verschiedensten Verfahren findest du im Internet zuhauf. Einfach mal ein bisschen stöbern und Inspirationen sammeln.

Kleines Verpackungseinmaleins

Frischhalte- und Alufolie sind ja eigentlich superpraktische Helfer in der Küche. Trotzdem versuche ich seit einiger Zeit, möglichst ohne auszukommen, denn in der Ökobilanz machen sie nicht gerade eine gute Figur: Die Produktion von Aluminium ist extrem energieaufwendig und bringt giftige Abfallprodukte hervor. Und für die Förderung des Rohstoffes Bauxit, aus dem Aluminium hergestellt wird, werden große Regenwaldflächen gerodet. Und Frischhaltefolie ist ein klassisches Einwegprodukt, das zum Müllberg beiträgt und manchmal auch noch Palmöl enthält.

Aber Gott sei Dank gibt es ja Alternativen:

→ Bei den Bienenwachstüchern, von denen man zurzeit überall hört und liest, handelt es sich um mit Bienenwachs beschichtete Baumwolltücher. Damit kann man prima Lebensmittel abdecken und einwickeln. Für Fleisch, Fisch und Eier sind sie allerdings nicht geeignet, weil man sie nur bei geringen Temperaturen reinigen, d. h. abwischen, kann. Bienenwachstücher gibt es inzwischen sogar im Drogeriemarkt, und wenn ihr Lust habt, könnte ihr sie sogar selbst machen.

→ Eine tolle Alternative zu den Folien sind Silikondeckel. Die lassen sich unzählige Male wiederverwenden, und du kannst Lebensmittel damit luftdicht abdecken. Spülmaschinenfest sowie kälte- und hitzebeständig sind sie auch noch.

→ Schraubgläser eignen sich prima, um Suppen, gekochte Nudeln, Reis, Kartoffeln oder auch Gemüse gut verpackt im Kühlschrank aufzubewahren. Und die brauchst du nicht extra zu kaufen – alte Gurken- und Marmeladengläser leisten hier gute Dienste.

→ Wenn es schnell gehen muss, kannst du Schüsselchen mit Essensresten im Kühlschrank auch mal mit Desserttellern oder Untertassen abdecken. Die sind zwar nicht hundertprozentig luftdicht, erfüllen aber gerade bei Kurzaufenthalten in der Kühlung durchaus ihren Zweck.

→ Legt euch für Pausenbrote und Reiseproviant hübsche Brotdosen zu, statt sie in Folie einzuwickeln.

→ Alufolie nimmt man ja nicht nur zum Verpacken, sondern auch zum Kochen, zum Beispiel, um Aufläufe abzudecken. Um das zu vermeiden, habe ich mir eine Auflaufform mit Deckel zugelegt. Du kannst aber auch Silikondeckel und -matten benutzen.

87

MACH MIT!
Bienenwachstuch

Für euer selbst gemachtes Bienenwachstuch brauchst du nur ein Stück dünnen Baumwollstoff (sauber und gut ausgewaschen, sodass er keine Waschmittelrückstände mehr enthält), Bienenwachspastillen (gibt's beim Imker oder im Internet, alternativ kannst du etwas Wachs von einer Bio-Bienenwachskerze abhobeln) und etwas Sonnenblumenöl. Dann könnt ihr schon loslegen:

◉ Schneidet euren Stoff auf die gewünschte Größe zu, und legt ihn auf eine doppelte Lage Backpapier.

◉ Dann bereitet ihr ein Wasserbad vor, um das Bienenwachs zu schmelzen, zum Beispiel in einer Glasschüssel. Wachsreste lassen sich später prima entfernen, wenn man die Schüssel kurz in den Tiefkühler stellt.

◉ Mischt das geschmolzene Bienenwachs im Verhältnis 6:1 mit Sonnenblumenöl.

◉ Diese Mischung verteilt ihr vorsichtig mit einem Löffel auf dem Tuch. Das muss nicht flächendeckend sein: Es genügen einige Streifen. Achtet darauf, dass sie nicht bis zum Tuchrand gehen.

◉ Jetzt deckt ihr das Tuch mit einer doppelten Lage Backpapier ab und verteilt das Wachs mit dem Bügeleisen gleichmäßig auf dem Stoff.

◉ Sind noch Stellen ohne Wachs zu sehen, könnt ihr die im gleichen Verfahren noch einmal mit der Wachsmischung nachbearbeiten.

◉ Wenn das Testexemplar gelungen ist, könnt ihr auch in die Massenproduktion gehen. In unserem Freundeskreis sind die Tücher ein beliebtes Mitbringsel!

Lifestyle

Shopping, Kosmetik, Reisen – das ist ja echt mein Ding. Meine Tochter tritt da ganz in meine Fußstapfen. Aber weißt du was? Ich hatte ja keine Ahnung, was das für Menschen und die Umwelt bedeutet, wenn mit ein paar Klicks eine coole Hose in meinem Warenkorb landet, die ich eben auf Insta entdeckt habe. Inzwischen verkneife ich mir darum die meisten Spontankäufe – Fashionista bin ich aber geblieben. Ich achte einfach besser darauf, was ich kaufe. Und einiges mache ich auch selbst – hätte ich vor ein paar Jahren auch noch nicht gedacht. Meine besten Ideen findest du auf den folgenden Seiten.

Ein anderes großes Thema bei uns sind Partys und Feste. Wir lieben es einfach, Freunde und Familie um uns zu haben – ob bei unseren berühmt-berüchtigten Gartenpartys oder auch unterm Weihnachtsbaum. Logisch, dass wir uns da auch mal Gedanken gemacht haben, wie man nachhaltig feiert – und ich kann dir an dieser Stelle schon verraten: Im Laufe der Zeit sind da eine Menge Tipps zusammengekommen. Außerdem in diesem Kapitel: Unsere Nachhaltigkeitsstrategien für den Garten – und da freut sich nicht nur die Familie drüber. Auch Insekten, Vögel und unser Igel finden unsere neuen Herangehensweisen an Blattlaus & Co. ziemlich gut.

SPECIAL

Der hohe Preis der schnellen Mode

Kleidung und Mode spielen für einen nachhaltigen Lebensstil eine enorm wichtige Rolle. Hättest du gedacht, dass die Textilindustrie heute jährlich doppelt so viele Kleidungsstücke herstellt wie noch vor knapp zwanzig Jahren? Und bei der Produktion dieser unglaublichen 100 Milliarden Kleidungsstücke fällt natürlich enorm viel klimaschädliches CO_2 an – mehr als beim internationalen Flug- und Schiffsverkehr zusammen. Doch während alle Konsumgüter in den letzten Jahren teurer geworden sind, ist der Preis für Kleidung gleichbleibend niedrig. Das geht nur, weil die jährlich bis zu 24 Kollektionen der großen Modemarken, durch die wir uns virtuell und im echten Leben wühlen, in Entwicklungs- und Schwellenländern wie China, Bangladesch, Pakistan, Kambodscha, El Salvador usw. extrem billig und unter hohem Zeitdruck produziert werden – auf Kosten der Beschäftigten, die oft 70 bis 80 Stunden in der Woche unter verheerenden Bedingungen arbeiten und trotzdem zu wenig verdienen, um davon leben zu können. Und das unter Umständen mit dem Leben bezahlen wie 2013 beim Einsturz des Rana Plaza Buildings, einer Textilfabrik in Bangladesch, mit über 1300 Toten. Um das mal in Zahlen zu veranschaulichen: Wenn du ein T-Shirt für 10 Euro kaufst, gehen davon 12 Prozent – 1,20 Euro – als Profit an die Marke, ebenfalls 12 Prozent oder 1,20 Euro entfallen auf die Transportkosten und den Zwischenhandel, die Herstellungskosten betragen 17 Prozent – 1,70 Euro –, die Handelsspanne, also Miete, Mitarbeiterlohn und Gewinn des Einzelhandels machen 59 Prozent oder 5,90 Euro aus. Ganze

10 Cent des Kaufpreises entfallen auf den Lohn der Person, die das T-Shirt zusammengenäht hat.

Und dazu kommen noch die enormen Umweltbelastungen, die die rasende Produktion von minderwertigen Textilien mit sich bringt. Auf allen Ebenen der Produktionskette werden unglaublich viele Chemikalien eingesetzt, auf den Baumwollfeldern ebenso wie bei der Produktion von Chemiefasern. Das zerstört nicht nur die Umwelt, sondern schadet auch den Menschen.

Wir tragen die Kleidungsstücke nur noch halb so lange wie noch zu Beginn des Jahrtausends. Damit kommt ein riesiger Kleiderberg zusammen, der irgendwie entsorgt werden muss. Und das stellt uns vor enorme Probleme – und hat einmal mehr Folgen für Menschen am anderen Ende der Welt.

Jährlicher Ressourcenbedarf der internationalen Textilindustrie

➡ 98 Millionen Tonnen Erdöl

➡ 85 Millionen Hektar Boden

➡ 60 Millionen Textilarbeiter*innen, davon 27 Millionen mit arbeitsbedingten Krankheiten

➡ 43 Millionen Tonnen Chemikalien

➡ 79 Milliarden Kubikmeter Wasser

➡ 92 Millionen Tonnen Müll

➡ 1458 Millionen Tonnen Treibhausgasemissionen (CO_2)

➡ 522 Millionen Tonnen Mikrofasern in den Ozeanen

Slow Fashion

Klar, es ist schon toll, dass ich bei den großen Modeketten für kleines Geld genau den Style shoppen kann, den ich eben noch an internationalen Promis auf dem roten Teppich gesehen habe. Aber wusstest du, dass jedes 5. Kleidungsstück, das wir kaufen, einigermaßen jungfräulich im Schrank herumhängt, um dann irgendwann quasi ungetragen seinen Weg in die Altkleidersammlung zu nehmen? Ich arbeite viel zu hart, um mein Geld für diese Wegwerfmode – auch als Fast Fashion bezeichnet – auszugeben. Damit ist jetzt Schluss für mich: Ich stelle meinen Kleiderschrank um – auf Slow Fashion. Ich kaufe möglichst nur noch wenige, dafür aber hochwertige und nachhaltige Basics, also T-Shirts, Pullis, Jeans, Sneakers, die nicht schon nach einer Saison am Ende sind, und ergänze den Rest dann nach und nach. Sachen, die ich eh nicht anziehe, gebe ich weiter, entweder privat oder an die Kleiderkammer. Und, ganz wichtig: Wenn ich mir was Neues kaufe, achte ich zum einen darauf, wo das Kleidungsstück produziert wurde, und darauf, dass nichts aus Polyester und Polyester-Gemischen dabei ist. Daran hat man eh nicht lange Spaß, und für eine sinnvolle Wiederverwertung sind die Sachen kaum zu gebrauchen. „Plastikklamotten" können nur noch zur Energiegewinnung verbrannt werden. Von Kreislaufwirtschaft kann da ja keine Rede sein.

Erst denken, dann kaufen

Wenn ich beim Bummel durch die Stadt oder das Internet einen tollen Pulli oder eine Hose entdecke, die mein Leben ultimativ verändern könnte, verordne ich mir inzwischen immer eine kleine Zwangspause, um zu überlegen, ob die Sachen wirklich zu meiner Garderobe passen und ob sie überhaupt alltagstauglich sind. Wichtig ist für mich zum Beispiel, dass ich sie in der Maschine waschen kann – chemische Reinigung und Handwäsche sind für mich nämlich normalerweise keine Option (sieht man mal von wirklich festlicher Garderobe ab). Wenn dem so ist, schlafe ich noch einmal eine Nacht drüber. Oft ist die große Liebe dann schon vorbei. Falls nicht, guck ich mir Qualität und Passform noch mal vor Ort an, oder ich vergleiche die Maßtabellen, die der Online-Anbieter auf seiner Website hat, mit meinen Maßen und schaue, wie andere Käufer Verarbeitung und Schnitt beurteilen. Wenn auch da alles stimmt, gebe ich mir grünes Licht für den Kauf.

HINTERGRUND

Jeder Deutsche kauft im Jahr rund 60 (!) Kleidungsstücke, trägt sie dafür aber nur halb so lange wie noch vor rund 15 Jahren. Ich finde das wirklich unglaublich, darum habe ich mir vorgenommen, im Jahr maximal nur die Hälfte zu kaufen, die Teile aber länger zu tragen. Das geht natürlich nur, wenn die Qualität der Kleidungsstücke stimmt. Ehrlich gesagt ist dieses neue Lebensgefühl ziemlich cool, denn durch das ganze Nachdenken weiß ich inzwischen viel besser, was mir wirklich steht.

Challenge

30 Tage – 50 Teile

Mit dieser Challenge bin ich in mein neues Leben als Slow-Fashionista eingestiegen: 30 Tage mit 50 Kleidungsstücken auskommen. Teilweise war das echt eine Herausforderung ...

Erst einmal klingt „50 Teile" ziemlich viel, doch es gehört ja alles dazu, was du am Körper trägst – vom Scheitel bis zur Sohle. Aber ich bin ja nicht der erste Mensch, der sich im Klamottenfasten geübt hat, und entsprechend viele Tipps gibt es auch im Netz. Die haben mir schon geholfen. Die Kunst besteht darin, eine gute Mischung aus Lieblingssachen, Basics und Nützlichem zu finden. Und du musst natürlich beachten, ob in dem Zeitraum, den du dir ausgesucht hast, irgendetwas Besonderes ansteht – ein Fest, eine Hochzeit, ein Bewerbungsgespräch –, und deine Auswahl darauf abstimmen. Die Jahreszeit ist auch nicht ganz unwichtig ... Für mich war der Einstieg in ein reduziertes Modeleben im Frühsommer ideal.

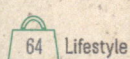

Die folgenden Dinge hatte ich mir aus meinem Kleiderschrank rausgesucht, vielleicht helfen sie dir ja bei der Orientierung:

→ 6 T-Shirts (davon 2 für den Sport)

→ 2 Blusen

→ 1 Pullover

→ 2 Longsleeves

→ 1 Cardigan

→ 3 Hosen

→ 3 Shorts/Leggins (davon 1 lange Sporthose, 1 kurze Lauftight)

→ 1 Kleid

→ 2 Röcke

→ 10 Unterhosen (2 für den Sport)

→ 4 BHs (davon 1 Sport-BH)

→ 6 Paar Strümpfe (2 x Sport)

→ 4 Paar Schuhe (Sandalen, Sneakers, Flip-Flops, Laufschuhe)

→ 2 Nachthemden

→ 1 Badeanzug

→ 1 Sommermantel

→ 1 Jeansjacke

Den Rest habe ich so aufgeräumt, dass ich erst gar nicht in Versuchung gekommen bin, etwas davon anzuziehen. Und nach einem Monat war mir dann auch viel klarer, was ich brauche, um mich nach meinem Geschmack anzuziehen und dabei wohlzufühlen. Ich konnte schon jede Menge Sachen aussortieren und weitergeben.

Ach ja, mein Mann hat übrigens auch mitgemacht, aber der hat nicht mal alle 50 Kleidungsstücke gebraucht ...

GREIF ZU FAIRER BIO-MODE

Ich bin ja von günstigen Synthetik-Klamotten auf eher hochwertige Mode, am liebsten aus natürlichen Materialien wie Baumwolle, umgestiegen. Eine schöne Erkenntnis dieser Fast-Fashion-Diät ist eindeutig, dass mein Budget – oh Wunder – tatsächlich für fair und ökologisch produzierte Mode reicht, die im Übrigen kaum teurer ist als herkömmliche Markenmode: Ich habe im Bio-Sale schon die tollsten Schnäppchen gemacht, und im Internet findest du in Listen mit fair produzierten Brands sogar Textildiscounter (s. S. 256) – aber Vorsicht, da hapert es häufig an der Bio-Qualität. Und die ist wichtig für Mensch und Umwelt. Also immer genau hinschauen. Was übrigens auch fürs grüne Shoppen spricht: Bio-Baumwolle ist deutlich länger haltbar als herkömmliche Baumwolle, weil sie schonender verarbeitet wird.

Baumwolle ist die wichtigste Naturfaser in der Bekleidungsindustrie. Ihr Anbau verschlingt enorm viel Wasser, das in den Herstellerländern meist Mangelware ist. Zudem wird in den Monokulturen der konventionellen Baumwollproduktion chemisch gedüngt und gespritzt, was das Zeug hält. Das rettet zwar die Ernten, macht aber die Menschen, die in der Produktion arbeiten, krank. Und unter denen sind immer noch sehr viele Kinder, in der gesamten Baumwollindustrie weltweit rund 90 Millionen. Um dieses System nicht zu unterstützen, solltest du möglichst nur noch fair produzierte Kleidung aus Bio-Baumwolle mit zuverlässigen Siegeln wie GOTS, Ecolabel, Oeko Tex Made in Green, Fairtrade Textil usw. kaufen. Licht ins Siegel-Dunkel bringt übrigens die Website ➲ siegelklarheit.de der Bundesregierung. Dort kannst du dich über alle möglichen Siegel und deren Zuverlässigkeit informieren und auch Siegel vergleichen. Außerdem gibt es für unterwegs eine Siegel-App.

Ja zur Öko-Jeans

Ich finde, Jeans sind die beste Erfindung überhaupt – man könnte uns eigentlich auch die Jeans-Familie nennen. Für die Kinder sind sie toll, weil sie nicht beim ersten Bodenkontakt in die Knie gehen, und meiner Meinung nach gibt es kein bequemeres Kleidungsstück als eine gut eingetragene Jeans. Anscheinend bin ich nicht die Einzige, die das so sieht: Der Durchschnittsdeutsche hat acht Jeans im Kleiderschrank. Umwelttechnisch sind sie blöderweise ein ziemliches Schwergewicht, darum kaufe ich eigentlich nur noch Jeans aus ökologischer Produktion. Gut, die sind teurer als die Superbillig-Jeans vom Discounter, aber dafür halten sie ja auch echt eine Weile!

HINTERGRUND

Für die Herstellung einer konventionellen Jeans kommt unglaublich viel Chemie zum Einsatz – vom extrem hohen Wasserverbrauch mal ganz zu schweigen. In 1 kg Jeanshosen „stecken" 1150 g Natriumhydroxid und Dithionite, 534 g Düngemittel mit Stickstoff, Kalium und Phosphor für den Anbau der Baumwolle, 343 g Tenside für die Vorbehandlung des Stoffes und das Färben, 201 g Klebstoffe sowie 159 g sonstige chemische Produkte, insgesamt also 2,4 kg Chemie.

Hegen und pflegen für ein langes Leben

Zeitlose Slow-Fashion zu kaufen ist eine Sache, die andere ist, sie auch gut zu behandeln. Sonst hast du nämlich nicht sehr lange was davon, und alle Nachhaltigkeit ist dahin … Das weiß wohl jeder, der mal eine weiße Seidenbluse mit einem roten Pyjama in die Wäsche gesteckt hat … ähm. Aber Schaden macht ja bekanntlich klug, also passe ich jetzt besser auf beim Sortieren und beachte die Pflegehinweise. Und es lohnt sich wirklich, beim Saisonwechsel alles ordentlich und schön sauber einzulagern, denn auf Dauer raut Schmutz die Fasern auf, und achtlos in den Schrank Gestopftes bekommt langfristig Knitterfalten. In der Garderobe haben wir schön breite Bügel für unsere Jacken und Mäntel, damit sie keine Beulen an den Schultern bekommen, und ich entstaube sie regelmäßig mit einer guten Kleiderbürste – das schont die Fasern. Blusen und Oberhemden sind auf passenden Kleiderbügeln am besten aufgehoben, feine Hosen und Röcke solltest du hängend aufbewahren. T-Shirts, Longsleeves, Tops und Pullis räume ich schon seit einer ganzen Weile gerollt in die Schubladen unserer Kommode. Dann behalte ich die Übersicht, und alles bleibt einigermaßen glatt.

Leih dir was

Du bist auf einer Hochzeit eingeladen, auf der festliche Garderobe gefragt ist, aber in deinem Kleiderschrank finden sich in der Hauptsache Jeans, T-Shirts und Hoodies? Kein Grund, sich ins Shopping-Gewühl zu stürzen oder schlaflose Nächte im Internet zu verbringen. Hör dich doch lieber mal bei deinen Freundinnen um, ob nicht die ein oder andere ein festliches Outfit für dich hat. Ich habe zum Beispiel ein Kleid, das mittlerweile schon auf drei Hochzeiten war. Ist doch besser, als irgendwas zu kaufen, das man im Leben nicht mehr anziehen wird. Und falls du in deinem Freundeskreis nicht das Richtige findest: Es gibt inzwischen jede Menge Anbieter von Mietroben. Vielleicht findest du beim Googeln einen in deiner Stadt. Wenn nicht, ist das auch kein Beinbruch, denn fast alle Mietshops verschicken die Kleider auch quer durch Deutschland.

Kleider ausleihen, mieten oder leasen kannst du übrigens auch für deine Alltagsgarderobe (s. S. 256). In unserer Nachbarstadt gibt es einen kleinen Laden, in dem man Designermode sowie Kleidung von fairen und Öko-Labels gegen einen monatlichen Grundpreis mieten kann. Und neulich bin ich im Netz auf ein spannendes Bio-Jeans-Label gestoßen (s. S. 256). Dort kannst du die Jeans deiner Träume gegen eine einmalige Leasinggebühr und monatliche Leasingraten ein Jahr lang mieten und dann zurückgeben und das nächste Modell wählen. Eine einmal gezahlte Leasinggebühr berechtigt dich zum Leasing von drei Jeans. Tolles Konzept. Und die Jeans sind auch ganz cool.

Recycling in Heimarbeit

Ich stricke gerne, und das schon beinahe seit Jahrzehnten. Da habe ich natürlich das ein oder andere Stück im Schrank liegen, das ich inzwischen unterirdisch finde – auch Strickmode vergeht. Jetzt mach ich's wie früher meine Oma: Alles, was nicht mehr passt oder getragen wird, wird aufgetrennt und zu neuen Stücken verarbeitet. Das ist sogar in doppelter Hinsicht gut: Zum einen verstopfen weniger ungetragene Klamotten meinen Schrank, zum anderen muss ich keine neue Wolle kaufen. Gute Qualität ist da nämlich ziemlich teuer – besonders, wenn man auch noch darauf achtet, dass die Wolle von glücklichen Schafen kommt. Und, hast du auch noch was zum Auftrennen im Schrank?

HINTERGRUND

Da Handarbeit und speziell Stricken gegenwärtig sehr im Trend liegt, ist die Nachfrage nach Wolle extrem hoch, vor allem nach Merinowolle. Diese wird vornehmlich in China, Australien und Neuseeland produziert – unter aus tierrechtlicher Perspektive katastrophalen Bedingungen. Die speziell für die Wollproduktion gezüchteten Tiere haben eine sehr faltige Haut und extrem dickes Fell, um den Ertrag zu erhöhen. An heißen Sommertagen bekommen einige Tiere darum sogar einen Hitzeschlag. Außerdem werden sie in riesigen Herden gehalten, was ihrem natürlichen Sozialverhalten überhaupt nicht entspricht und darüber hinaus Grund für beträchtliche Landschaftsschäden und Bodenerosion ist. Darum: Besser zu Bio-Wolle oder alternativen pflanzlichen Materialien wie Hanf oder Leinen greifen und den Merinopullover oder die Merinowolle lieber im Geschäft lassen – es sei denn, sie wurde fair und ökologisch produziert.

MACH MIT!
Die Kunst des Stopfens – neu interpretiert

Meine Oma hat ja noch regelmäßig Socken gestopft, beigebracht hat sie es mir nicht – leider. Dann wären nämlich die kleinen Löcher, die in den schönen Wollpullis und heiß geliebten T-Shirts der Kinder – und auch in denen von meinem Mann und mir – immer wieder auftauchen, kein Problem. Aber wegschmeißen ist auch keine Option. Also habe ich mich auf die Suche nach Lösungen gemacht, die schön aussehen, aber nicht die enorme Genauigkeit und das handwerkliche Geschick meiner Oma erfordern.

Bei den Wollpullis habe ich zwei Reparaturfavoriten:

 ### STOPF DICH GLÜCKLICH

Lass allen Perfektionismus hinter dir, und lass deiner Kreativität freien Lauf mit der Stopfnadel.

Hier erst einmal eine kurze Beschreibung der Grundtechnik. Am besten arbeitest du mit einem Stopfei oder einem Stopfpilz.

Als Erstes ziehst du das Loch möglichst mittig über das Stopfei. Wenn rundherum Fussel und Fäden abstehen, schneidest du sie am besten mit der Schere ab, damit sie dir beim Stopfen nicht im Weg sind. Dann fädelst du ein Stück Stopfgarn in der passenden Farbe ein, machst einen Knoten ans Ende, stichst am Rand des Lochs ein, wo das Gewebe noch stabil ist, und fixierst den Faden mit einem Stich oder auch zweien, anschließend ziehst du deine Längsfäden – Stopfen ist ja im Prinzip nichts anderes als Weben. Wenn das getan ist, sicherst du den Faden wieder mit ein, zwei Stichen und schneidest ihn ab. Dann wieder ein Stück Garn einfädeln, Knoten rein und mit einem Stich sichern, sodass du nun die Querfäden ziehen kannst. Dabei immer abwechselnd über und unter die Längsfäden stechen, in jeder Reihe natürlich versetzt. Am Ende wieder mit einem Stich sichern, abschneiden, fertig. So weit die Basistechnik.

Um ein bisschen mehr Pepp in die Sache zu bringen, kannst du mit auffälligem Garn stopfen, das sich farblich abhebt, oder in verschiedenen Farben oder auch mal mit flauschigem Garn in dünnem Gewebe – auf jeden Fall so, dass es auffällt. Dann wird der Pulli zum Statement Piece. Mein Sohn findet's besonders schön, wenn es nicht so ordentlich aussieht, meine Tochter steht auf die Stopf-Stick-Monster, die ich mal extra, mal aus Versehen kreiere ...

 ### FILZT EUCH FROH

Diese Stopfmethode ist so einfach, dass die Kinder ihre Pullis sogar selbst reparieren können, nämlich mit Filzwolle und Filznadel. Beides bekommst du für kleines Geld in jedem halbwegs gut sortierten Bastel- und Handarbeitsgeschäft. Außerdem brauchst du noch eine Art Schablone, zum Beispiel Schlüsselringe oder eine Mini-Ausstechform für Plätzchen, und eine Filzunterlage aus Schaumstoff, ein Schwamm tut's auch.

Bevor ihr loslegt, müsst ihr nur noch entscheiden, ob ihr das Flickwerk dezent halten wollt – dann eher eine Wollfarbe nehmen, die der des Kleidungsstücks sehr nahekommt – oder ob man es durchaus erkennen soll – dann würde ich eher eine Kontrastfarbe wählen.

Nun legst du die Stelle mit dem Loch auf den Filzschwamm auf. Wenn der Flicken dezent sein soll, mit der linken Seite nach oben, wenn er auffallen soll, mit der rechten Seite. Platziere dann einen Schlüsselring so um das Loch, dass es sich in der Mitte befindet, nimm ein wenig von der Filzwolle und leg sie in den Ring. Jetzt musst du die Wolle mithilfe der Filznadel mit schnellen, kurzen Stichen in das Gewebe einarbeiten, bis sich die beiden Materialien gut verbunden haben. Pass dabei aber gut auf deine Finger auf, die Widerhaken an der Nadel sind wirklich garstig. Wenn das Material gut eingearbeitet ist, drehst du das Kleidungsstück auf links und filzt noch einmal ein wenig gegen, damit nicht zu viele Fasern abstehen. Fertig.

Diese Methode ist übrigens auch toll, um fiese Flecken dekorativ zu verstecken. An meinem grauen Lieblingspulli habe ich einen unschönen Fleck einfach von außen mit einem pinkfarbenen Mini-Herz überfilzt. Sieht supersüß aus.

98 Ab in die Reparatur

Weißt du, was sich bei mir auch echt verändert hat, seit ich um Billigmode einen Bogen mache? Wenn an einer Hose für 70 Euro ein Reißverschluss kaputt ist, komme ich beim besten Willen nicht auf die Idee, die Hose wegzutun – was bei einem Stück für 15 Euro durchaus mal vorkommen konnte. Stattdessen setze ich mich an die Nähmaschine und repariere das gute Stück. Und wenn ich selbst nicht weiterkomme, bringe ich defekte Sachen zur Schneiderin. Das kostet im Übrigen auch nicht die Welt.

Wenn du dich an der Nähmaschine nicht so fit fühlst, kann ich dir nur einen Nähkurs empfehlen. Lass dir doch vielleicht einfach einen zu Weihnachten schenken! Ich habe meinen an der Volkshochschule gemacht, die Lehrerin war toll, und am Ende hatte ich meine erste selbst genähte Hose. Inzwischen bin ich richtig fit an der Maschine. Manchmal bieten auch Stoffgeschäfte Unterricht oder Beratung bei kniffligen Nähproblemen an. Am besten einfach mal nachfragen, wenn du das nächste Mal vorbeikommst.

Wenn du anfängst, deine eigene Garderobe zu schneidern oder auch nur einzelne Stücke, solltest du ebenfalls darauf achten, gute Stoffe möglichst in Bio-Qualität zu kaufen, sonst ist ein großer Teil der gewonnenen Nachhaltigkeit gleich wieder futsch.

Augen auf beim Kleiderspenden

So sorgfältig ich meine Kleidung inzwischen auch auswähle und repariere – ab und zu muss ich doch den Weg zum Kleidercontainer antreten. Und damit bin ich nicht allein. In Deutschland landen Jahr um Jahr rund 1 Million Tonnen Textilien in den Sammelbehältern. Allerdings ist Sammelbehälter nicht gleich Sammelbehälter. Es gibt leider unter den Kleidersammlern auch schwarze Schafe, die sich an deiner Spendenbereitschaft bereichern und die ausgedienten Klei-

dungsstücke für ihren eigenen Profit verkaufen. Darum rate ich dir, deine Schätze nur direkt an Kleiderkammern, Sozialkaufhäuser, Oxfam-Filialen oder wohltätige Organisationen weiterzugeben oder in eindeutig gekennzeichnete Container karitativer Organisationen wie dem Roten Kreuz zu werfen. Nur dann kannst du sicher sein, dass sie in irgendeiner Form der Unterstützung hilfsbedürftiger Menschen zugutekommt.

Schon seit einer ganzen Weile kann man seine nicht mehr benötigte Kleidung zu diversen Modeketten zurückbringen: Die Ketten selbst machen damit allerdings gar nichts. Sie geben das Gesammelte an Sortierbetriebe weiter. Dort wird die Kleidung nach ihrem Zustand eingeteilt. Rund jedes zehnte Kleidungsstück landet im Müll, etwa die Hälfte wird ins Ausland verkauft.

HINTERGRUND

Die Altkleidersammlungen werden häufig von karitativen und gemeinnützigen Einrichtungen und Vereinen organisiert, von denen viele im Dachverband FairWertung zusammengeschlossen sind. Ihre Sammlungen erkennst du an dem Zeichen „FairWertung – bewusst handeln" auf Kleidersäcken, Altkleidercontainern und Internetseiten. Die Aufbereitung, Sortierung und Vermarktung der gespendeten Kleider übertragen sie, sofern sie sie nicht in eigenen Läden verkaufen, kommerziellen Textilverwertern, um mit den Erlösen aus der Kleidersammlung dann wieder eigene soziale Projekte zu finanzieren.

In den Sortierbetrieben werden die Textilien von Hand sortiert. Ein sehr kleiner Anteil gut erhaltener Markenkleidung geht in Second-Hand-Läden und Kleiderkammern in Deutschland, die teilweise von den Textilverwertern selbst betrieben werden. Die restlichen noch tragbaren Textilien, um die 50 Prozent der gespendeten Kleider, werden zu Ballen gepresst und nach Osteuropa und Afrika verkauft.

In vielen afrikanischen Ländern ist die Altkleiderbranche ein wichtiger Wirtschaftszweig. In Kenia zum Beispiel verdienen 160.000 Menschen ihren Lebensunterhalt mit Second-Hand-Klamotten, die meisten von ihnen als Verkäufer und Näherinnen. Außerdem hat der Handel dort in ökologischer und sozialer Hinsicht positive Aspekte: Die Lebensdauer der Textilien verlängert sich, und viele Menschen in Afrika erhalten damit Zugriff auf hochwertige Kleidung zu geringen Preisen. Kritiker werfen jedoch ein, dass das Geschäft mit den gebrauchten Kleidern den Aufbau einer heimischen Textilindustrie in Afrika verhindere. Deswegen hat zum Beispiel Ruanda einen Importstopp für Second-Hand-Kleidung verhängt. Doch vor Ort fehlt es aktuell noch an den für die Industrie notwendigen Infrastrukturen, vor allem an einer zuverlässigen Stromversorgung. Und die wenigen vorhandenen Textilunternehmen sind nicht in der Lage, den inländischen Bedarf an Kleidung zu bezahlbaren Preisen zu decken. In der Folge drängen asiatische Anbieter mit sehr minderwertiger, neuer Billigware auf den Markt. Gleichzeitig kann die kaum entwickelte heimische Industrie den Wegfall vieler Arbeitsplätze im Falle eines Importstopps nicht kurzfristig kompensieren … Die meisten Experten sind inzwischen der Meinung, dass es durchaus sinnvoll ist, noch brauchbare, hochwertige Kleidung für den Export nach Afrika zu spenden.

Doch neben den Kleidungsstücken, die in anderen Teilen der Welt noch einen neuen Besitzer finden können, bleibt eine große Menge nicht mehr tragbarer Textilien zurück, die in den vergangenen fünfzehn Jahren – Wegwerfmode sei Dank – stetig größer geworden ist. Ein Teil wird zu Industrieputzlappen und Decken für den Katastrophenschutz verarbeitet – also downgecyclet –, doch auch der Bedarf daran ist natürlich begrenzt. So werden viele der billigen Polyesterfähnchen, die Mensch und Umwelt so teuer kommen, letztlich verbrannt, da sich eine Aufarbeitung zu neuer Kleidung – so sie denn überhaupt möglich wäre – schlicht nicht lohnt.

Zeigt her eure Schuhe

Was Schuhe angeht, bin ich wirklich ein wandelndes Klischee. Ich verlieb mich mindestens einmal im Monat neu. Aber seit ich letztens einen Film über die Lederherstellung in Bangladesch gesehen habe, ist mir die Lust am Shoppen vergangen. Ich hätte nicht gedacht, dass die Lederindustrie ein so schmutziges Geschäft ist – für Mensch und Umwelt. Ich achte darum jetzt beim Kauf von Schuhen und Lederwaren auf Siegel, die für eine umweltverträgliche und ökologische Produktion stehen. Das sind zum Beispiel der „Blaue Engel", das Umweltsiegel der EU, oder das Siegel „Naturleder IVN zertifiziert".

Außerdem google ich inzwischen vor allem nach „nachhaltigen Schuhen". Es gibt nämlich inzwischen jede Menge Marken, die umwelt- und sozialverträglich Schuhe herstellen. Ziemlich cool finde ich auch Modelle aus veganem Leder, das auf der Basis von Pflanzenfasern wie Ananas und Eukalyptus oder auch aus Pilzen hergestellt wird. Manchmal wird auch Kunstleder auf Polyesterbasis als vegan bezeichnet. Davon halte ich aber ehrlich gesagt nichts, denn Kunststoff ist ja nicht aus nachwachsenden Rohstoffen, sondern wird aus Erdöl gemacht.

HINTERGRUND

2016 wurden weltweit 26 Milliarden Paar Schuhe produziert, fünf Paar pro Kopf haben die Deutschen im selben Jahr gekauft. Über drei Viertel aller Schuhe wird in Asien hergestellt. Ein gängiges Verfahren bei der Verarbeitung ist die Chromgerbung, mit der aus einer Tierhaut binnen Stunden Leder wird. Dabei werden beträchtliche Wassermengen verbraucht und diverse giftige Chemikalien eingesetzt. Aus dem verwendeten Chrom kann das extrem giftige, krebserregende Chrom VI entstehen, das auch in das Leder gelangen kann und in Deutschland verboten ist. Eine umweltfreundliche Alternative ist das Gerben mit Pflanzenstoffen, das jedoch deutlich länger dauert. Aufgrund der katastrophalen Zustände in den Gerbereien sind auch umliegende Gebiete enorm verschmutzt. Das Grundwasser wird durch die Abfälle der Leder-

industrie verunreinigt, und Menschen, die im Umfeld von Gerbereien leben, sind gezwungen, das mit giftigen, häufig krebserregenden Chemikalien verseuchte Wasser zu trinken. Außerdem haben die Arbeiter*innen in den Gerbereien meistens weder Schutzkleidung noch Handschuhe und leiden sehr häufig unter Atemwegsproblemen, Augenreizungen und Hauterkrankungen. Arbeitsverträge, Kündigungsschutz, Krankenversicherung und Altersabsicherung gibt es kaum. Viele Schuhe werden von Heimarbeiterinnen für einen Hungerlohn zusammengenäht. Arbeitstage von 12 Stunden sind für sie die Regel. Soziale Absicherung ist auch dort ein Fremdwort. Die Schuhe werden in den Industrieländern für durchschnittlich 80–100 Euro verkauft, die Arbeiter, die sie gefertigt haben, sehen davon nur ein paar Cent.

101

Schuhe mit Hausmitteln putzen

Neulich hat meine Nachbarin mich mit einem tollen Schuhputztrick gerettet. Ich wollte auf eine Hochzeit, stand schon im perfekten Outfit da – und meine coolen Lackpumps sahen aus, als wäre ich damit durch die Sahara gewandert, von Glanz keine Spur. Das passende Putzzeug war natürlich unauffindbar. Aber, oh Wunder, Lackleder kann man auch mit Bananen- oder Orangenschalen zum Strahlen bringen. Einfach mit der Innenseite über das Leder reiben, fertig. Das fand ich so toll, dass ich neulich mal nach weiteren Schuhputz-Hacks gegoogelt

habe: Glattlederschuhe kannst du mit einem in Milch getauchten Tuch auf Hochglanz bringen. Schneeränder an Wild- und Glattlederschuhen verschwinden, wenn du sie mit Essig behandelst. Essig mit etwas warmem Wasser mischen, ein sauberes Baumwolltuch damit benetzen und damit von außen und innen über die Ränder reiben, bis sie verschwunden sind. Bei Glattlederschuhen kannst du den Schneerändern alternativ auch mit einer aufgeschnittenen Zwiebel zu Leibe rücken.

102

FASHION AUS ZWEITER HAND

Ich habe ja in letzter Zeit meine Liebe zu Second-Hand-Läden entdeckt. Meine Fashion-Streifzüge führen mich jetzt öfter mal ins Sozialkaufhaus oder auch in diverse Second-Hand-Shops für Designermode. Da kann man gerade für besondere Anlässe echte Schnäppchen machen – und das auch noch mit gutem Gewissen. Wenn der nächste Second-Hand-Laden nicht um die Ecke ist, lohnt sich auch immer ein Blick in die diversen Online-Kleinanzeigen-Portale im Internet. Ehrlich gesagt bin ich da auch schon so manchen Abend versackt. Ich stöbere immer als Erstes in meiner Umgebung, damit die Second-Hand-Schätzchen nicht per Paket zu mir kommen müssen. Aber nobody is perfect: Manchmal schlage ich auch zu, wenn nur der Versand per Paket eine Option ist. Immerhin verschickt DHL, DPD und GLS im Inland ja klimaneutral.

FUNKTIONSKLEIDUNG –
so selten wie möglich

Klar, Sport- und Funktionskleidung, das ist eine ziemlich praktische Kombi. Auf unseren Wanderungen habe ich mich schon oft genug gefreut, dass Wasser, Wind und Regen uns nichts anhaben konnten. Aber mal ganz ehrlich: Findest du es nicht auch ein bisschen übertrieben, wie manche Leute sich ausstatten, um eine Runde im Wald spazieren zu gehen? Manchmal könnte man denken, die sind auf dem Weg in den Himalaya. Funktionskleidung besteht so gut wie immer aus synthetischen Fasern, die nicht biologisch abbaubar sind und durch den Abrieb beim Waschen auch noch massiv zum Mikroplastikproblem beitragen. Und je mehr Hightech in einer Jacke steckt, desto mehr Chemie ist auch im Spiel. Mit der Chemie kommen häufig auch die Schadstoffe. Nicht gut.

Darum musst du ja nicht gleich ganz auf Funktionskleidung verzichten, tun wir auch nicht. Aber so ein Outfit ist ja eigentlich eine Anschaffung fürs Leben – kein Mensch braucht jedes Jahr ein neues. Je länger du ein Kleidungsstück trägst, desto nachhaltiger ist es. Und auch, wenn dir die Farbe deiner Multifunktionsjacke nicht mehr gefällt: Für die zwei bis drei Wanderungen im Jahr und die Herbstferien an der Nordsee kann man doch eigentlich locker damit leben. Oder du tauschst mal eine Weile mit deiner besten Freundin Jacken – so wie früher. Und wenn mal ein Teil ausgewechselt werden muss: Kauft lieber Produkte, die in Deutschland oder zumindest in Europa hergestellt werden. Dann kannst du davon ausgehen, dass die gesetzlichen Vorgaben in Sachen Umwelt- und Arbeitsschutz und sozialer Absicherung eingehalten werden. Wenn ihr dann noch etwas findet, was aus recyceltem Kunststoff besteht, seid ihr ganz vorne mit dabei. Was die Schadstoffe angeht, so garantiert der Oeko-Tex Standard 100 Schadstofffreiheit im Endprodukt, während mit dem strengeren Standard Bluesign die gesamte Lieferkette als schadstofffrei zertifiziert wird. Oder ihr stöbert mal bei Öko-Versandhändlern, die haben teilweise auch Funktionskleidung aus Naturfasern im Angebot.

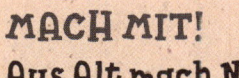

MACH MIT!
Aus Alt mach Neu

Wenn mir die unaufgeregten Basics aus meinem Kleiderschrank mal zu den Ohren rauskommen oder meine Tochter nach neuen Klamotten kräht, freu ich mich, dass ich inzwischen ganz gut mit der Nähmaschine umgehen kann, und google einfach mal ein bisschen nach „Mode" und „Upcycling". Auf diese Weise bin ich schon auf die tollsten Tipps gestoßen. Meine einfache weiße Bluse zum Beispiel hat jetzt Glockenärmel, und meine Tochter trägt einen coolen Rock aus einer alten Fußballhose meines Sohnes.

Aber es gibt auch tolle Sachen, für die man keine Nähmaschine braucht. Malt doch einfach mal eure Jeans an, googelt vorher einfach mal zum Thema „Pimp your Jeans" oder Ähnliches und holt euch Inspiration.

Für ein supereinfaches Muster-Upcycling braucht ihr:

➡ Jeans

➡ Motivstanzer (wir haben Sternchenstanzer aus der Weihnachtskiste genommen)

➡ Textilfarbe in der Farbe deiner Wahl und evtl. wasserlöslicher Textilstift

➡ fester Karton

➡ schmaler Schwammpinsel (ein Make-up-Schwämmchen tut's auch)

➡ feuchtes Tuch und Flüssigseife (transparent oder weiß)

1. Am besten bügelst du die Jeans schön glatt, dann lässt sich dein Motiv perfekt mit der Schablone übertragen.

2. Nun stanzt du dein Motiv aus dem Karton aus.

3. Wenn du eher der planvolle Typ bist, kannst du mithilfe eines Lineals und Schneiderkreide markieren, wie und wo du dein Motiv platzieren willst. Mir war das zu mühsam, und ich habe einfach losgelegt. Ging auch.

4. Dann legst du die Schablone auf die Jeans auf, tauchst den Pinsel in die Farbe, streifst die überschüssige Farbe ab und überträgst das Motiv mit deiner Schablone auf die Hose – entweder nach deinen Markierungen oder „frei Schnauze". Sollte Farbe danebengehen oder ein Motiv misslingen, kommen das feuchte Tuch und die Flüssigseife zum Einsatz.

5. Auf diese Weise könnt ihr natürlich nicht nur Jeans personalisieren, sondern auch T-Shirts, Blusen, Taschen usw. Ich finde, dieser DIY-Trick macht besonders viel Spaß, weil so gut wie keine Vorbereitung nötig ist. Und ein Handarbeitsgenie muss man auch nicht sein.

Kinderkleidung kreiseln lassen

105

Wenn man Kinder hat, ist der Klamottenkauf ein echter Dauerauftrag. Wenn meine beiden gerade mal wieder einen Wachstumsschub haben, kann ich fast zugucken, wie die Hosen zu kurz und die Schuhe zu klein werden. Da ständig neue Sachen zu kaufen, sprengt unser Budget eindeutig. Darum bin ich Dauergast im Kinder-Second-Hand-Laden. In schönster Regelmäßigkeit komme ich mit einem ganzen Sack voll zu klein gewordenen Sachen hin und nehme die gleiche Menge an passenden Klamotten wieder mit raus.

Und was für tolle Stücke habe ich da schon geschossen! Ungetragene Schuhe zur Hälfte des Ladenpreises, schicke Hosen und Röcke, warme Pullis, coole T-Shirts. Ganz hoch schlägt mein Schnäppchenjägerherz allerdings auf KiTa- und Schulflohmärkten. Ehrlich, nirgendwo kann man günstiger so gute Kleidung kaufen wie da. Und ein netter Nebeneffekt ist: Um Chemie in den Textilien muss man sich bei gebrauchten Sachen auch keine Sorgen machen, denn die ist längst rausgewaschen.

106

Challenge

Zwei Monate lang nichts Neues kaufen

Man liest ja immer wieder von Frauen, die ein Jahr lang vollständig auf den Kauf von Kleidung verzichtet haben – selbst Unterwäsche und Socken waren nicht drin. Was allerdings ging, war tauschen und leihen. Klingt erst mal ziemlich hart, lässt sich aber durchaus schaffen – ich hab's selbst mal probiert. Allerdings nur acht Wochen lang. Was glaubst du: Kriegst du das auch hin?

Tauschparty

Mädchenabende sind klasse. Besonders, wenn man dabei auch noch eine private Modenschau veranstalten und seiner Garderobe ein Make-over verpassen kann. So wie bei den Tauschpartys, die ich ab und zu mit meinen engsten Freundinnen mache. Das ist ganz wunderbar. Es gibt leckeren Prosecco, ein bisschen was zu snacken und bergeweise Klamotten, die einen neuen Besitzer suchen. Geld fließt nicht, es wird lediglich getauscht. Und weißt du was? Es macht mich richtig glücklich, wenn ich sehe, dass mein blöder Fehlkauf, der mich immer ein bisschen an der Hüfte gezwickt hat, bei meiner Freundin einfach perfekt sitzt. Und genauso habe ich selbst bei diesen Abenden schon ganz tolle Teile gefunden. Herz, was willst du mehr? Keiner gibt zu viel Geld aus, es wird nichts weggeschmissen, und wir alle haben uns mal wieder in netter Runde getroffen. Gerne mehr davon!

HINTERGRUND

Wenn du den Kleiderschrankinhalt deiner Freundinnen schon zur Genüge kennst: Google doch mal nach öffentlichen Kleidertauschpartys in deiner Nähe. In vielen Städten werden solche Events von Umweltschutzorganisationen und Zero-Waste-Initiativen veranstaltet. Man bringt einen Sack voller Kleidung mit, zahlt einen kleinen Unkostenbeitrag und darf natürlich selbst auch wieder mitnehmen, was gefällt. Tolles Konzept.

MACH MIT!
Abschminkpads nähen

Bis dato habe ich mich immer mit stinknormalen Wattepads und Make-up-Entferner abgeschminkt, aber unlängst habe ich ein paar ziemlich abgenutzte Handtücher aussortiert und bin jetzt wild entschlossen, mir wiederverwendbare Pads zu nähen. Anleitungen gibt's im Netz reichlich. Ich habe mich für eine Version mit einer feinen und einer groben Seite (Stoff von einem ausrangierten T-Shirt + Handtuchstoff) entschieden. Im Prinzip muss man nur beides passend zurechtschneiden – ob rund oder eckig, bleibt dir überlassen – und per Zickzackstich aufeinandernähen. Und mit den gekauften Make-up-Entfernern in der Plastikflasche ist bald auch Schluss. Ich habe gelesen, dass man zum Abschminken von wasserfestem Make-up bei trockener Haut einfach ein hochwertiges Olivenöl benutzen kann. Das massierst du ein, lässt es kurz einwirken und wischst es dann mit deinem selbst genähten Pad ab. Danach noch einen Schwung laufwarmes Wasser durchs Gesicht, und du bist fertig. Bei sehr trockener Haut kannst du das Olivenöl auch mit Avocadoöl mischen, bei eher fettiger Haut verwendest du Distelöl.

Und weil DIY so schön ist, hier noch ein schnelles Rezept für Gesichtswasser: einfach 30 ml Bio-Apfelessig mit 60 ml destilliertem Wasser mischen, in ein steriles (auskochen!), am besten braunes Glasfläschchen füllen und im Kühlschrank aufbewahren. Die Mischung hält sich etwa 3 bis 4 Wochen.

Ökozahnbürste und Dentaltabs

Putzt du per Hand, oder bist du elektrisch unterwegs? Mir ist das Vibrieren der elektrischen Zahnbürste besonders morgens echt zu viel, darum bin ich bei der guten alten Handzahnbürste geblieben, neuerdings allerdings wechselweise aus Holz oder Bambus mit Borsten aus Rizinusbohnen-Öl und damit gänzlich aus nachwachsenden Rohstoffen. Die gibt es inzwischen auch im Drogeriemarkt. Allerdings ist bei beiden Versionen lediglich der Griff kompostierbar. Die Borsten brauchen zu lange, um zu Kompost zu werden – selbst in professionellen Kompostieranlagen. Daher breche ich den Kopf immer ab und entsorge ihn im Restmüll. Außerdem habe ich mir als Putzmittel Zahnputztabletten gekauft, die man vor dem Putzen zerkaut. Was ich klasse finde: Die Verpackung ist aus Maisstärke und kann in die Biotonne.

Nicht nur, dass herkömmliche Zahnbürsten aus Kunststoff den Plastikmüllberg wachsen lassen, es wurden außerdem schon öfter Schadstoffe darin gefunden. In elektrischen Modellen übrigens auch. Ein Grund mehr, auf Holz umzusteigen.

Mikroplastik meiden

Ehrlich gesagt habe ich mich lange gefragt, warum sich alle so über Mikroplastik aufregen – so schlimm wird's schon nicht sein. Aber dann habe ich angefangen, mich damit zu beschäftigen und … Mann, das Zeug ist ja wirklich überall! Es ist in Wasch- und Putzmitteln, Pflegeprodukten und Kosmetik: In Peelings dient es als Schleifmittel, in Shampoos verhindert es das Ziepen beim Kämmen, in Cremes sorgt es für Geschmeidigkeit. Und unsere Kleidung gibt beim Waschen auch reichlich Mikroplastik ab: 35 Prozent des Mikroplastiks im Meer sind Faserabrieb von Textilien. Ich versuche darum, nur noch Produkte ohne Mikroplastik zu verwenden. Bei der Kleidung ist das ja einfach, da kaufe ich möglichst nichts mehr aus Kunststoff. Aber blöderweise steht ja auf den Verpackungen von Shampoo & Co. nicht drauf: enthält Mikroplastik. Also habe ich mich mal schlaugemacht, hinter welchen Inhaltsstoffen von Waschmitteln und Kosmetika sich Mikroplastik verbirgt. Hier meine Liste:

→ Acrylate Copolymer (AC)
→ Acrylate Crosspolymer (ACS)
→ Dimethiconol
→ Methicone
→ Polyamide (PA, Nylon)
→ Polyacrylate (PA)
→ Polymethylmetacrylate (PMMA)
→ Polyquaternium (PQ)
→ Polyethylene (PE)
→ Polyethyleneglycol (PEG)
→ Polyethyleneterephtalate (PET)
→ Polypropylene (PP)
→ Polypropyleneglycol (PPG)
→ Polystyrene (PS)
→ Polyurethane (PUR)
→ Siloxane

Wenn das in deinem Duschgel, Shampoo, Waschmittel, Weichspüler etc. enthalten ist: Besser nicht mehr kaufen. Übrigens: Mit einer App kannst du die Produkte deiner Wahl ganz flink auf kritische Inhaltsstoffe prüfen lassen – dann musst du nicht mehr das Kleingedruckte lesen (s. S. 256).

HINTERGRUND

Mikroplastik gelangt über unser Abwasser in Flüsse und Gewässer und damit ins Meer. Und das in Massen: Ein Forscherteam hat einmal festgestellt, dass in der Donau mehr Mikroplastikpartikel als Fischlarven schwimmen. Auch der Klärschlamm, der als Dünger auf unsere Felder kommt, enthält Mikroplastik. Das wiederum wird bei Hochwasser und Überschwemmungen ebenfalls in die Meere geschwemmt und von Organismen wie Zooplankton, Muscheln, Würmern, Fischen und Säugetieren aufgenommen. Bei ihnen führt die Aufnahme von Kunststoffen zu Gewebeveränderungen, Entzündungsreaktionen und Vergiftungen, inneren Verletzungen und Todesfällen. Welche Wirkung die Aufnahme von Mikroplastik auf den Menschen hat, ist noch nicht hinlänglich erforscht, aber man vermutet, dass es auch bei uns Entzündungen auslösen und sogar krebserregend sein kann. Übrigens: Den größten Anteil an Mikroplastik in der Umwelt hat der Abrieb von Autoreifen. Guck mal im Kapitel „Mobilität" nach Tipps, die es dir und deiner Familie leichter machen, auf das Auto häufiger mal zu verzichten.

MACH MIT!
Peelings ohne Mikroplastik

Für Bio-Peelings ohne Nebenwirkungen für die Umwelt musst du echt nicht viel Geld ausgeben. Lange Vorbereitungen sind auch nicht nötig. Hier meine drei Standardrezepte:

ORANGEN-PEELING

→ 3 Esslöffel Joghurt

→ 1 Esslöffel Haferflocken

→ 2 Esslöffel geriebene Orangenschale

Diese Mischung ist mein Favorit, denn die Fruchtsäuren aus der Orangenschale sorgen dafür, dass abgestorbene Hautschüppchen und lose Partikel sich schneller ablösen. Du kannst das Peeling auch als Maske verwenden und rund 15 Minuten einwirken lassen.

OLIVEN-SALZ-PEELING

→ 1 Esslöffel Olivenöl

→ 2 Esslöffel grobes Salz

Verrühre die beiden Zutaten so, dass die Masse eine angenehme Konsistenz hat. Ich verwende diese Mischung am liebsten, um raue Stellen an Händen, Füßen und Ellenbogen zu beseitigen.

KAFFEE-PEELING

→ 3 Esslöffel gemahlener Kaffee

→ 2 Esslöffel brauner Zucker

→ 1 Esslöffel Pflanzenöl (Mandel-, Oliven-, oder Kokosöl)

Dieses Peeling ist meine ultimative Geheimwaffe gegen Zellulite an den Oberschenkeln. In kreisenden Bewegungen in die Oberschenkel einmassieren und mit lauwarmem Wasser abduschen.

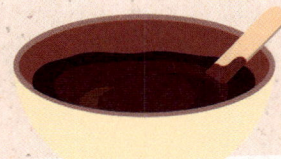

Handfeste Haarwäsche

Neulich im Drogeriemarkt stand ich mal wieder ratlos vor dem Shampoo-Regal und wusste vor lauter Auswahl gar nicht, was ich nehmen sollte. Und dann hatte ich sie, die Lösung für all meine Plastikprobleme: Shampoo-Bars. Shampoo am Stück, eingewickelt in Papier, und das auch noch für alle möglichen Haartypen. Super, übrigens auch für die Reise, denn auslaufen kann da nichts.

Vom Duschgel sind wir ja schon eine ganze Weile weg. Zugegeben, es war nicht leicht, die Kinder davon zu überzeugen, sich von den quietschbunten und gewöhnungsbedürftig duftenden Kreationen zu verabschieden und stattdessen zur Seife zu greifen wie früher die Großeltern. Geschafft habe ich es am Ende mit einer Challenge – ein Monat ohne bunte Duschgeltuben. Wer kriegt's hin? Mit einem kleinen Wettbewerb kann man Geschwister ja immer ganz gut kriegen. Wie sieht's aus, seid ihr auch dabei?

Besser als jeder Conditioner: SAURE RINSE

Haarspülungen gehören ja auch zu den Pflegeprodukten, die häufig Mikroplastik enthalten. Meine Tochter und ich haben darum den Ausstieg gemacht und sind auf saure Rinse umgestiegen. Hinter dieser nicht sehr glamourös klingenden Bezeichnung verbirgt sich nichts anderes als eine Mischung aus Wasser und Apfelessig, die du als Leave-in-Spülung verwendest. Für den Anfang mischst du am besten 1 Liter Wasser mit 2 Esslöffeln Essig, aber du kannst den Essiganteil bis zu einem Verhältnis von 2:1 erhöhen. Ich verspreche dir, dieser Öko-Hack wird dein Haar in neuem Glanz erstrahlen lassen!

HINTERGRUND

Die saure Rinse neutralisiert den pH-Wert deiner Pflegeprodukte. Besonders wenn du regelmäßig Haarseife statt Shampoo verwendest, hilft die Rinse, Seifenrückstände, die das Haar matt und klebrig aussehen lassen, auszuspülen. Außerdem wird die Kopfhaut gründlich gereinigt. Ich hatte früher immer mal wieder so merkwürdige Schuppen, die durch Produktablagerungen entstanden sind – sind jetzt alle weg. Und das alles ohne Mikroplastik und sonstige Nebenwirkungen. Übrigens: Keine Angst vor dem Essiggeruch, der verfliegt, sobald die Haare trocken sind. Vorsicht ist allerdings geboten, wenn du deine Haare mit Chemieprodukten färbst, die Ammoniak oder Silikon enthalten, denn die saure Rinse könnte deinem Haar die Farbpigmente entziehen.

Nachhaltige Monatshygiene

Ich glaube, in ein paar Jahren wissen junge Mädchen gar nicht mehr, was ein Tampon ist. Menstruationstassen sind jetzt angesagt, wie mich neulich meine 18-jährige Nichte aufgeklärt hat. Die Tassen bestehen aus medizinischem Silikon oder Naturkautschuk und haben eine Lebensdauer von bis zu 10 Jahren. Damit Daumen hoch für Geldbeutel und Umwelt. Wenn du dich damit nicht anfreunden kannst, rate ich dir auf jeden Fall zu Bio-Tampons und -Binden. Letztens habe ich im Drogeriemarkt außerdem Menstruationsunterwäsche entdeckt. Sieht genauso aus wie normale Unterwäsche, besteht aber aus einem neuen, sehr saugfähigen Material,

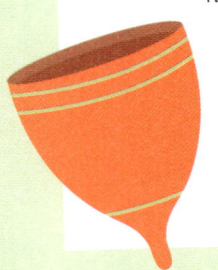

und ein antibakterieller Schutz sorgt dafür, dass nichts müffelt. Ich könnte mir vorste.len, dass das für sehr junge Mädchen eine Superlösung ist. Mal sehen.

HINTERGRUND

Eine Frau menstruiert in ihrem Leben insgesamt rund 6,5 Jahre. In dieser Zeit verbraucht sie um die 17.000 Tampons und Binden und produziert damit jede Menge Müll – insgesamt 140 kg. 80 % davon sind Plastik. Für die Produktion von Tampons & Co. werden jede Menge Rohstoffe verbraucht, unter anderem Holz, Baumwolle und Erdöl. Dazu werden die Hygieneartikel unter großem Energieaufwand und beträchtlichem Wasserverbrauch gebleicht und auch noch einzeln verpackt.

Kontaktlinsen

Gehörst du auch zur Kontaktlinsen-Fraktion? Ich kann mir gar nicht mehr vorstellen, wie ich ohne leben sollte – allein das Schminken wäre schon ein Riesenproblem. Aber – shame on me – ich habe meine Tageslinsen früher öfter mal im Waschbecken oder der Toilette versenkt. Gar nicht gut. Dann enden sie nämlich im Zweifel als schädliches Mikroplastik im Meer. Also: immer schön in die Wertstofftonne werfen.

Monatslinsen sind natürlich auf jeden Fall nachhaltiger als Tageslinsen, aber noch besser – und sparsamer – sind harte Linsen, denn die kannst du ja bis zu 2 Jahre lang tragen.

Achselfrisch mit Natron

Klar, es ist superpeinlich, wenn das Deo versagt. Mir ist das zuletzt beim Gespräch mit meinem Chef passiert, und ganz kurz habe ich mir mein altes Deo zurückgewünscht. Das hat solche Unfälle nämlich locker 24 Stunden lang verhindert. Aber da war halt Aluminium drin, und das ist nicht nur aus ökologischer Sicht ein ziemliches Verbrechen, sondern steht auch im Verdacht, schwere Krankheiten wie Krebs oder Alzheimer zu begünstigen. Darum kommt

mir das nicht mehr unter die Arme. Da stink ich lieber. Nach dem Desaster beim Chef habe ich übrigens ein neues Deo ausprobiert, aus eigener Herstellung. Und ich find's extrem wirksam. Das scheint am Wundermittel Natron zu liegen. Probier's doch auch mal aus.

MACH MIT!
Achselfrisch mit Natron

Für die Deopaste benötigt man:

➡ 2 Teelöffel Natron

➡ 2 Teelöffel Kartoffelstärke

➡ 3 Teelöffel Bio-Kokosöl

➡ 3 Tropfen ätherisches Öl, z. B. Bio-Lavendel- oder Zitrusöl

Natron und Stärke mischen, Kokosöl erhitzen, 1 Teelöffel Kokosöl in das Natron-Stärke-Pulver geben und zu einer Creme verrühren. Nach und nach unter Rühren das restliche Kokosöl zugießen, bis die Masse die gewünschte Konsistenz hat, dann das ätherische Öl einrühren und das Deo in ein verschließbares, sauberes Glas füllen.

ÜBRIGENS:

Kleine Kinder wollen ja gerne immer alles so machen wie die Eltern. Meine Tochter hatte es auf mein Deo abgesehen. Aber: Vor der Pubertät brauchen Kinder wirklich kein Deo, im Normalfall wird das erst mit der Hormonumstellung in der Vorpubertät aktuell.

Öko-Windeln verwenden

Es ist schon eine Weile her, dass meine Kinder im Babyalter waren. Was mir allerdings noch in lebhafter Erinnerung ist, sind die Berge an Windeln, die unseren Mülleimer jahrelang beinahe zum Platzen gebracht haben. Pro Baby verbraucht man nämlich insgesamt rund 5.000 Windeln – das ist ungefähr 1 Tonne Müll. Ist das Thema bei euch gerade aktuell? Dann probiert es doch mal mit Bio-Windeln. Die bekommt man inzwischen sogar im Drogeriemarkt, und im Vergleich zur allgegenwärtigen Pampers ist die Öko-Hausmarke eigentlich immer billiger. Wenn du ganz ambitioniert bist, kannst du es ja mal mit Stoffwindeln probieren. Die haben heute eigentlich nichts mehr mit den Windeln zu tun, in die unsere Mütter uns teilweise noch gewickelt haben. Es gibt eine ganze Menge verschiedene Systeme, und die All-in-one-Methode, die in der Handhabung so unkompliziert wie eine Wegwerfwindel ist, wird häufig sogar von KiTas akzeptiert.

Mieten statt kaufen

Meine Nichte hat die ganze Ausstattung für ihr Babyzimmer gemietet statt gekauft. Ich hatte ja keine Ahnung, dass das geht, aber ich finde, das ist echt eine total vernünftige Lösung. Auch Babys Grundausstattung kannst du dir gegen Geld ausleihen. Damit ersparst du dir das lästige, beinahe wöchentliche Aussortieren von Babykleidung in den ersten zwölf Monaten, sondern gibst einfach zurück, was zu klein ist, und wählst stattdessen was Passendes in der nächsten Größe. Das Konzept funktioniert auch bei Kinderspielzeug. Du bestellst für einen oder mehrere Monate eine Kiste, und wenn die durchgespielt ist und uninteressant wird, schickst du das Paket zurück und bestellst eine neue Spielkiste. Was deinem Kind besonders gut gefällt, kannst du auch kaufen – oft zu einem reduzierten Preis. Ebenfalls sinnvoll als Leihobjekt sind Fahrzeuge vom Bobbycar übers Dreirad bis zum „richtigen" Fahrrad – vor allem, wenn man nur ein Kind zu Hause hat oder wenig Platz. Stöber einfach mal ein bisschen im Netz rum, man findet da wirklich jede Menge Angebote.

MACH MIT!
DIY-Feuchttücher

Obwohl unsere Kinder längst aus dem Windelalter heraus sind, hatten wir unterwegs eigentlich immer ein kleines Paket Feuchttücher dabei, weil es so praktisch war – ist aber jetzt abgeschafft. Denn in letzter Zeit sind mir immer wieder Berichte darüber über den Weg gelaufen, dass in bestimmten Feuchttüchern schädliche Konservierungsstoffe enthalten sind. Wenn man mit einem Baby unterwegs ist, kann man auf Feuchttücher natürlich nicht so einfach verzichten. Darum rate ich dir, entweder nach Marken Ausschau zu halten, die von unabhängigen Tests für gut befunden wurden, oder – noch besser – selbst welche zu machen. Das ist nämlich im Handumdrehen erledigt, und du weißt, was drin ist.

Du brauchst:

➡ 250 ml abgekochtes, körperwarmes Wasser

➡ 1 Paket Wischtücher aus dem Drogeriemarkt (natürlich Recyclingqualität)

➡ 1 Esslöffel Bio-Kokos- oder -Olivenöl

➡ 1 verschließbare Box

Die dünnen Wischtücher aus dem Drogeriemarkt solltest du vor ihrem ersten Einsatz einmal waschen. Dann zerschneidest du jedes Tuch auf eine handliche Größe in 4 Teile. Dann stapelst du die Textiltücher gefaltet in die Box (ich nehme einen ausrangierten verschließbaren Spender für feuchtes Toilettenpapier, dann kann man Tuch für Tuch bequem rausziehen). Anschließend rührst du das Kokosöl in das warme Wasser ein und gießt das Wasser über deine Tücher in der Box. Nach ein paar Stunden ist die Flüssigkeit gut eingezogen, und du kannst die Tücher gleich verwenden.

Übrigens: Du kannst die geviertelten Wischtücher auch beim Wickeln zu Hause als Feuchttücher verwenden. Auf der Wickelkommode immer eine Thermoskanne mit warmem Wasser bereitstellen, außerdem eine Schüssel und besagte Wischtücher. Nach dem Wickeln werden die gebrauchten Läppchen kurz ausgewaschen und getrocknet und dann bei der nächsten 60 °C-Wäsche mit in die Maschine gesteckt.

MACH MIT!
Spielzeug selber machen

Als sie noch klein waren, konnten meine Kinder gar nicht genug von Glibber-Spielzeug wie Schleimi, Knete, Zaubersand und Ähnlichem bekommen – und gerade das ist ja wirklich oft stark mit Schadstoffen belastet und enthält Erdöl. Darum habe ich irgendwann angefangen, das selbst zu machen. Aus Zutaten, die sich in jedem Haushalt finden. Hier meine Rezepte für Spielzeug, das die Kinder zwar nicht essen sollten, aber durchaus könnten …

KNETE

Schnell gemacht – und das gerne auch mit Unterstützung kleiner Hände!

Du brauchst:

→ 750 g Weizenmehl

→ 500 g Salz

→ 250 ml lauwarmes Wasser

→ Lebensmittel- oder Ostereierfarben

→ 2 Esslöffel neutrales Pflanzenöl (z. B. Sonnenblumenöl)

→ 1 große Schüssel

→ kleine Schüsseln (je nach Anzahl der Farben, die du machen möchtest)

Zuerst vermischt ihr Mehl und Salz in einer Schüssel. Dann verteilt ihr das Wasser gleichmäßig auf die kleinen Schüsseln, um die verschiedenen Farben anzumischen. Wenn das gemacht ist, verteilt ihr auch das Öl und die Mehl-Salz-Mischung gleichmäßig und rührt sie gut unter. Dann müsst ihr die Masse nur noch so lange auf einer bemehlten Fläche kneten, bis sie eine geschmeidige Konsistenz hat. Die Knete hält sich im Kühlschrank mehrere Wochen, trocknet aber an der Luft schnell aus. Darum bewahrt ihr sie am besten luftdicht auf. Das Beste ist: Wenn ein Knetkunstwerk besonders gut gelungen ist, könnt ihr es auch haltbar machen, indem ihr es 20 Minuten lang bei 80 °C in den Backofen schiebt.

SCHLEIMI

Der ultimative Blobb – garantiert schadstofffrei!

Du brauchst:

→ ca. 350 ml heißes Wasser

→ Lebensmittelfarbe nach Wunsch

→ 2 Tassen Speisestärke

→ 2 Schüsseln

Wasser aufkochen, kurz abkühlen lassen und in eine Schüssel füllen. Dann rührst du deine Wunschfarbe ein. Die Speisestärke kommt in die zweite Schüssel. Jetzt gießt du das farbige Wasser langsam zu der Stärke und verrührst die Masse gut. Eigentlich ist dein Schleimi jetzt schon fertig.

Sollte er zu dünnflüssig sein, kann du einfach noch ein bisschen Stärke zugeben, ist er zu zäh, mischst du noch etwas Wasser unter.

Erfahrungsgemäß ist das Schleimi nach rund 2 Wochen am Ende. Dann kannst du es einfach in den Biomüll entsorgen.

BASTELKLEBER OHNE CHEMIE

Mit diesem Spezialkleber kannst du die Kleinen auch mal allein basteln lassen.

Du brauchst:

➜ 500 ml kochendes Wasser

➜ 1 Esslöffel heller Essig

➜ 1 Teelöffel Salz

➜ 125 g Speisestärke

➜ 2 Schraubgläser, z. B. alte Marmeladengläser

Heißes Wasser, Essig und Salz in einen Topf geben. Dann rührst du die Stärke ein, bis sie sich aufgelöst hat, und erwärmst die Mischung unter ständigem Rühren, bis sie in etwa die Konsistenz von Joghurt hat. Dann den Topf vom Herd nehmen, den Kleber heiß in die Schraubgläser füllen und sofort die Deckel aufschrauben. Dann bildet sich ein Vakuum, und die Kleber halten sich besonders gut. Der Kleber lässt sich gut mit den Fingern oder mit einem Pinsel verarbeiten. Sollte er zu hart werden, kannst du ihn mit etwas Wasser wieder verflüssigen.

122

Billigspielzeug – nein danke

Damit die Zimmer unserer Kinder nicht aus allen Nähten platzen, rollt da regelmäßig ein Aufräumkommando durch. Dann sortieren und sichten wir, was noch gebraucht wird, nehmen Spielzeug in Augenschein, diskutieren, was weg kann und was nicht. Dabei ist mir aufgefallen, dass meistens gerade das Spielzeug, um das es im Laden das größte Theater gab, die kürzeste Halbwertszeit hat. Auf der Abschussliste meiner beiden stehen vor allem Kleinstspielzeug aus Schokoladeneiern, Plastikfiguren, Plastik-Ramsch aus Zeitschriften-Beigaben, Billigplüsch und Glitzerkram – teuer gekauft, 1 Minute bespielt. Darum bin ich in der Hinsicht inzwischen total konsequent. Dafür bekommen die Kinder ein kleines Taschengeld, und wenn sie irgendwas von diesem Ramsch haben wollen, dann müssen sie sich das eben selbst kaufen. Die Rechnung geht natürlich nicht immer auf, aber meistens sind sie dann zu geizig und sparen ihr Taschengeld lieber auf größere Wünsche. Was ich auch ganz abgeschafft habe, sind diese unsäglichen Mitgebsel-Tütchen auf Kinderpartys. Während des Festes machen wir meistens irgendwas Kreatives, und das können die Kinder dann mit nach Hause nehmen. Oder alle bekommen ein Tütchen mit bunten Blumensamen für den Balkon oder ein Tütchen Kresse. Punkt.

SPECIAL

Alle Jahre wieder ...

... holt uns im Dezember das Weihnachtsfieber ein.
Hier ein paar Tipps, damit das Fest nicht zur seelenlosen
Materialschlacht wird.

123

O Tannenbaum

Ich finde, Weihnachten ohne Baum geht eigentlich gar nicht. Und da bin ich offensichtlich nicht die Einzige: Jahr um Jahr werden in Deutschland um die 25 Millionen Weihnachtsbäume verkauft. Vier Fünftel davon stammen von Pflanzungen, auf denen ordentlich chemisch gedüngt und gespritzt wird. Darum kaufe ich nur noch Bäume von Unternehmen, die ihre Kulturen nachweislich nach ökologischen Gesichtspunkten bewirtschaften – und das dazu noch hier in der Nähe. Ich habe mich mal schlau gemacht. Wenn du einen Baum mit einem Siegel von Naturland, Bioland, Demeter, Biokreis oder dem Biosiegel der Europäischen Union kaufst, kannst du sicher sein, dass er ohne Einsatz von Pestiziden und Mineraldünger gezüchtet wurde. Ebenfalls zuverlässig sind in dieser Hinsicht Nadelbäume von Forstbetrieben mit FSC-Zertifizierung.

HINTERGRUND

Wenn du aus ökologischen Gründen auf den Weihnachtsbaum verzichten willst, ist ein Baum aus Kunststoff übrigens keine sinnvolle Alternative. Während ein echter Weihnachtsbaum Sauerstoff liefert, bis er geschlagen wird, kommen die meisten Plastikbäume schon mit einem riesigen CO_2-Rucksack aus Asien nach Deutschland.

Früher war mehr Lametta ...

... und das ist auch gut so. Denn die funkelnden Stanniolstreifen enthalten, ebenso wie beschichtete Weihnachtskugeln, Blei und müssen nach dem Fest beim Wertstoffhof entsorgt werden. Das möchte ich lieber nicht im Wohnzimmer haben. Ich steige darum nach und nach auf natürlichen und umweltfreundlichen Christbaumschmuck um. Letztes Jahr habe ich mit den Kindern schon Strohsterne gebastelt, und zum nächsten Fest möchten wir Anhänger aus Salzteig machen. Ebenfalls toll sind traditionelle Holzfiguren, Tannenzapfen, bunte Schleifen, Wachsfiguren, getrocknete Orangenschalen und leckere Plätzchen – erst als Schmuck, dann zum Knabbern.

125

Eine Wiedergeburt als Geschenkpapier ...

... erleben bei mir schon seit einer Weile alte Zeitungen, hübsche Werbeprospekte und schöne Seiten aus Illustrierten. Wenn ich Muße habe, nehme ich selbst Pinsel, Stempel, Schere und Kleber in die Hand, wenn es schnell gehen muss, binde ich einfach eine hübsche Schleife drum, die ebenfalls aus meiner Deko-Recyclingschublade stammt. Die Kinder lieben es, den Bleiwüsten unseres Wochenendblättchens per Kartoffeldruck ihren Stempel aufzudrücken, und wenn ich in Stimmung bin, werde ich mit einer alten Zahnbürste, Teesieb und Wasserfarbe zur Airbrush-Künstlerin. Auch Stoffreste, hübsche Geschirrtücher und Ähnliches eignen sich prima zum Einwickeln der liebevoll ausgewählten Geschenke. Im Netz findest du eine ganze Flut von Anregungen für deine DIY-Verpackung. Und wenn du einmal angefangen hast, kommen dir mit Sicherheit noch tausend andere Ideen.

MACH MIT!
Christbaumschmuck aus eigener Produktion

SALZTEIGFIGUREN

Mit diesem Basteltipp kannst du deine Kinder einen ganzen Nachmittag beschäftigen, und sie können bei jedem Arbeitsschritt tüchtig mithelfen.

Du brauchst:

→ 2 Tassen Weizenmehl (Typ 405)

→ 1 Tasse Salz

→ 1 Tasse Wasser

→ 1 Teelöffel Pflanzenöl

→ Ausstechformen für Weihnachtsplätzchen

Mehl, Salz und Wasser zu einem glatten Teig verkneten, dann das Pflanzenöl zufügen und noch mal tüchtig weiterkneten. Dann könnt ihr den Teig auch schon ca. 0,5 cm dick ausrollen und mit Plätzchenformen eure liebsten Weihnachtsmotive ausstechen. Dann mit einem Essstäbchen oder Ähnlichem ein Loch reinbohren, durch das ihr später den Bindfaden zum Aufhängen zieht. Wenn ihr jetzt ein bisschen Zeit und Geduld habt, könnt ihr die Salzteigformen einige Tage lang an einem warmen Ort trocknen lassen. Wir haben das allerdings nie geschafft, sondern unsere Kunstwerke erst 30 Minuten bei 60 °C, dann 30 Minuten bei 100 °C und zu guter Letzt 1 Stunde bei 120 °C gebacken. Wenn das Gebäck ausgekühlt ist, könnt ihr euch ans Bemalen und Verzieren machen. Das geht mit wasserfesten Acryl- oder Plakafarben aus dem Bastelladen oder auch mit Wasserfarben – die solltet ihr allerdings mit möglichst wenig Wasser anrühren, sonst löst sich das Salz aus dem Gebäck. Haltbarer wird der Christbaumschmuck, wenn ihr ihn zum Schluss noch mit Klarlack behandelt.

WACHSFIGUREN

Diese Figuren kannst auf die Schnelle auch noch am Tag vor Weihnachten herstellen.

Du brauchst:

→ Kerzenwachs (gerne von abgebrannten Kerzen, es darf nur nicht verrußt sein)

→ alter Topf und Kelle

→ Ausstechformen für Weihnachtsplätzchen

→ Backpapier

→ Holzstab

Bringt eure Wachsreste in einem alten Topf bei mittlerer Hitze zum Schmelzen. Schmutzstücke und alte Dochte könnt ihr mit einer Gabel herausfischen. Wenn das Wachs flüssig ist, nehmt ihr den Topf vom Herd und lasst das Wachs 5 bis 10 Minuten abkühlen. In der Zeit könnt ihr eure Ausstechformen auf dem Backpapier auslegen. Dann gießt ihr das Wachs vorsichtig mit der Kelle in die Formen. Eventuell muss einer von euch die Formen während des Gießens fest aufs Papier drücken, damit das Wachs nicht ausläuft. Wenn euch der Sinn nach etwas dickeren, robusten Figuren steht, gießt ihr die Form bis obenhin aus. Mir gefallen die etwas zarteren, dünneren Formen besser. Für zweifarbige Figuren braucht ihr noch flüssiges Wachs in einer anderen Farbe. Wenn die erste Schicht erkaltet und hart ist, gießt ihre eine zweite Schicht in der anderen Farbe darauf. Denkt daran, mit einem Holzstäbchen ein Loch zum Aufhängen in die Formen zu stechen, bevor ihr die erkalteten Figuren aus der Form drückt. Besonders schön glatt werden sie übrigens, wenn ihr sie nach dem Erkalten und Auslösen noch über ein mit Backpapier belegtes, im Ofen erwärmtes Blech reibt.

GETROCKNETE ZITRUSSCHALEN

Bei uns gibt's im Winter immer reichlich Apfelsinen und Mandarinen zu naschen. Und aus der Schale basteln wir dann noch die Weihnachtsdeko.

Du brauchst:

➡ Zitrusfrüchte

➡ kleine Ausstechformen für Weihnachtsplätzchen

Wenn du die Früchte schälst, solltest du darauf achten, die Schalen in möglichst großen Stücken abzulösen, sodass ihr daraus bequem eure Lieblingsmotive ausstechen könnt. Denkt daran, auch ein Loch in die Formen zu machen, wenn ihr die Figuren später aufhängen wollt.

Nun müssen die Figuren nur noch trocknen. Damit sie sich nicht aufrollen, presst ihr sie am besten zwischen zwei großen Küchenbrettern. Dazu eine Lage Küchenpapier auf das eine Brett legen, die Motive darauf verteilen und eine weitere Schicht Küchenpapier auflegen. Darauf platzierst du dann das zweite Brett und beschwerst es mit einem mit Wasser gefüllten Topf oder einem anderen schweren Gegenstand. Nun kontrollierst du täglich die Trocknung und lässt die Figuren eine Viertelstunde lang lüften. Nach ein paar Tagen sollten sie vollständig trocken sein, und ihr könnt loslegen mit der Dekoration.

127

Cool down

Im letzten Jahr ist mir endlich klar geworden, was mich am Weihnachtsfest immer so fertigmacht. Nein, nicht die liebe Familie, sondern die Hitze. Ja, richtig gelesen. Wenn wir alle mit den Großeltern, Onkel und Tanten zusammen in unserem gar nicht so kleinen Wohnzimmer sitzen, entwickelt sich im Lichterschein der Kerzen und der Hitze der Stövchen über kurz oder lang ein Klima, das mich wirklich in die Knie zwingt. Darum mein Tipp an euch: Dreht die Heizung ruhig um 1, 2 Grad runter, wenn die Gäste anrücken. Viele Menschen verströmen zusammen eine Menge Wärme. Da muss die Heizung nicht noch zusätzlich bollern.

128

Nachhaltiger Lichterglanz

Hast du zur Weihnachtszeit auch so gerne Lichterketten und kleine Lämpchen überall? Dann rate ich dir, auf LED-Leuchten umzusteigen – die verbrauchen wirklich deutlich weniger Energie als die Birnchen alten Zuschnitts. Außerdem müssen die ja auch nicht die ganze Nacht durchbrennen, oder? Wir arbeiten da mit Zeitschaltuhren. Das hat sich maximal bewährt.

129

Lokal einkaufen – auch zum Fest

Gibt es bei euch auch mindestens einmal an den Weihnachtstagen Gans? Seit ich mich mal damit beschäftigt habe, unter welchen Bedingungen die Gänse, die wir zu Weihnachten verspeisen, in Osteuropa gezüchtet werden, kaufe ich unsere Weihnachtsgans immer bei einem Bauern im Nachbardorf. Der Preis ist zwar doppelt so hoch, aber das zahle ich gerne, wenn ich weiß, dass das Tier zuvor ein würdiges Leben in Freilandhaltung hatte. Noch dazu sparen wir natürlich auch einiges an CO_2, wenn das Tier nicht noch die lange Reise in den deutschen Handel antreten musste. Ehrlich gesagt spiele ich sogar mit dem Gedanken, der Familie mal ein vegetarisches Menü vorzusetzen, denn wenn wir nach dem Essen reichlich satt auf unseren Stühlen hängen, sagt irgendwann immer jemand: „Also für mich wäre der ganze Aufwand ja nicht nötig. Ich wäre mit einer Kleinigkeit zufrieden gewesen. Und Fleisch esse ich ja eigentlich kaum noch." Mal davon abgesehen, dass mir der Spruch nicht besonders gut reinläuft, wenn ich vorher zwei Tage in der Küche gestanden habe, ist das doch wirklich eine gute Steilvorlage für die Begründung neuer, nachhaltiger Traditionen.

Faire Naschereien

130

Bei uns gehen Weihnachten wirklich reichlich Schokolade, Marzipan und Plätzchen über den Tisch. Allerdings versuche ich, vor allem Bio- und Fairtrade-Leckereien zu kaufen, denn es würde dem Sinn des Weihnachtsfestes ja wirklich zutiefst widersprechen, wenn ich meine Kinder mit Sachen glücklich machen würde, für die Menschen und vor allem Kinder am anderen Ende der Welt unter menschenunwürdigen Bedingungen schuften müssen. Die Plätzchen backe ich mit den Kindern oder auch mal abends mit Freundinnen bei dem ein oder anderen Glühwein sowieso am liebsten selbst, und das weitgehend mit Bio-Zutaten. So weiß ich, was drinsteckt, und spare mir und der Umwelt das ganze Verpackungsmaterial, das man mit Keksen aus dem Handel immer gleich mitgeliefert bekommt, und Spaß bringt's auch!

131

Neues aus Wichtelhausen

Bei uns fällt ja traditionell am 1. Weihnachtstag die ganze Familie ein. Damit der Tag nicht in einer absurden Geschenkeflut endet, machen wir seit ein paar Jahren Familienwichteln. Jedem Erwachsenen wird per Los eine Person zugewiesen, die er beschenken soll. Dafür ist das Budget für das einzelne Geschenk dann etwas höher, man kann sich in aller Ruhe auf die sorgfältige Auswahl konzentrieren und muss nicht von Pontius nach Pilatus durch die Stadt hetzen. Kann ich nur weiterempfehlen.

Schenken mit Bedacht

Meine Mutter hat mir erzählt, dass sie als Kind zu Weihnachten immer einen Satz Unterwäsche und einen neuen Schlafanzug bekommen hat – und jedes Mal bitter enttäuscht war. Als Kind wäre mir das auch so gegangen, aber heute freue ich mich aufrichtig über „vernünftige" Geschenke. Im Ernst: Mein Mann und ich sind wieder dazu übergegangen, uns gegenseitig weitgehend sinnvolle Geschenke zu machen, die wir auch gebrauchen können und die nicht vom anderen Ende der Welt kommen. Ich rede jetzt nicht von einem Bügelbrett oder einem neuen Bohrer, sondern von Dingen, die man immer wieder brauchen kann, aber dabei einen gewissen Luxusfaktor haben. Bei mir war das im letzten Jahr zum Beispiel ein wunderschönes Unterhemd aus einem Wolle-Seide-Gemisch, das

ich mir im Alltag nie geleistet hätte, aber in der kalten Jahreszeit gar nicht mehr ausziehen möchte. Mein Mann ist begeisterter Läufer und wollte sich sowieso neue Laufschuhe gönnen. Hätte er die selbst gekauft, hätte er sich wohl das – zugegeben nicht ganz günstige – in Deutschland gefertigte und nachhaltige Luxusmodell versagt. Darum habe ich es ihm geschenkt. Die Kinder werden zu Weihnachten natürlich auch ein bisschen verwöhnt, aber da die Großeltern ihnen schon die verrücktesten Wünsche erfüllen, achten wir darauf, dass sie von uns auch Sinnvolles bekommen, zum Beispiel den notwendigen neuen Schulrucksack, dann aber vielleicht in der besonders ersehnten Sonderedition. Oder Equipment für ihr Hobby. Damit sind wir alle eigentlich ganz glücklich.

Familienfeste

Zum ÖPNV motivieren

133

Partys in hübsch hergerichteten Bauernhöfen am Ende der Welt sind ja schön und gut – aber da muss man ja beinahe schon zwangsläufig im Pkw hinfahren. Ich finde es darum echt geschickter, eine Location zu wählen, die man auch ohne Auto gut erreichen kann. Ich habe ja festgestellt, dass ich mich viel leichter dazu motivieren kann, per Bus und Bahn zu einer Party zu fahren, wenn für mich schon jemand die besten Verbindungen recherchiert hat. Ich find's darum gut, wenn der Einladung gleich eine kurze Anfahrtsbeschreibung zum Partyort beigefügt ist, für die Öffis, per Rad und zu Fuß.

Nachhaltig einladen

134

Du hast vor, ein großes Fest zu feiern? Wenn der Anlass eher formell ist – ich denke da an eine Hochzeit oder eine Taufe –, finde ich eine Einladung auf Papier einfach am passendsten. Aber die kann man ja durchaus auch auf FSC-zertifiziertem Papier klimaneutral drucken lassen. Zur großen Geburtstagsparty kann man aber meiner Meinung nach auch elektronisch einladen – lass deiner Kreativität bei der Gestaltung einer digitalen Einladungskarte freien Lauf.

Zero Waste bei der Tischdeko

135

Klingt das in deinen Ohren kompliziert? Ist es aber echt gar nicht. Eine tolle Öko-Deko sind zum Beispiel Blüten, Steine, Muscheln, Kastanien, Nüsse – eben alles, was die Natur so hergibt. Und selbst, wenn du viele Gäste hast, musst du nicht auf Papierservietten zurückgreifen: Super nachhaltig und auch noch günstig ist es, wenn du mit einer Zickzackschere Quadrate mit ca. 30 cm Kantenlänge aus Baumwollstoffresten schneidest. Statt Platzkärtchen aus Papier zu machen, kannst du deine Kinder auch losschicken, glatte Kieselsteine zu suchen, die ihr dann mit Kreidestiften beschriftet. Sieht wirklich hübsch aus.

Tischgeschirr mieten

136

Wir haben uns für unsere letzte große Gartenparty Gläser, Besteck und Geschirr gemietet, denn für so viele Leute reichte noch nicht mal mein Geschirrvorrat vom Flohmarkt. Und Plastikbesteck und Pappteller wollte ich auf keinen Fall. Der Preis hielt sich für meine Begriffe echt in Grenzen – und wir mussten den ganzen Kram am Ende noch nicht mal spülen, sondern konnten alles schmutzig wieder in die Kisten packen. Praktisch, nachhaltig und echt eine kolossale Erleichterung ...

DIY-Konfetti

137

Neulich wollte ich Streudeko für einen hübsch geschmückten Tisch kaufen. Als ich den Kilopreis gesehen habe, hat's mir glatt den Atem verschlagen: fast 20 Euro. Für mich echt keine Option. Ich mach mein Deko-Konfetti jetzt selbst. Das geht zum Beispiel gut beim Fernsehgucken. Dann mach ich es mir mit Locher und Motivstanzer auf dem Sofa gemütlich. Als Material benutze ich Geschenkpapierreste, Hochglanzmagazine, Goldpapier oder was mir sonst noch in die Finger fällt – und dem Locher passt. Nach einer Stunde habe ich schon ein Marmeladenglas voll. Und die Kinder kann man fürs Dauerlochen auch gut gewinnen.

Partytime ohne Gläserflut

Bei Partys stapelten sich bei uns in der Küche immer im Handumdrehen die schmutzigen Gläser, und die Spülmaschine war schon ab 21 Uhr im Dauereinsatz. Das lag vor allem daran, dass die Gäste gefühlt für jedes Getränk ein neues Glas genommen haben. Darum habe ich jetzt das Fondue-Prinzip eingeführt – jeder kriegt ein personalisiertes Glas. Abgeguckt habe ich mir den Trick auf dem Geburtstagsfest meines Patenkindes. Da hat nämlich jedes Kind eine Holzwäscheklammer mit seinem Namen drauf bekommen, die dann ans Glas geklippt wurde. Das machen wir jetzt auch so. Und siehe da: Es gibt kaum verwaiste Gläser im Wohnzimmerregal, auf der Fensterbank oder sonst wo. Im Normalfall müssen die Gäste ihre Wäscheklammer selbst mit Edding beschriften. Vor unserem letzten Familienfest hatten die Kinder allerdings einen Kreativschub und haben Porträts der jeweiligen Gäste gemalt, die an die Klammern angebracht wurden. Und wir haben wirklich viel gelacht …

Nachhaltige Blütenpracht

Ich liebe frische Blumen und belohne mich am Wochenende gerne mit einem schönen Strauß. Ehrlich gesagt habe ich mir aber nie Gedanken darüber gemacht, woher sie kommen. Heute weiß ich, dass das Gros der Blumen bei unseren Floristen und auch in den Supermärkten aus Afrika stammt und dass jede Menge Menschen hart dafür arbeiten, bis sie unversehrt bei uns im Blumenladen oder Supermarkt ankommen. Darum achte ich auch beim Blumenkauf auf fairen Handel.

Schnittblumen mit Fairtrade-Siegel gibt es inzwischen auch im Supermarkt, unter dem Siegel FFP Fair Flowers Plant vertriebene Pflanzen und Blumen findest du vor allem in Gärtnereien. Bioland-Blumen werden ausschließlich in Deutschland produziert. Da jedoch der Blumen- und Pflanzenanbau in Afrika für die Wirtschaft vieler Länder eine wichtige Rolle spielt, ist es durchaus in Ordnung, auch mal Blumen von einem anderen Kontinent zu kaufen – Hauptsache, sie sind fair.

Garten

Wir wohnen ja noch gar nicht so lange in unserem Häuschen. Früher hatten wir eine Mietwohnung mit Balkon. Eigentlich habe ich da auch ganz gerne gewohnt, aber ich sag nur: der Garten! Es gibt kaum einen Ort, an dem ich besser entspannen kann als da. Ich liebe es, in der Erde rumzuwühlen, und freue mich wie Bolle, wenn es im Frühjahr grünt und sprießt. Inzwischen ist unser Garten eine kleine Oase, aber bis es so weit war, musste ich echt eine Menge lernen. Und da wir auch ein bisschen Obst und Gemüse anbauen, war es mir wichtig, dass alles so natürlich wie möglich ist.

140

Weg mit Kunstdünger und Pestiziden

Ich bin ja ein Landkind, und ich kann dir verraten, dass das Leben auf dem Land nicht besonders viel mit dem Idyll zu tun hat, das die Werbung und diverse Lifestyle-Magazine so vermitteln. Vor allem was den Umgang mit chemischen Düngern und Pestiziden betrifft. Die wurden nämlich ziemlich großzügig eingesetzt. Vom naturnahen Garten also keine Spur. Aber genau so einen wollte ich. Darum habe ich die Chemie aus unserer grünen Oase verbannt, und ich kann dir nur raten, das auch zu tun. Denn das, was du versprühst, gelangt natürlich auch in den Boden und das Grundwasser, macht Bienen und Insekten den Garaus und findet sich am Ende auch in dem wieder, was du erntest.

Da vergeht mir echt der Appetit. Darum ist halt Handarbeit gefordert. Gegen Unkraut hilft jäten statt spritzen. Schädlinge wie die Raupen vom Kohlweißling und Kartoffelkäfer sammeln wir ab, Blattläuse werden einfach mit dem Finger abgestreift. Und ja, ich musste mich am Anfang ein bisschen überwinden, aber mit Gartenhandschuhen geht's eigentlich. Den Kindern macht das lustigerweise gar nichts aus, die kennen das gar nicht anders und helfen uns immer ganz fleißig bei der Jagd. Kranke Triebe, Blätter und Äste schneiden wir ab, bei schwerem Befall müssen wir auch mal eine Pflanze opfern. Aber das ist alles besser als die Chemiekeule.

MACH MIT!
Blattlaus ade

Gegen Blattläuse kannst du übrigens mit selbst gemachten Pflanzenextrakten vorgehen. Bekannt ist Brennnesselsud, für den du einfach einen mit Brennnesseln gefüllten Eimer mit kaltem Wasser aufgießt. Einen Tag lang stehen lassen, abseihen und unverdünnt auf die befallenen Pflanzen sprühen. Das Gute daran: Der Sud dient gleichzeitig als Dünger. Ohne großen Aufwand gemacht ist auch eine Brühe aus Wasser und Kartoffelschalen. Dazu Kartoffelschalen erst 24 Stunden in kaltem Wasser einweichen, dann eine halbe Stunde kochen und anschließend abkühlen lassen. Brühe in Sprühflasche füllen und in den Kampf ziehen. Oder du kochst einen Tee aus Rhabarberblättern oder Zwiebelschalen. Dazu die frischen Blätter oder Schalen mit heißem Wasser aufgießen. Abkühlen lassen, abseihen, anwenden. Ganz einfach.

142

TORF IST TABU

Ehrlich gesagt war Torf für mich – ohne wirklich darüber Bescheid zu wissen – immer der Inbegriff von guter, gesunder Gartenerde, die man bedenkenlos anwenden kann. Stimmt aber leider überhaupt nicht. Der Abbau von Torf zerstört nämlich jahrhunderte- bis jahrtausendealte Moore, die Lebensraum für viele Pflanzen und Tiere sind. Außerdem entweicht durch die Entwässerung der Feuchtgebiete CO_2, und sie können auch in Zukunft kein CO_2 mehr speichern. Um es kurz zu machen: Torf geht gar nicht. Kauft stattdessen torffreie Blumenerde, aber Augen auf: 80 Prozent aller Bio-Blumenerden enthalten Torf. Wenn unser Kompost nicht genug hergibt, holen wir uns unsere Blumenerde immer aus der nächsten Kompostierungsanlage.

Wie du zu einem Kompost kommst

Als ich noch kein Gartenfreak war, war mir der Gedanke, selbst einen Kompost anzulegen, ehrlich gesagt nicht ganz geheuer. Ich dachte, das ist extrem kompliziert, stinkt und ist irgendwie nicht das Richtige für uns. Was für ein Quatsch. Sage ich heute. Irgendwann hat ein freundlicher Nachbar sich meiner erbarmt und mit mir zusammen einen Kompost angelegt. Jetzt bin ich mit unserem „Pomkost", wie meine Tochter ihn früher nannte, total glücklich, denn er verwandelt alles, womit wir ihn füttern, in wunderbaren Bio-Dünger. Allerdings ist sein Magen ein bisschen empfindlich. Was er gar nicht leiden kann, sind gespritzte Obstschalen, gekochte Essensreste sowie Fisch-, Fleisch- und Knochenabfälle – die locken nämlich Ratten und Mäuse an, grusel … –, große Öl- oder Fettmengen, Straßendreck, Asche und von Schädlingen befallene Pflanzen. Ein No-Go sind außerdem sogenannte Neophyten, also eingewanderte Pflanzen wie Riesenbärenklau, Drüsiges Springkraut und Beifuß-Ambrosia. Gut schmecken ihm Obst- und Gemüsereste, ökologischer Kaffee- und Teesatz, Eierschalen, zerkleinerter Baum- und Heckenschnitt, Grasschnitt (angewelkt in einer dünnen Schicht, sonst fault's im Kompost) und Laub. In Maßen kann man ihm auch Papier und Pappe zumuten (zum Beispiel das Zeitungspapier, mit dem der Komposteimer ausgekleidet war), aber vor allem, wenn es bunt bedruckt ist, gibst du es lieber in die Altpapiertonne. Wenn du jetzt auch Lust auf einen Kompost hast: Du kannst dir von der Website des Umweltbundesamts kostenlos eine Broschüre herunterladen, in der steht, wie es geht (s. S. 256).

Wildblumen- wiese anlegen

Garten ist toll, Rasenmähen ist blöd. Wenn du das auch so siehst: Macht doch einen Teil eures Rasens zur Wildblumenwiese. Das sieht toll aus, lockt viele Insekten und macht kaum Arbeit. Gemäht wird nämlich höchstens zweimal im Jahr. Klingt doch gut, oder?

Laub auch mal liegen lassen

Der Herbst klingt wie Blätter im Wind und riecht nach nassem Laub, meinst du? Früher vielleicht mal. Bei uns in der Nachbarschaft hört sich der Herbst an wie eine Baustelle, wenn alle mit ihren Laubsaugern und -bläsern zugange sind. Ein Albtraum, nicht nur für Gehör und Nase (ich sag nur Diesel ...), sondern auch für alles, was da im Garten so kreucht und fleucht. Denn von dem bis zu 220 km/h starken Luftstrahl werden nicht nur Blätter weggepustet, sondern auch Insekten, Würmer und Pflanzensamen. Noch krasser sind die Laubsauger, denn sie schreddern neben dem aufgesaugten Grünzeug natürlich auch alles Getier. Und die oberste Erdschicht, die mit ihren

Ästen, Pflanzenteilen, Samen und Nüssen eine wichtige Futterquelle und Lebensraum für Kleintiere ist, ist auch futsch. Darum arbeiten wir mit Ellenbogenschmalz und harken den Rasen per Hand, die steinernen Wege durch den Garten befreien wir mit einem Straßenbesen vom Laub. Aber wir räumen längst nicht alles weg. Auf Blumenbeeten und unter Sträuchern lassen wir das Laub einfach liegen, denn es schützt gegen Frost und dient auch noch als Dünger. Und in einer ruhigen Ecke des Gartens lassen wir immer einen großen Laubhaufen liegen – da versteckt sich gerne mal ein Igel.

Vorzug für ungefüllte Blüten

Hast du gewusst, dass Bienen mit Blumen mit gefüllten Blüten wie zum Beispiel Pfingstrosen nichts anfangen können? Für die zugegebenermaßen hübsche Füllung wurden nämlich die Staubblätter, die die für die Bienen so wichtigen Pollen produzieren, zu Blütenblättern gezüchtet, und teilweise haben diese Pflanzen gar keine Samen und Pollen mehr. Falls doch, kommen die Bienen dort einfach nicht dran. Keine Angst, du musst jetzt nicht ganz auf gefüllte Blüten verzichten. Aber es wäre schon gut, wenn die ungefüllten Sorten in eurem Garten die Oberhand hätten.

DIY-Waschpaste

Wenn ich den ganzen Tag lang im Garten gewühlt habe, sehen meine Hände manchmal aus, als wäre ich im Nebenberuf Totengräber. Ich dachte ja lange, dagegen wäre kein Kraut gewachsen. Aber jetzt hat meine Lieblingsfloristin aus dem Nähkästchen geplaudert und mir ihr Rezept für die ultimative Handwaschpaste verraten: Du mischst einfach 100 g Natron mit 25 ml Wasser und 1 bis 2 Teelöffeln Schmierseife und gibst dann – für den Duft und die Pflege – noch 5–10 Tropfen ätherisches Öl, z. B. Zitronen- oder Lavendelöl, dazu. Besonders praktisch ist das Ganze, wenn du die Paste in einem Schraubglas anrührst. Dann ist sie gleich gut verwahrt.

Grünschnitt sinnvoll nutzen

Ich staune immer wieder, was an Grünschnitt anfällt, wenn wir den Garten winterfest machen. Mein Opa hat damit ja immer ein schönes Feuerchen gemacht, aber das verursacht zum einen ziemlich ordentlich Feinstaub, zum anderen verbrennt man leicht auch Kleinsttiere wie zum Beispiel Insekten mit – und die brauchen wir ja nun wirklich dringend. Mein Sohn hat unlängst den äußerst pragmatischen Vorschlag gemacht, „das ganze Zeug doch im Wald zu entsorgen". Klingt zwar gar nicht so blöd, finde ich, ist es auf den zweiten Blick aber doch, denn man kann ja nie sicher sein, ob in dem Gartenabfall nicht doch der ein oder andere Schadstoff enthalten ist, der den Waldboden und das Grundwasser verschmutzen könnte. Außerdem besteht die Gefahr, dass du damit gebietsfremde Pflanzen in den Wald einschleppst, und die werden ja sowie-

so ein immer größeres Problem. Verboten ist es außerdem. Wir mussten letztlich auch gar nicht so viel entsorgen, denn wir haben einiges klein gehäckselt auf den Kompost getan und einen Teil verwendet, um die Beete abzudecken. Dann haben wir unsere Igel-Kuschelecke eingerichtet, und es kam noch der Nachbar vorbei und hat sich Zweige und Laub für den Bau seines Hochbeets mitgenommen. Und was dann noch übrig war, haben wir zum Wertstoffhof gebracht.

149

Hol die Bienen nach Balkonien

Ich bin ja als Kind mit den „Gewürzen" Salz, Pfeffer und Paprika groß geworden, dazu kamen dann noch Schnittlauch, Petersilie und Dill aus der Kräuterfraktion. Das war's dann aber auch schon. Umso toller finde ich meinen üppigen Kräutergarten auf der Terrasse. Die Kräuter schmecken nicht nur mir, sondern auch den Bienen aus der Nachbarschaft. Ich habe mich auch extra für besonders bienenfreundliche Kräuter entschieden. Dazu gehören Lavendel und Rosmarin, Koriander, Liebstöckel, Oregano, Salbei und Kapuzinerkresse. Und das Tolle ist, dass das ganze Kraut zwar Bienen lockt, aber mit seinem Duft Mücken vertreibt. Wenn du den Bienen noch etwas Gutes tun willst: Installiere doch ein Bienenhotel, das du nach den vielen Anleitungen im Internet wirklich leicht selbst bauen kannst, und dazu noch eine Schale mit Wasser und flachen Steinen als Bienentränke direkt nebenan.

Die Pflege der Kräuter kann man übrigens durchaus den Kindern überlassen. Positiver Nebeneffekt: Weil sie sie selbst gehegt und gepflegt haben, mögen sie sie auch essen.

150

MACH MIT!
Einen vertikalen Garten bauen

Diesen tollen Tipp habe ich von einer Freundin, die auch auf ihrem Minibalkon nicht auf einen Garten verzichten will. Statt in die Breite geht es bei ihrem Balkonbeet in die Höhe. Und schnell gemacht ist es auch noch. Ihr braucht nichts weiter als ein einfaches Rankgitter, das ihr an der Wand befestigt, und diverse S-Haken, um eure Blumentöpfe an das Gitter zu hängen. Als Blumentopf könnte ihr alles verwenden, was sich aufhängen lässt und nicht allzu schwer ist. Supergünstig und schön bunt wird es, wenn ihr Tetrapacks zum Bepflanzen benutzt. Einfach den Boden abtrennen, ein Loch für den Haken in die Rückwand bohren und die Getränkekartons kopfüber, mit dem Ausguss nach unten, aufhängen. Ach so, den Deckel vom Ausguss solltet ihr natürlich entfernen, damit sich in den Behältern kein Wasser staut. Die Packs eignen sich besonders gut, um Kräuter und Blumen zu ziehen.

BALKONKULTUREN

Die ehemalige Tagesmutter meiner Kinder ist echt eine begnadete Balkongärtnerin. Was auf deren Balkon nicht alles wächst! Ich hätte das nie gedacht. Aber sie hat mir ein paar Tipps verraten, die ich gerne an dich weitergebe: Erdbeeren zum Beispiel lassen sich wunderbar in einer Blumenampel oder im Blumenkasten ziehen. Ähnlich dankbar sind Tomaten. Ab Mitte Mai fühlen sie sich an einem sonnigen Plätzchen auf dem Balkon sehr wohl. Ziemlich cool fand ich auch ihre Salatpflänzchen im Blumentopf. Wenn du Platz hast für etwas größere Töpfe, kannst du locker auch Kürbisse, Zucchini und Co. in Balkonien großziehen – im wahrsten Sinne des Wortes … Dekorative und leckere Gäste sind natürlich auch diverse Kräuter. Klar, mit den Erträgen von deinem Balkongarten kannst du keine vierköpfige Familie ernähren, aber so eine Tomate vom eigenen Balkon ist doch wirklich das Tüpfelchen auf dem i für jeden Salat!

Vögel richtig füttern

Die Fachwelt ist sich ja nicht ganz einig, ob man Vögel ganzjährig füttern soll oder lieber nur im Winter. Sicher ist jedenfalls, dass es um die Vogelwelt aktuell nicht besonders gut bestellt ist und sie unsere Unterstützung braucht. Wir halten es mit den Empfehlungen des NABU und füttern nur im Winter. Vor allem wenn Eis und Schnee die letzten Futterreserven bedecken. Wir sind übrigens von Vogelhäuschen auf Futtersilos umgestiegen, weil das Futter darin nicht nass wird und darum nicht so leicht verdirbt. Außerdem spazieren die Piepmätze dann nicht im Futter rum und erledigen ihr Geschäft darin. Falls ihr auch eine Futterstation einrichten wollt: Achtet darauf, sie so zu platzieren, dass die Kostgänger es sofort sehen können, wenn sich eine Katze anschleicht. Und nicht in der Nähe eines Fensters, damit kein hungriger Kandidat beim An- oder Abflug in die Spiegelbildlandschaft knallt.

Sonnenblumenkerne sind ein gutes Basisfutter, das fast allen Vögeln schmeckt. Meisen, Finken und Sperlinge, die häufigsten Besucher an Futterstellen, könnt ihr mit Körnermischungen glücklich machen, Weichfutterfresser wie Rotkehlchen, Amseln und Zaunkönige bevorzugen Rosinen, Obst, Haferflocken und Kleie, die ihr am besten in einem speziellen Bodenfutterspender anbietet. Alternativ könnt ihr das Futter auch direkt auf den Boden streuen. Da besteht dann allerdings wieder die Gefahr, dass es sich mit Kot vermischt …

Überhaupt nicht geeignet für Vögel ist Salziges wie Speck oder Salzkartoffeln, auch Brot ist keine gute Idee, denn das wird schnell schlecht und quillt im Magen auf.

MACH MIT!
Meisenknödel machen

Statt Meisenknödel zu kaufen, mache ich sie immer lieber mit den Kindern zusammen. Dann kommen wir auch ohne Netze aus, in denen sich Vögel so leicht verfangen können.

Ich mache immer ungefähr 600 g Vogelfutter auf einmal. Es hält sich im Kühlschrank eine Woche, aber du kannst es auch mehrere Monate lang einfrieren.

Du brauchst:

➞ 300 g Kokosfett oder Butterschmalz

➞ gute 300 g Körnermischung (Sonnenblumenkerne, Getreide, gehackte Nüsse, Hanfsaat für Hartfutterfresser oder Rosinen, Beeren, Hagebutten und Haferflocken für Weichfutterfresser)

➞ etwas Speiseöl

Das Fett in einem Topf zum Schmelzen bringen. Bevor es kocht, den Topf vom Herd nehmen. Dann gibst du 2 Esslöffel Speiseöl und wahlweise die Hart- oder Weichfuttermischung dazu. Wenn die Masse erkaltet ist, könnt ihr daraus mit den Händen Knödel formen und dabei ein Stück Kordel einarbeiten, damit ihr das Futter in den Bäumen aufhängen könnt.

Sehr dekorativ sehen auch Futterherzen aus. Für die legt ihr ein Backblech mit Backpapier aus und platziert darauf Ausstechformen eurer Wahl. Bei uns ist das alles, was die Weihnachtskiste hergibt. Nun füllt ihr die Formen etwa fünf Millimeter hoch mit Sonnenblumenkernen. Dann schmelzt ihr Kokosfett in einem Topf und befüllt die Förmchen bis zum Rand damit. Wenn das Fett kalt geworden ist, könnt ihr die Vogelküchlein leicht aus den Formen nehmen. Dann stecht ihr noch einen dünnen Draht zum Aufhängen durch und hängt sie auf.

Raumluft filtern mit Grünpflanzen

Ein Zuhause ohne Zimmerpflanzen wäre ja nichts für mich. Sie machen's wohnlich, sorgen für ausreichend Luftfeuchtigkeit, und bestimmte Sorten wie Efeu, Philodendron, Drachenbaum, Einblatt oder Nestfarn können sogar Schadstoffe aus der Luft filtern. Spezialisten für die Beseitigung von Formaldehyd sind Grünlilie – bekannt auch als Beamtenfarn – und Aloe vera. Und das Beste ist: Im Vergleich zu herkömmlichen Raumluftfiltern sind sie in der Anschaffung echt günstig, verursachen so gut wie keine Betriebskosten, brauchen keinen Strom, müssen bei guter Pflege nicht ständig ausgetauscht werden und machen keinen Lärm. Empfindlich sind sie auch nicht. Ich würde sagen, das verdient eine Bestnote in Sachen Nachhaltigkeit.

155 Nein zu Billigpflanzen

Ich weiß, es ist total verführerisch: Du hast gerade deinen Wocheneinkauf beim Discounter erledigt, und dann stehen sie da, eine ganze Wagenladung von Blühpflanzen zu kleinen Preisen. Die solltest du aber lieber nicht kaufen, denn sehr oft handelt es sich bei diesen Zierpflanzen um fremde Arten, deren Ausbreitung die regionale Vielfalt gefährdet. Noch dazu sind sie häufig extrem mit Pestiziden belastet. So kann es dann passieren, dass du den Bienen auf deinem Balkon mit dem gut gemeinten Kauf buchstäblich den Todesstoß versetzt. Ich kaufe meine Pflanzen meistens auf dem Wochenmarkt oder beim Gärtner um die Ecke. Da weiß ich, was ich habe.

Ebenfalls keine gute Idee ist Saatgut aus dem Supermarkt. Meistens handelt es sich nämlich um Hybridsaatgut, das sich nicht vermehren kann. Robuste alte Sorten wirst du dort vergeblich suchen. Am besten kaufst du Bio-Saatgut im Bio-Laden, in Bioland- oder Demeter-Gärtnereien. Die Samen aus den Pflanzen, die einmal daraus werden, ergeben dann ebenfalls wieder fortpflanzungsfähige Pflanzen.

156 Samen und Ableger tauschen

Klar, wenn du Pflanzen und Saatgut nur noch in Bio-Qualität kaufst, geht das irgendwann ins Geld – besonders, wenn dich das Gartenfieber gepackt hat und du dich lieber im Gartencenter rumtreibst als in Modeläden … In meiner kleinen Bio-Gärtner-Community gibt es darum einen regen Tauschhandel mit Ablegern und Samen. Ich find's toll, und da ich ja noch relativ neu im Gartengeschäft bin, macht es mich natürlich besonders stolz, wenn ein alter Hase nach Ablegern von meinen Pflanzen fragt.

Grüne Bankgeschäfte

Wusstest du eigentlich, dass es auch ökologische Banken gibt? Ich bis vor Kurzem nicht. Banken sind allerdings auch ein Thema, mit dem ich mich eher selten beschäftige. Mein erstes Konto habe ich bei dem Institut eröffnet, bei dem auch meine Eltern waren – und da bin ich seitdem geblieben … Inzwischen bin ich aber besser informiert. Ehrlich gesagt hatte ich nie darüber nachgedacht, was die Banken und Kreditinstitute so mit dem Geld anstellen, das ihre Kunden ihnen anvertrauen. Dass sie in Waffengeschäfte und Nahrungsmittelspekulationen verwickelt sein könnten und die Energiewende blockieren, ist

mir schlicht nicht in den Sinn gekommen. Ist aber leider so. Aber du musst da nicht mitmachen: Es gibt in Deutschland eine Handvoll ethische Banken – u. a. die GLS-Bank, die Ethik-Bank und die niederländische Tridos-Bank –, die ihre Geschäfte transparent machen und nicht in Unternehmen investieren, die Kinderarbeit, Menschenrechtsverletzungen, Gentechnik und Tierversuche fördern oder zulassen. Stattdessen stecken sie dein Geld in ökologische, faire und nachhaltige Projekte. Ich weiß, so ein Bankwechsel macht man nicht von heute auf morgen, aber eine Überlegung ist er trotzdem wert, oder?

Nicht zum Wandern fliegen

Wandern ist ein toller Sport – umweltschonend, klimafreundlich und der Gesundheit zuträglich. Allerdings kannst du diese ganzen Segnungen auf einmal zunichtemachen, wenn du einen Wanderurlaub auf La Gomera buchst und mit dem Flugzeug anreist. Eigentlich logisch, oder? Ziemlich ähnlich verhält es sich auch mit Tauchen, das immer beliebter wird. Aber mal ehrlich: Zu den letzten Naturparadiesen der Erde jetten, um diese noch zu erleben, aber selbst mächtig dazu beitragen, dass sie untergehen: ist irgendwie paradox, oder?

Offside-Golf spielen

Bei uns im Freundeskreis ist die Golfseuche ausgebrochen. Plötzlich buchen alle Schnupperkurse, diskutieren Platzreife und Handicaps und betonen, wie naturnah dieser tolle Sport ist. Mag sein, dass die Märsche über weitläufige Golfplätze dem Allgemeinbefinden gut tun, für die Umwelt sind die akkurat geschnittenen Rasenflächen nicht das Gelbe vom Ei. Wenn auch dich der Golfarm juckt: Was hältst du davon, es mal mit Cross-Golf zu probieren? Dabei wird nicht auf Golfplätzen gespielt, sondern überall, wo es irgendwie geht, wie zum Beispiel in der Stadt, auf Grünflächen, industriellen Brachflächen oder verlassenen Tagebaugruben. Die Ausrüstung kostet unter 30 Euro, und der oberste Grundsatz lautet „Sicherheit zuerst" – und nix kaputt machen. Wir haben das mal als Firmenevent gemacht. Ich fand's supercool.

Vereinsmeier werden

Machst du lieber Indoor-Sport, als bei Nieselregen durch den Park zu rennen? Dann ist vielleicht der gute alte Sportverein was für dich. Trainiert wird in öffentlichen Sporthallen, wo das Licht nur dann angeht, wenn jemand es braucht. Ich bin in meinem Verein schon seit meiner Kindheit Mitglied, und obwohl ich eher der Läufertyp bin, geh ich seit Jahren zur „Gymnastik für Damen", weil sich da auch die ein oder andere Freundin fit hält und wir nach dem Sport noch zusammen was trinken gehen. Meine Tochter turnt da, und mein Sohn spielt Handball. Seit einiger Zeit gibt es sogar eine Crossfit-Gruppe, in der sich mein Mann sonntags vor dem Frühstück zur Bestform quält. Noch ein Vorteil: Der Jahresbeitrag für die ganze Familie ist niedriger als ein Monat Fitnessclub-Mitgliedschaft für meinen Liebsten und mich.

161

Skiwandern statt Lift fahren

Mein Mann stand schon als Kind zum ersten Mal auf Skiern, und ich habe es als Jugendliche gelernt. Ich finde Skifahren ziemlich genial, die Folgen des Massentourismus für die Bergwelt allerdings nicht. Darum haben wir im letzten Frühjahr mal ein neues Konzept ausprobiert: Skiwandern. Also mit eigener Muskelkraft den Berg hinaufstapfen statt mit der Gondel chauffiert werden. Und das in herrlicher Natur, wunderbarer Stille – und natürlich unter der Leitung eines erfahrenen Bergführers. War extrem anstrengend, sehr aufregend für uns Flachlandtiroler und absolut empfehlenswert. Bei solchen Erlebnissen muss man auch nicht sieben Tage am Stück auf die Piste, sondern ist mit 2 bis 3 Skitagen pro Urlaub zufrieden. Den Rest der Zeit sind wir gewandert, haben uns im Langlauf erprobt, waren im Schwimmbad und haben relaxed. Super.

Outdoor-Sport statt Studio

162

Wenn du auf der Suche nach wirklich nachhaltigen Sportangeboten bist, ist der Weg ins Fitnessstudio eher ein Holzweg. Ich habe mir neulich erst wieder vor Augen geführt, was der Betrieb so an Energie und Ressourcen verbraucht, ich sag nur Licht, Heizung, Gerätecomputer, Duschen, Sauna, Schwimmbad … Noch dazu nehmen viele Leute den Weg dahin ja am liebsten mit dem Auto – wegen der schweren Sporttasche. Und im Studio stemmen sie dann Gewichte. Mein Tipp: Rollt die Turnmatte im Wohnzimmer aus, oder geht lieber raus in die Natur – und das möglichst nah. Bei uns ist das der See. Um dort hinzukommen, müssen wir weder das Auto bewegen noch Bus oder Bahn fahren. Die Seerunde ist sommers wie winters unsere Stamm-Joggingstrecke, und im Sommer springen wir da ins Wasser und trainieren unsere Wasserlage – natürlich ohne Müll liegen zu lassen oder sonst wie in die Natur einzugreifen. Ökologischer Fußabdruck: nahe null. Und was ist euer unschuldigstes Sportvergnügen?

163

Sportgeräte leihen

Jaja, in der ersten Begeisterung für einen neuen Sport kauft man sich gerne mal die komplette Basisausstattung – ich kann ein Lied davon singen. In unserem „Hobbykeller" standen sich zeitweise ein Stand-up-Paddle, eine Rudermaschine und ein Stepper im Weg (frag nicht …), dazu noch zwei Paar Ski samt Stöcken, im Schrank Boxhandschuhe, Badminton-, Squash- und Tennisschläger, diverse Hanteln und Bälle. Gut, wir haben das nicht alles neu gekauft, aber gebraucht hätten wir es trotzdem größtenteils nicht – geblieben ist nur das Stand-up-Paddle.

Gerade bei Großgeräten wie Trimm-dich-Rädern und Cross-Trainern lohnt es sich, sich mal im Bekanntenkreis umzuhören, da hat der ein oder andere sicher eine „Gute-Vorsätze-Leiche" im Keller, die ihr mal testen könnt. Außerdem kannst du Fitnessgeräte auch für zu Hause mieten – oft die bessere Wahl.

164

Wenig Müll mit Hund

Meine Schwester hat einen ziemlich großen Hund. Bei den Mengen, die der Tag für Tag vertilgt, ist der Berg an leeren Futterdosen echt immens. Das soll jetzt anders werden, hat das Schwesterherz beschlossen. Und macht das Hundefutter selbst. Das ist zwar schon ein bisschen Arbeit, wie sie berichtet, aber jetzt weiß sie zumindest, was beim lieben Vierbeiner im Napf landet – und riechen tut es auch deutlich besser als industrielles Dosenfutter. Logisch, dass sie die Leckerlis jetzt auch selbst macht. Falls das auch was für euch ist: Die Rezepte kommen alle aus dem Internet.

165

Second Hand auch für des Menschen liebsten Freund

Also Sachen gibt's … Neulich bin ich im Netz per Zufall auf eine Seite mit Hundemöbeln gestoßen – zu Preisen, die mir echt den Atem verschlagen haben. Dabei kann man Bedarf für den Hund prima aus zweiter Hand kaufen – vom Hundesofa bis zur Transportbox. Günstiger ist das auf jeden Fall – und nachhaltiger sowieso.

166

Natürliche Fellpflege

Ab und zu haben auch Hund und Katz stumpfes Fell. Da gilt es natürlich zuerst herauszufinden, woran das liegt. Ist der Grund gefunden, hilft neben der ursächlichen Behandlung eine Kur mit Kokosöl. Der Hund meiner Schwester liebt die Streicheleinheiten, die damit verbunden sind.

Verreibe zunächst eine Messerspitze Kokosöl zwischen den Handflächen, und verteile sie dann im Nackenfell des Tieres. Dann kommt der angenehme Teil: Verteile das Öl mit einer weichen Bürste und langen Strichen im Fell. Der Glanz wird nicht lange auf sich warten lassen. Und nicht nur das: Die Laurinsäure im Kokosöl hat eine abschreckende Wirkung auf Zecken!

167

Plastikfreies Hundespielzeug

Fiffis Spielzeug ist ja meistens aus Kunststoff. Dabei kannst du das Zerr- und Wurfspielzeug – die sogenannten Zergel – für deinen Vierbeiner kinderleicht aus alten Textilien herstellen, die sonst in die Mülltonne wandern würden. Gut eignen sich alte Handtücher und Jeans, Bettwäsche und ausgediente Pullover oder Decken. Daraus schneidest du drei Streifen von mindestens einem Meter Länge – am besten aus Stoffen gleicher Dicke – und legst sie übereinander. Dann fixierst du sie in etwa zwei Dritteln der Länge, z. B. mit einem weiteren Stoffstreifen. Jetzt flichtst du das mittlere Drittel zu einem festen Zopf. Dann nimmst du die beiden Endstücke zusammen, sodass eine Schlaufe entsteht, und fasst jeweils zwei Streifen zusammen, sodass du mit drei doppelt so dicken Strängen weiterflechten kannst. Wenn der Zopf zu Ende ist, die Enden zu einem festen Knoten verschließen – und fertig ist der DIY-Zergel.

Energie

Klar, in groben Zügen weiß ja inzwischen so ziemlich jeder, wie man Energie spart – Licht ausmachen, beim Lüften die Heizung runterdrehen, nicht jeden Tag baden usw. Aber mal ehrlich: Hast du dir je Gedanken darüber gemacht, was es an Energie kostet, wenn man beim Backen die Ofentür öffnet? Oder dass Bookmarks setzen nicht nur praktisch ist, sondern Energie spart? Also ich nicht. Aber seit ich angefangen habe, darüber nachzudenken, wie wir Monat für Monat auf unseren ziemlich hohen Energieverbrauch kommen, ist mir schon einiges klar geworden. Es gibt wirklich jede Menge kleine Tricks, um im Alltag Strom, Gas und warmes Wasser zu sparen. Die sind nicht aufwendig und als schöner Nebeneffekt spart damit einige Euro ganz nebenbei. Und versprochen: Ihr müsst in Zukunft weder die Eisblumen von innen vom Fenster kratzen noch bei Kerzenschein lesen.

Strom sparen im Internet

Neulich habe ich gelesen, dass die Deutschen im Durchschnitt 50 Stunden wöchentlich im Internet verbringen – mit Smartphone, Smartwatch, Notebook und Computer. Dazu kommt noch das Internet der Dinge mit smarten Textilien wie Kopfkissen, die vibrieren, wenn man zu stark schnarcht, Kühlschrank-Kameras, die melden, wenn Lebensmittelknappheit droht, und Heizungen, die sich per App steuern lassen. Dabei habe ich noch nie bedacht, wie viel Strom das eigentlich kostet – sowohl der Betrieb der Geräte zu Hause als auch der großen Serverzentren, über die jede einzelne unserer Aktionen im Internet läuft. Da kommen unglaubliche Mengen zusammen. Aber es gibt auch viele Möglichkeiten, da zu sparen.

Weniger Suchanfragen

168

Jede Suchanfrage, die du stellst, kostet Energie. Wie viel genau, lässt sich nicht sagen. Fakt ist: Weniger suchen spart Energie. Und wenn du Fragen hast: Versuch es doch mal mit einer nachhaltigen Suchmaschine. Das gibt's tatsächlich! Zum Beispiel werden dann ab einer bestimmten Anzahl Suchanfragen Bäume gepflanzt oder soziale Projekte unterstützt (s. S. 256).

169

Bookmarks setzen

Es gibt ja Websites, die man immer wieder besucht. Früher habe ich mir den Weg dahin immer wieder neu ergoogelt. Keine gute Idee, denn jede Suchanfrage kostet ja Energie. Besser ist es, wenn du Bookmarks für deine Lieblingsadressen in der virtuellen Welt setzt oder die vollständige Adresse gleich in die Navigationszeile des Browsers eingibst. Also nicht einfach den Hauptnamen googeln, sondern direkt in der Adresszeile ein „.de" dahintersetzen. Noch mehr Energie verbrauchst du übrigens, wenn du über Sprachassistenten wie Cortana, Alexa und Siri suchst.

170

Schweres Gepäck per Link versenden

Große Dateien wie Bilder solltest du besser nicht per Mail versenden. Der Versand kostet Platz in deinem E-Mail-Programm, und dann muss das Datenpaket unter Umständen noch von deinem Mail-Server auf den des Empfängers geschaufelt werden. Wenn du stattdessen einen Download-Link aus deiner Cloud schickst, spart das Energie-, Speicher- und Rechenleistung ein, weil die Datei dann lediglich einmal hoch- und runtergeladen werden muss.

171

Ungenutzte Accounts löschen

Ich habe neulich Hausputz im Computer gemacht und alle Accounts, die ich nicht mehr nutze, gelöscht. Und die diversen Newsletter abbestellt, die ich im Laufe meines Internetlebens so abonniert hatte. Das spart Serverenergie und beschert mir ein übersichtliches Postfach. Wie sieht es bei dir aus? Hast du auch ein paar Konto-Leichen im Keller? Dann bring die doch mal unter die Erde – für immer.

172

CLOUD AUFRÄUMEN

Es ist ja schon supercool, dass man seine Daten irgendwo in den Weiten der virtuellen Welt speichern kann, um dann überall auf der Welt von jedem Rechner, Smartphone oder Notebook auf seine Fotos, Dokumente und Unterlagen Zugriff zu haben. Aber: Auch wenn viele Clouds für dich kostenlos sind, brauchen die Server, die deine Daten speichern, natürlich Strom. Und je mehr Daten du da ablegst, desto mehr Strom ist das auch. Logisch. Darum: Speicher nicht mehr Daten als nötig in der Cloud. Und ganz davon abgesehen, dass das Energie kostet: Im Zweifelsfall sind sie auf deinem eigenen Rechner oder auf einer externen Festplatte auch eindeutig sicherer aufgehoben.

Bingewatching wie früher

Manchmal weiß ich vor lauter Serien, Filmen und Dokus von immer mehr On-
line-Anbietern überhaupt nicht, was ich gucken soll – das Angebot ist einfach
zu groß. Dann wechsle ich wie in den guten alten Zeiten zum Programm-TV
und guck einfach das, was gerade läuft. Was die Energiebilanz angeht, übrigens die beste Wahl, denn drei Viertel des durchschnittlich genutzten Daten-
volumens im Internet gehen drauf für die Nutzung von Streaming-Diensten.

174

Auszeit fürs Smartphone

Wir fahren inzwischen alle Rechner, Notebooks
und Phones über Nacht runter und nehmen sie
vom Netz. Das spart nicht nur Strom, sondern
lässt uns auch besser schlafen. Wenn uns
jemand dringend erreichen will: Wir haben ja
noch immer das Festnetz. Und weil sowieso
alle internetfähigen Geräte nachts Pause haben,
machen wir den Router auch gleich mit aus.
Der muss ja nicht an sein für nix.

175

Günstigste Wege ins Internet wählen

Schon gewusst? Surfen über LAN oder WLAN ist
energetisch betrachtet deutlich günstiger als
über eine Mobilfunkverbindung. Darum gehe
ich auch mit dem Smartphone möglichst immer
per WLAN ins Internet, ist ja inzwischen in den
meisten Cafés, in öffentlichen Gebäuden und in
der Bahn kein Problem mehr. Mobil surfen tu ich
eigentlich nur noch, wenn ich im öffentlichen
Nahverkehr unterwegs bin oder mein Handy als
Navi brauche.

176 Handys im Überfluss

Hand aufs Herz – wie viele alte Handys und Smartphones liegen bei euch in der Schublade rum? Laut Statistik besitzt jede/r Deutsche im Durchschnitt 3 Handys, und ein beträchtlicher Anteil davon wird nicht benutzt. Bei uns waren es sogar 5! Schluck. Wir haben jetzt noch 2 behalten, zur Sicherheit, falls durch irgendeine unglückliche Fügung mal 2 gleichzeitig kaputtgehen ... Den Rest haben wir gespendet. Hilft ja nix, wenn sie bei uns die Schublade verstopfen und woanders noch irgendwie gute Dienste leisten könnten.

HINTERGRUND

Alte Handys und Smartphones enthalten viele wertvolle Rohstoffe. Rechnet man alle Geräte zusammen, die unbenutzt unter deutschen Dächern ruhen, kommt man auf 21 Tonnen Silber, 2 Tonnen Gold, 765 Tonnen Kupfer und weitere wertvolle Rohstoffe wie Platin oder seltene Erden, die unter gefährlichen und menschenunwürdigen Bedingungen abgebaut werden. Darum ist bei alten Geräten Wieder- oder Weiterverwertung angesagt: Ausrangierte, noch funktionsfähige Handys kannst du verkaufen oder spenden, für defekte Geräte zahlen Tüftler und spezialisierte Unternehmen bisweilen auch noch etwas. In die Mülltonne gehört ein altes Handy auf keinen Fall. Also am kommunalen Wertstoffhof oder im Wertstoffmobil der Stadt abgeben. Und in allen Fällen vorher immer alle persönlichen Daten löschen und SIM- und Speicherkarten entfernen.

177 Moderate Bildschirmgröße wählen

Fürs Surfen im Netz macht es energetisch keinen Unterschied, wie groß dein Bildschirm ist. Für deine eigene Stromrechnung allerdings schon. Bildschirme und auch Smart-TVs im Leinwandformat sind echte Strommonster – also lieber bescheiden bleiben.

Kein Bereitschaftsdienst für Elektrogeräte

Ich habe meine Lieben jahrelang bekniet: Macht eure Elektrogeräte aus – richtig aus! Der Stand-by-Modus kostet auch Strom! Doch mein Rufen verhallte wirkungslos im Walde. Dann habe ich andere Saiten aufgezogen und ein Stand-by-Bußgeld eingerichtet. Die Rechnung war einfach: Über einhundert Euro kostet uns dieser sinnlose Allzeit-bereit-Modus im Jahr, das sind knapp 30 Cent pro Tag. Diesen Betrag habe ich von den Schuldigen eingezogen, wenn ich irgendwo ein rotes Lämpchen leuchten gesehen habe (zugegeben, manchmal musste ich auch selbst zahlen …). Und was soll ich sagen? Wir sind jetzt mit dem Thema durch. Geht doch.

HINTERGRUND

Im Durchschnitt kostet der Stand-by-Betrieb von Elektrogeräten jeden deutschen Haushalt rund 400 Kilowattstunden Strom im Jahr. Das sind die größten Stromfresser im Stand-by-Modus (bei 22 Stunden Stand-by-Betrieb pro Tag):

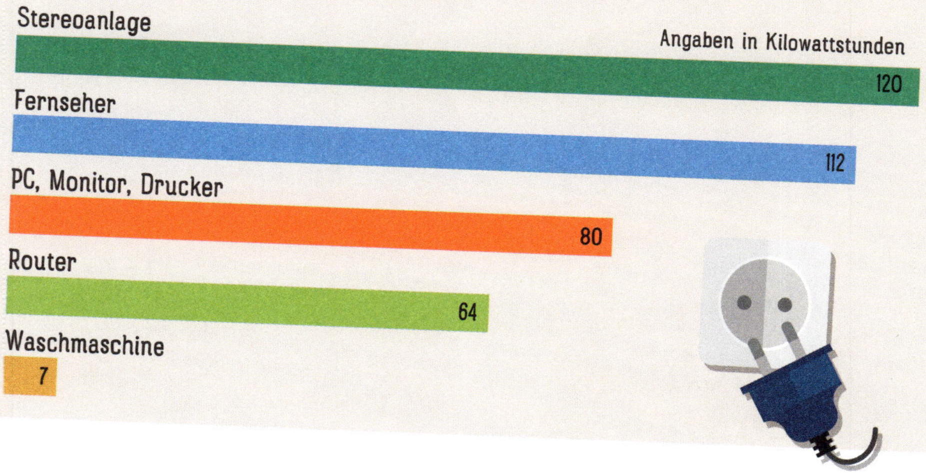

Angaben in Kilowattstunden

Stereoanlage — 120
Fernseher — 112
PC, Monitor, Drucker — 80
Router — 64
Waschmaschine — 7

Begebt euch doch mal alle zusammen auf Stromfresser-Jagd. Wer die meisten findet, hat gewonnen. Ein paar Tipps zur Suche: Im Wohnzimmer sind erfahrungsgemäß Hi-Fi-Anlage, TV-Gerät und Spielekonsole dauerhaft am Strom, im Arbeitszimmer Computer & Co., während im Badezimmer elektrische Zahnbürste und Rasierapparat den Verbrauch steigern. In der Küche muss man besonders auf Geschirrspüler, Waschmaschine und (zumindest bei uns) das ewig leise vor sich hin dudelnde Radio achten.

Muskelkraft statt Elektropower

179

Ist dir schon mal aufgefallen, wie viele kleine (und eigentlich überflüssige) Stromverschwender, auch bekannt als Elektrogeräte, bei dir im Haushalt rumfahren? Ich habe das neulich mal gemacht, und ich kann nur sagen: Mein lieber Scholli! Den elektrischen Dosenöffner hat jetzt meine Nachbarin, das elektrische Fensterputzgerät und den Handstaubsauger habe ich über Kleinanzeigen verkauft, das elektrische Fußpflegeset, das Fußsprudelbad und die Heizdecke ebenso. Stattdessen mache ich meine Dosen wieder mit einem „altmodischen" Handöffner auf, Fenster putze ich mit Spiritus, Abzieher und Zeitungspapier wie anno dazumal, und das Kehrblech mit Handfeger ersetzt den Handstaubsauger. Ich gönne mir zur Belohnung für diese Aktion ab und zu eine Pediküre bei der Kosmetikerin. Und bin zufrieden. Nachmachen empfohlen!

Fegen statt Saugen

180

Den Staubsauger habe ich natürlich nicht verkauft. Aber der hat jetzt trotzdem öfter Pause, denn ich habe einen neuen ... Besen. Und der kommt meiner Faulheit eigentlich total entgegen. Wie oft sage ich mir: Du könntest auch mal wieder schnell durch den Flur und die Küche saugen. Aber wenn ich daran denke, dass ich dazu den Staubsauger aus seinem Schrank zerren muss, verlier ich schon wieder die Lust. Mit dem Besen ist das alles kein Thema. Der hängt friedlich hinter der Küchentür und ist sofort zur Hand, wenn ich ihn brauche. Und fegt ja, ganz ohne Strom. Probier's aus.

181 Mehrfachstecker mit Schalter

Ich weiß gar nicht, wie man früher ohne Mehr-fachstecker ausgekommen ist. Braucht ihr die auch so viel? Ich kaufe ja nur noch welche mit Schalter – dann kann man mit einmal Drücken alle Stand-by-Sünder ausschalten, wenn man ins Bett geht. Sehr praktisch.

182 Keine Festbeleuchtung!

Als ich letztens nach Hause kam, war original in allen Zimmern das Licht an. Ich habe fast gedacht, ich bin in Versailles gelandet. Und kein Mensch kommt darauf, mal den Schalter zu betätigen. Dabei ist das nun echt die leichteste Art, Strom zu sparen. Ich habe dann überall, wo es nur ging, Klebezettel mit dem Hinweis „Licht aus!" verteilt. Am besten kleb ich mir auch noch einen auf die Stirn. Aber ich gebe nicht auf. Solltest du auch nicht.

Mehr Leuchtkraft

Wenn ihr die Wände eures Heims in hellen, freundlichen Farben streicht (aus der Grufti-Phase sind die meisten von uns ja Gott sei Dank raus), braucht ihr weniger Zimmerbeleuchtung, da das Licht besser reflektiert wird.

Schmutzschleuse einrichten

Bis vor Kurzem konnte man uns nicht gerade als Pantoffelhelden bezeichnen. Bei uns sind immer alle mit Straßenschuhen ins Haus geschlappt und haben tonnenweise Dreck mitgebracht. Und dann sah es kurz nach dem Wochenputz schon wieder aus wie ... na ja. Ist das bei euch auch so? Ich sag dir, Hausschuhe für alle und ein Schmutzfangteppich im Eingang sind *die* Lösung. Bei uns ist es jetzt deutlich sauberer. Das bedeutet: weniger staubsaugen und damit weniger Stromverbrauch, weniger Putzen und damit weniger Putzmittel in Plastikflaschen – und mehr Zeit für anderes. Eine echte Win-win-Situation.

Restwärme nutzen

Schaltest du den Backofen erst aus, wenn Braten oder Kuchen fertig sind? Brauchst du nicht. Oder vielmehr: solltest du nicht. Sofern das Gerät mehr als 40 Minuten in Betrieb war und durch und durch heiß ist, reicht die Restwärme locker noch für die letzten 10 Minuten der Garzeit aus. Und dem Essen schadet es garantiert nicht. Sofern du nicht mit Gas oder Induktion kochst, kannst du auch die Herdplatten vor Ende des Garvorgangs ausmachen. Oder du brätst noch schnell ein Rührei mit der Restwärme der Platte.

Kein Vorheizen

In fast jedem Kochrezept, in dem ein Backofen vorkommt, heißt es ja „Backofen auf X °C vorheizen". Musst du aber gar nicht immer. Ein Auflauf oder ein Braten verträgt es in der Regel ganz prima, sich gemeinsam mit dem Ofen aufzuwärmen. Anders sieht es bei vielen Kuchen, Teigen und Soufflés aus. Die solltest du erst bei Erreichen der empfohlenen Temperatur in den Ofen schieben. In der Nachwärme kannst du übrigens prima übrig gebliebene frische Kräuter trocknen oder Joghurt ansetzen (s. Tipp 33).

Türen schließen

187

Ich weiß, es ist verführerisch, ab und zu die Backofentür aufzumachen und den tollen Sonntagsbraten zu bewundern. Ist energetisch betrachtet aber ein ziemliches Desaster, denn mit jedem Öffnen der Tür gehen an die 30 Prozent Wärme verloren!

188 Auf Windenergie setzen

Wenn dein Rezept dir beim Backen oder Braten im Ofen die Wahl zwischen Umluft und Unter- und Oberhitze lässt, solltest du dich auf jeden Fall für die erste Variante entscheiden. Das spart nämlich 20 bis 40 Prozent Stromkosten, weil die erforderliche Temperatur in der Regel um 20 bis 30 °C niedriger ist und schneller erreicht wird. Außerdem kannst du mehrere Bleche gleichzeitig in den Ofen schieben. Besonders praktisch bei der Weihnachtsbäckerei.

189

Im Zweifel Gas

Neulich hat mein Herd den Geist aufgegeben. Der Kundendienst hat tatsächlich noch versucht, das gute Stück zu reparieren, aber da war nichts mehr zu machen. Nach langem Hin und Her haben wir uns dann für einen Gasherd entschieden. Der war zwar nicht gerade billig, weil ich ein schickes Modell haben wollte, aber im Energieverbrauch ist er nun deutlich günstiger als die elektrische Variante (beim Backofen bin ich allerdings bei Strom geblieben). Alternativ kannst du auch mit einem Induktionsherd ordentlich Strom sparen – musst dir aber unter Umständen neue Töpfe zulegen … Und ein Gerät mit Glaskeramikfeld hat eine bessere Energiebilanz als die altertümlichen Teile mit den schwarzen Kochplatten wie zu Omas Zeiten.

190

Auf die Größe kommt es an

Du kannst übrigens nicht nur bei der Wahl des Herdes Energie sparen, sondern auch mit dem passenden Kochgeschirr. Wenn du nämlich eine kleine Menge in einem großen Topf kochst, kühlt der große Topf den Herd erst mal regelrecht ab. Darum: kleine Menge, kleiner Topf. Außerdem sollte der Durchmesser des Topfes immer möglichst genau auf die Herdplatte passen.

191

DECKEL DRAUF

Kochen ohne Deckel ist wie Heizen bei offenem Fenster! In den meisten Fällen tut der Deckel dem späteren Geschmack keinerlei Abbruch. Aber keine Regel ohne Ausnahme: Wenn eine Sauce eingekocht werden soll, geht das natürlich nur ohne Deckel …

192

Weniger ist mehr

Irgendwie neige ich dazu, meine Kartoffeln und mein Gemüse in viel zu viel Wasser zu kochen. Dabei ist der Topf ja kein Schwimmbad. Eigentlich reicht es, wenn du ein paar Zentimeter Wasser im Topf hast. Wenn du die dann auch noch im Wasserkocher erhitzt und dann erst in den Topf füllst, hast du schon eine ganze Menge Energie eingespart. Schöner Nebeneffekt: Gemüse laugt auf diese Weise nicht aus, Vitamine, Geschmack und Farben bleiben erhalten.

SPEEDKOCHEN

193

Hast du eigentlich einen Schnellkochtopf? Mir waren die Dinger ja lange ein bisschen unheimlich (eine Freundin von mir spricht nicht umsonst immer von ihrem „Atomtopf" …), aber eigentlich ist die Bedienung kein Hexenwerk. Und wenn ich daran denke, dass man mit so einem Dampfdrucktopf bis zu 50 Prozent Energie und dazu jede Menge Zeit sparen kann (Pellkartoffeln brauchen nur 10 Minuten!), dafür aber vielen Vitaminen das Leben rettet, verliere ich jede Angst. Falls du noch keinen hast: Gönn ihn dir!

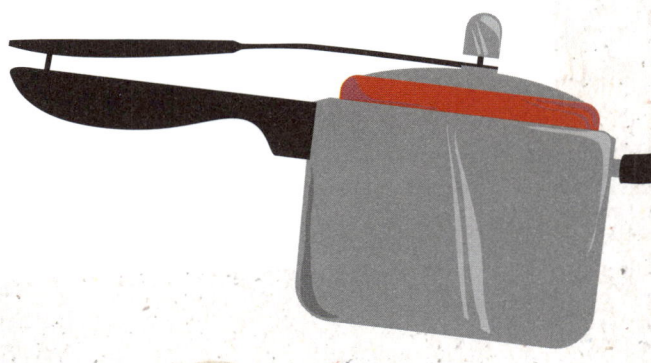

194

Think small

Wenn du kleinere Mengen und Portionen (bis zu 500 Milliliter oder Gramm) warm machen, auftauen oder kochen willst, lässt du Herd und Backofen lieber aus. Also: Das Wasser für die Tasse Tee am Nachmittag im Wasserkocher erhitzen, die schlapp gewordenen Brötchen auf dem Toaster aufbacken, die einzelne Portion Lasagne in der Mikrowelle warm machen.

Wasserkocher entkalken

Bei uns ist der Wasserkocher wirklich oft im Einsatz. Das bedeutet leider auch, dass er ziemlich schnell verkalkt. Falls das bei euch auch so ist, solltest du dem Kalk möglichst zügig zu Leibe rücken, denn mit einer dicken Kalkschicht braucht das Gerät rund 30 Prozent mehr Strom. Ich habe das Problem gelöst, indem ich den Wasserkocher alle zwei bis drei Tage mit einem sauberen Spültuch auswische. Dann lassen sich die ersten Kalkreste noch problemlos entfernen. Wenn du den Zeitpunkt verpasst hast, lässt sich die Kalkschicht gut mit Haushaltsessig, Essigessenz oder Zitronensäure entfernen.

Schon mal im Bett
gekocht?

Nicht? Dann solltest du es unbedingt mal probieren … Der Hack klappt am besten mit Reis und Milchreis – und spart rund 30 Prozent Strom im Vergleich zum „normalen" Kochen. Reis mit der passenden Menge Wasser bzw. Milch (und restlichen Zutaten wie Salz, Zucker, Vanille- oder Zimtstange) aufkochen, Deckel drauf und unter die Bettdecke damit (es dürfen auch zwei sein). Nach gut einer Stunde ist der Reis fertig, und wenn er länger in den Federn bleibt, macht das auch nichts: Da die Temperatur unter dem Siedepunkt liegt, kann nichts verbrennen, ansetzen oder verkochen.

Es muss natürlich nicht das Bett sein. Alternativ kannst du den Milchreis auch unter den Kuscheldecken vom Sofa verstecken. Eine Regel allerdings gibt es: Während der Garzeit nie den Deckel öffnen, denn dann ist die Wärme futsch.

197 Kaffee nachhaltig warm halten

Die Kaffeemaschine bei uns im Büro ist noch so ein altes Ding mit Filter, Glaskanne und Heizplatte. Frisch gebrüht schmeckt der Kaffee eigentlich ganz gut, doch wehe, wenn man den letzten Rest aus der Kanne erwischt: Das Gebräu schmeckt wie flüssiger Teer direkt aus der Hölle – abgesehen davon, dass er trotz Dauerbeheizung nur lauwarm ist. Darum mein Rat: Wenn ihr zu Hause oder im Büro auch so ein Gerät habt, solltest du den frischen Kaffee umschütten, bevor er kippt, und zwar in eine Thermoskanne. Das spart Strom, schont deine Geschmacksknospen und deine Magenwände!

198 Zwischendurch auch mal abschalten

Habt ihr auch einen Kaffeevollautomaten? Wir haben uns vor zwei Jahren einen zu Weihnachten gegönnt, und ich bin immer noch schockverliebt. Trotzdem habe ich mir angewöhnt, unsere kleine Kaffeebar zwischen den Stoßzeiten am Morgen und am Nachmittag zu schließen, denn so toll der Gedanke ist, sich beinahe rund um die Uhr auf der Stelle leckersten Milchkaffee kochen zu können, so viel Strom verbraucht so eine Maschine auch im Dauerbetrieb.

Vom Umgang mit der Spülmaschine

199

Hast du auch ein Lieblingshaushaltsgerät? Meine beste Freundin in der Küche ist eindeutig die Spülmaschine. Was für ein Luxus. Und der ist auch noch nachhaltiger, als mit der Hand zu spülen – wenn du ein paar Dinge beachtest:

✓ Schalte die Maschine nur an, wenn sie wirklich voll ist, Spülgänge mit halber Auslastung machen die Bilanz kaputt. Das Gleiche gilt übrigens auch, wenn du mit der Hand vorspülst oder nicht alles in die Spülmaschine räumst, sondern nebenher auch noch eine Handwäsche machst.

✓ Benutze möglichst das Öko-Programm – ab und zu ist allerdings ein Durchgang bei mindestens 60 °C nötig, damit es nicht müffelt.

✓ Achte darauf, dass das Spülmittel für deine Maschine keine Phosphate enthält. Die geraten nämlich über das Abwasser in Flüsse und Seen, wo sie zur Überdüngung und manchmal sogar zum Umkippen der Gewässer beitragen.

✓ Mit der richtigen Dosierung des Maschinenspülmittels trägst du auch zum Schutz der Umwelt bei. Wir sind inzwischen von den zugegebenermaßen praktischen Tabs wieder auf Pulver umgestiegen, damit wir Spülmittel, Klarspüler und Salz genau auf den Härtegrad des Wassers und den Verschmutzungsgrad der Ladung abstimmen können.

✓ Wenn du lieber Tabs benutzt: Am besten Bioprodukte mit wasserlöslicher Folie. Ich wollte es ja nicht glauben, aber die ist tatsächlich biologisch abbaubar und belastet die Natur weniger als die herkömmlichen Plastikhüllen.

✓ Manchmal wird das Geschirr in der Maschine nicht richtig sauber. Das kann auch daran liegen, dass ihr sie nicht richtig einräumt. In die obere Etage kommt alles, was nicht allzu schmutzig ist, also Gläser, Tassen, kleine Schüsseln usw. Im unteren Korb ist alles gut aufgehoben, was größer und schmutziger ist: Teller, Töpfe, große Schüsseln.

✓ Im Besteckkorb herrscht manchmal eine ganz schöne Enge. Mehr Platz haben Messer, Gabel und Löffel, wenn ihr sie abwechselnd mit dem Griff nach oben und nach unten einräumt. Dann werden sie auch schön sauber.

✓ Die Spülarme müssen sich frei bewegen können.

✓ Woran du auch denken solltest: In die Spülmaschine darf wirklich nur Geschirr, das spülmaschinenfest ist. Viele Haushaltsgegenstände aus Kunststoff sind das nicht. Die setzen im heißen Wasser der Spülmaschine unter Umständen Schadstoffe und Mikroplastik frei.

200 Ferien für den Kühlschrank

Ich habe mir inzwischen angewöhnt, unseren Kühlschrank in den großen Ferien in die Sommerpause zu schicken – natürlich nur dann, wenn wir auch wegfahren. So eine Kühl-Gefrierkombi, wie wir sie haben, gehört in Sachen Stromverbrauch nämlich zu den teuersten Haushaltsgeräten überhaupt. Und mal ehrlich: Für eine Flasche Ketchup, eine Tube Senf und zwei angefangene Marmeladen muss das Gerät doch nicht zwei bis drei Wochen an bleiben, oder? Die Aktion hat auch noch den Vorteil, dass ich vor dem Urlaub einmal komplett reinen Tisch mache, was die eiskalten und gekühlten Vorräte angeht. In der Woche vor dem Urlaub essen wir uns einmal quer durch die TK-Vorräte sowie Angefangenes im Kühlschrank. Und eingekauft wird möglichst nichts mehr. Und wenn man wieder da ist, macht es richtig Spaß, den Kühlschrank wieder zu füllen.

201 Vor dem Kühlen kalt werden lassen

Klar, Essensreste gehören in den Kühlschrank. Aber bitte erst, wenn sie abgekühlt sind, sonst muss der Kühlschrank jede Menge Energie aufwenden, um die eingestellte Temperatur zu halten. Und das kostet Strom. Und den wollen wir ja sparen.

MACH MIT!
Aktion eisfreier Gefrierschrank

In unserem Gefrierschrank bilden sich im Laufe der Zeit gerne ziemlich bizarre Eisformationen. Das lässt sich leider nicht verhindern, da mit jedem Öffnen der Tür warme, feuchte Luft in den kalten Innenraum gerät und sich in Form von Eis an den Wänden niederschlägt. Diesem Eis solltest du regelmäßig zu Leibe rücken, denn je dicker die Schicht wird, desto mehr Strom braucht das Gerät.

Eigentlich macht das Abtauen des Eisschranks nicht so schrecklich viel Arbeit. Ich fange immer schon eine Weile vorher an, die TK-Vorräte abzubauen. Was dann noch im Eis ist, packe ich mit reichlich Akkus in eine Kühlbox.

Wenn das Gerät leer ist und der Stecker gezogen, stelle ich eine Schüssel mit heißem Wasser hinein, packe darunter reichlich alte Handtücher oder ein tiefes Backblech (zum Auffangen des Tauwassers) und mache die Tür erst mal wieder zu. Nach einer Weile kann man eventuelle Eisplatten schon vorsichtig von den Schrankwänden lösen. Wenn das ganze Eis verschwunden ist, brauchst du den Schrank nur noch einmal gründlich auszuwischen, trocken zu reiben und einzuräumen. Fertig.

Dichtungen von Kühl- und Gefrierschrank prüfen und reinigen

Unser Kühlschrank hat mich neulich beinahe in den Wahnsinn getrieben. Andauernd ist der Kompressor angesprungen und hat dieses typische Kühlschrankbrummen erzeugt. Gott sei Dank habe ich den Grund schnell gefunden: Die Gummidichtung an der Tür war porös, und der Kompressor war quasi im Dauereinsatz, um die Temperatur im Kühlschrank zu halten. Das kostet nicht nur Nerven, sondern auch jede Menge Strom. Darum kann ich dir nur raten, die Dichtungen an Kühl- und Gefrierschrank und auch am Backofen regelmäßig zu checken und zu säubern – das geht mit Essigwasser oder auch etwas warmem Wasser mit ein paar Tropfen Spülmittel ratzfatz.

GEWUSST WIE!

Übrigens, ob die Kühlschranktür dicht schließt, kannst du ganz leicht überprüfen: Lege einfach eine angeschaltete Taschenlampe in den Kühlschrank, Lichtstrahl Richtung Tür, schließe die Tür, und mache das Licht in der Küche aus. Wenn du den Schein der Lampe in der dunklen Küche siehst, ist aller Wahrscheinlichkeit nach die Dichtung kaputt und muss ausgewechselt werden.

Kino statt Kühlschrank-Watching!

Meine liebe Familie pflegt ja mit großer Begeisterung das Hobby des In-den-Kühlschrank-Starrens: Kühlschranktür auf, bis zu 30 Sekunden ausgiebige Betrachtung des Inhalts, Kühlschrank zu. Schritte. Pause. Schritte. Kühlschranktür wieder auf. Stille. Knister. Kruschel. Kühlschranktür wieder zu. Zugegeben, ich mach das ja auch manchmal – ABER: Das kostet so viel Strom!!!!

HINTERGRUND

Schon wenn man die Tür nur kurz öffnet, braucht der Kühlschrank für den Ausgleich des Kälteverlusts so viel Strom wie eine 60-Watt-Glühbirne in 10 Minuten, also ungefähr 0,01 Kilowattstunden. Bei einem Strompreis von 29,6 Cent pro Kilowattstunde macht das ca. 0,03 Cent. Und bei uns gucken ja vier Leute, und das nicht nur einmal und in der Regel nicht nur kurz! Und wir öffnen den Kühlschrank ja im normalen Tagesbetrieb auch noch diverse Male. Vermutlich kostet uns allein das tägliche In-den-Kühlschrank-Gucken 10 Cent am Tag. Drei Euro im Monat. 36 Euro im Jahr. Davon könnte man zum Beispiel vier Monate lang streamen. Solltet ihr bei euch mit ähnlichen Gewohnheiten kämpfen: Lasst es lieber. Und geht von dem Geld alle zusammen ins Kino.

Übrigens: Am wenigsten Zeit kostet der Griff in den Kühlschrank, wenn der Inhalt übersichtlich geordnet ist (siehe dazu auch Tipp 74 und 82).

205 EFFIZIENT AUFTAUEN UND KÜHLEN

Wusstest du schon, dass man tiefgekühlte Lebensmittel nicht nur aus hygienischen Gründen im Kühlschrank auftauen sollte, sondern auch, weil sie einen beachtlichen Beitrag zum Erhalt der Kühlschranktemperatur leisten? Also: Die eingefrorene Gulaschsuppe und den tiefgekühlten Spinat fürs Mittagessen und den eisgekühlten Plätzchenteig für die Weihnachtsbäckerei holst du am besten schon am Abend vor dem Verzehr bzw. der Weiterverarbeitung aus dem Eisfach. Dann machen sie sich in der Nacht auch noch als Kühlakkus nützlich. Ziemlich praktisch, würde ich sagen. Ihr habt was zum Essen, der Kühlschrank was zum Kühlen.

Und wenn es draußen winterlich kalt ist, kannst du den Balkon prima als Kühlschrank nutzen. Dann musst du dir gar keine Gedanken mehr darüber machen, wie und wo du den Riesentopf Hühnersuppe kalt stellen kannst. Und kosten tut es nichts – weder dich noch die Umwelt.

206

Freiraum für den Kühlschrank

Manchmal bereue ich es, dass wir uns beim Kauf unserer Küche für einen frei stehenden Kühlschrank entschieden haben, denn obendrauf sammelt sich immer wieder ordentlich Kram an, der da eigentlich nichts verloren hat: aus der Zeitung ausgerissene Back- und Kochrezepte, Teile der Tageszeitung, kaputte Playmobilfiguren, Geburtstagskarten, Einladungen, Pflanzendünger und was weiß ich noch. Das sieht auf die Dauer nicht nur chaotisch aus, sondern blockiert auch noch die Wärmeabfuhr des Kühlschranks. Der verbraucht dadurch mehr Strom als nötig. Das gilt übrigens auch, wenn er zu nah an der Wand steht und der Rückkühler nicht so arbeiten kann, wie er sollte. Auch ein Kühlschrank braucht Freiraum, um effizient zu arbeiten!

Geld ausgeben, um zu sparen

Grundsätzlich ist es ja sinnvoll, Dinge erst neu zu kaufen, wenn die alten kaputt und nicht mehr zu reparieren sind. Bei einem Kühlschrank stimmt das nur bedingt. Um herauszufinden, ob dein alter Kühlschrank übermäßig viel Strom frisst, musst du den Verbrauch mindestens 24 Stunden lang, besser aber eine Woche, mit einem Strommessgerät messen. Die verbrauchten Kilowattstunden rechnest du dann auf ein Jahr hoch und multiplizierst sie mit dem Betrag, den ihr für eine Kilowattstunde Strom bezahlt. Die gleiche Rechnung stellst du dann mit dem für ein gleichwertiges, energieeffizientes Modell der Klasse A+++ angegebenen Wert an. (Als Richtwert: Die aktuellen Modelle ohne Gefriereinheit verbrauchen durchschnittlich 50 bis 70 Kilowattstunden im Jahr, Kühl-Gefrier-Kombinationen rund 150 Kilowattstunden.) Auf diese Weise kannst du vergleichen, wie viel Mehrkosten dein alter Kühlschrank durch seinen Verbrauch verursacht, und so berechnen, wie lange es dauern würde, bis dein neues Wunschgerät sich amortisiert hat. Außerdem solltest du bedenken, dass es bei deinen Erwägungen nicht nur um deinen Geldbeutel, sondern auch um CO_2-Einsparungen geht.

Meistens kann man davon ausgehen, dass es sich lohnt, ein Gerät, das älter als 10–15 Jahre ist, durch ein Gerät der höchsten Energieeffizienzklasse auszutauschen.

HINTERGRUND: Das hat es mit dem Energielabel auf sich

Das EU-Energielabel (s. u.) findest du mittlerweile auf sehr vielen Produkten, sodass du mit einem Blick feststellen kannst, ob das Elektrogerät deiner Wahl (von der Waschmaschine über den Trockner bis zum TV) den aktuellen Ansprüchen in Sachen Energieeffizienz entspricht. Die Farbskala reicht von Dunkelgrün, das sehr energieeffiziente Geräte markiert, bis Rot, das, du ahnst es schon, den schlimmsten Energieverschwendern vorbehalten ist. Manchmal findest du auf dem Label noch weitere Informationen wie zum Beispiel den Jahresenergieverbrauch. Laut Umweltbundesamt gibt es übrigens kein Umweltlabel, das sich nachhaltiger auf die Kaufentscheidung der Verbraucher auswirkt.

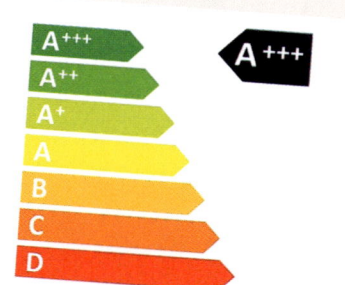

208 Kein Dauerbetrieb im Altenteil

Unsere Nachbarn haben sich neulich auch einen neuen, extrem energieeffizienten Kühlschrank gekauft – und der alte Energiefresser steht jetzt im Dauerbetrieb als Getränkekühler im Keller. Nichts gegen kalte Getränke, aber in Sachen „Klima retten" hilft das gar nicht weiter. Wenn du dich für einen neuen Kühlschrank entscheidest, solltest du den alten entweder umweltgerecht entsorgen oder nur zu besonderen Stoßzeiten – Party, Weihnachten, umfangreiche Kochaktionen – kurzfristig in Betrieb nehmen.

209 Kluge Standortwahl

Gehört ihr zu den Glücklichen, die eine direkt an die Küche anschließende Speisekammer haben? Ich träume ja schon seit Jahren davon! Egal. Zurück zur Speisekammer. Wenn ihr in der Kammer auch noch ein Plätzchen für den Kühlschrank frei habt, dann solltet ihr das Gerät unbedingt dort aufstellen: In einem 16 °C kühlen statt 20 °C warmen Raum verbraucht so ein Kühlschrank nämlich bis zu 25 Prozent weniger Energie. Und ein Gefrierschrank ist in einem kühlen Keller bestens aufgehoben.

Wenn es euch wie uns an der Möglichkeit fehlt, den Kühlschrank kalt zu stellen, solltet ihr darauf achten, dass das Gerät nicht neben Herd oder Backofen steht. Besser ist ein schattiges Plätzchen mit maximalem Abstand zur Heizung.

Es werde Licht

Wusstest du, dass die Beleuchtung in deinem Heim rund 10 Prozent deines Stromverbrauchs und damit auch deiner Stromkosten ausmacht? Zumindest dort, wo noch konventionelle Glühbirnen und Halogenlampen im Einsatz sind. Eine LED braucht rund 80 Prozent weniger Strom als eine konventionelle Glühlampe. Darum ist es ziemlich sinnvoll, wenn du zumindest dort, wo das Licht in eurer Wohnung normalerweise mehrere Stunden täglich brennt (Küche, Wohnzimmer, Kinderzimmer, vielleicht auch das Bad), auf LEDs wechselst. Alte, noch funktionstüchtige Glühlampen musst du aber trotzdem nicht wegschmeißen. Die kannst du dort, wo nur wenig und selten Licht gebraucht wird, noch einsetzen. Allerdings solltest du beim Kauf der LEDs ein paar Dinge beachten.

✓ LEDs haben weniger Watt als konventionelle Glühbirnen. Das heißt aber nicht, dass sie weniger hell leuchten. Eine LED mit 8–12 Watt ist etwa so hell wie eine 40-Watt-Glühbirne, 9–12 Watt bei der LED machen so viel Helligkeit wie 60 Watt bei einer Glühbirne.

✓ Bei den LEDs wird die Helligkeit in Lumen (lm) angegeben. Den ungefähren Lumenwert einer Glühlampe kannst du errechnen, wenn du die Wattzahl mit 10 multiplizierst. Wenn du also einen Ersatz für eine 40-Watt-Glühbirne brauchst, musst du nach einer LED mit rund 400 Lumen suchen.

✓ Praktischerweise hat sich bei den LED-Fassungen im Vergleich zu den Glühlampen nichts geändert – auch die Bezeichnungen sind unverändert.

✓ Ähnlich sieht es bei den Formen aus – das Spektrum reicht von der klassischen Birnen- über die Kugel- bis zur Kerzenform.

✓ Neu ist, dass man bei den LEDs in Sachen Farbtemperatur (die in Kelvin [K] gemessen wird) die Wahl hat, während Glühbirnen immer nur in einer Temperatur leuchten, nämlich mit 2700 K. Das ist ein warmes Weiß. LEDs gibt es auch noch in 3500–4000 K (helles Weiß) und 4000–7000 K (Tageslicht).

✓ Außerdem gut zu wissen: Es sind nicht alle LEDs dimmbar. Du musst die Packungsangaben also genau durchlesen.

MACH MIT!
Tonnenweise CO_2 sparen

Wir sind neulich zu einem Ökostromanbieter gewechselt, der für die Stromproduktion nur Energie aus erneuerbaren Quellen wie Wind- und Wasserkraft, Fotovoltaik und Biomasse benutzt und ganz auf Kohle- oder Atomenergie verzichtet. Bei dem ist die Kilowattstunde zwar in ein bisschen teurer, aber: Wir sparen jetzt rund 2,5 Tonnen CO_2 jährlich ein. Das ist eine ganze Menge, wenn man bedenkt, dass die deutsche Durchschnittsfamilie (und so eine sind wir ja) im Jahr rund 44 Tonnen CO_2 verbraucht. Und man muss dazu nicht viel mehr tun, als einen passenden Anbieter zu finden und ein Online-Formular auszufüllen. Easy.

HINTERGRUND: Gut zu wissen

→ Grünen Strom kann man eigentlich überall in Deutschland von diversen Anbietern beziehen. Manche haben bundesweit einheitliche Tarife, bei anderen variieren die Preise je nach Region. Am besten vor dem Wechsel mal vergleichen.

→ Der Umstieg auf Ökostrom geht manchmal sehr schnell (wir mussten nur zwei Wochen warten), kann aber je nachdem, wie eure Kündigungsfristen bei eurem alten Anbieter sind, auch bis zu zwei Monate dauern.

→ Bei der Auswahl deines Grünstromanbieters solltest du bedenken, dass einige der großen Stromversorger zwar auch Ökostrom anbieten, aber gleichzeitig weiterhin vor allem auf Kohle- und Atomstrom setzen. Am besten wählst du einen Anbieter, der seinen Strom wirklich ausschließlich aus erneuerbaren Energien produziert. Entsprechende Hinweise findest du auf unabhängigen Portalen im Internet.

→ Wenn es an den konkreten Wechsel geht, solltest du die letzte Rechnung deines alten Stromversorgers mit deinen Kundendaten zur Hand haben. Normalerweise musst du dem neuen Versorger euren bisherigen Jahresverbrauch, deine aktuellen Kundendaten und die Nummer deines Stromzählers übermitteln. Das alles findest du auf deiner Stromrechnung.

SCHÖN OHNE FÖHN

Neulich habe ich mal irgendwo gelesen, dass eines der großen Beauty-Geheimnisse französischer Frauen darin liegt, dass sie ihre Haare an der Luft trocknen lassen. Wie dem auch sei – es gibt gute Gründe, auf die warme Luft aus der Steckdose zu verzichten. Die schadet nämlich nicht nur dem Haar, sondern treibt auch eure Stromrechnung in die Höhe. Wenn sich bei euch im Haushalt zwei Personen alle ein bis zwei Tage zehn Minuten die Haare föhnen, entspricht das einem Stromverbrauch von rund 180 Kilowattstunden. Bei einem Strompreis von ca. 30 Cent pro Kilowattstunde macht das über 50 Euro pro Jahr, außerdem werden rund 70 kg CO_2 produziert. Wenn du nicht auf den Föhn verzichten magst, hilft es schon sehr, wenn du eine möglichst niedrige Temperaturstufe verwendest.

Mit Restwärme bügeln

Ich schenke meinem Mann ja alljährlich einen Jahres-Bügel-Gutschein zu Weihnachten (und er revanchiert sich mit der Selbstverpflichtung zu einem Jahr Fensterputzen und der Übernahme der Rasenpflege). Also bügele ich in der Woche im Schnitt fünf Hemden. Oder alle zwei Wochen zehn. Dabei habe ich festgestellt, dass ich die beiden letzten locker mit der Restwärme des Bügeleisens glatt bekomme. Das Coole daran ist, dass ich so nicht nur Strom spare, sondern mich unterwegs auch viel seltener fragen muss, ob ich das Bügeleisen auch wirklich ausgemacht habe, denn jetzt ziehe ich den Stecker ja immer ganz bewusst raus und nicht wie früher so nebenbei.

Zieht euch warm an

Weißt du, was mir richtig auf die Nerven geht? Viele Wohnungen und Büros werden inzwischen im Winter so stark geheizt, dass man bei der geringsten Bewegung gleich ins Schwitzen gerät – sofern man nicht im T-Shirt rumspringt. Dabei verbraucht Heizen die meiste Energie im Haushalt. Mein Tipp an dich: Zieht euch wärmer an, und dreht die Heizung ein bisschen runter. Mit jedem Grad, das ihr weniger heizt, spart ihr 6 Prozent Heizenergie – und damit Geld und CO_2. Seit wir unsere Wohntemperaturen angepasst haben, kann ich endlich mal wieder die ganzen selbst gestrickten Pullis tragen, die an langen Winterabenden entstanden sind.

HINTERGRUND

Sinnvoll sind nach Expertenmeinung folgende Temperaturen:

Wohnzimmer: 20–22 °C

Kinderzimmer/Arbeitszimmer: 20 °C

Schlafzimmer: 17–18 °C

Küche: 18–19 °C

Bad: 22 °C

WC: 16–19 °C

Flur: 15–18 °C

Unter diese Temperaturen solltet ihr nicht gehen, denn dann kann es passieren, dass sich Schimmel bildet. Allerdings ist es schon sinnvoll, die Heizung in den Wohnräumen nachts runterzudrehen, am besten so um 4–5 °C. Dann spart man Energie, braucht aber auch keine Unmengen davon, um bei Tage wieder angenehme Wohntemperaturen zu erreichen.

Thermostatventile richtig regeln

Vermutlich sind eure Heizkörper mit Thermostatventilen ausgestattet. Diese modernen Regler sorgen dafür, dass die eingestellte Temperatur im Raum konstant bleibt, das heißt, sie reagieren zum Beispiel darauf, wenn Sonne durchs Fenster reinscheint und den Raum aufheizt.

Wenn ihr einfache Standard-Thermostate habt, müsste ihr die gewünschte Raumtemperatur an jedem Heizkörper einzeln von Hand einstellen. Die Skala reicht normalerweise von 1 bis 5, wenn du sie auf 3 einstellst, arbeitet der Heizkörper auf eine Temperatur von 20 °C hin, bei Stufe 5 sind es 28 °C. Der Abstand zwischen zwei Stufen beträgt rund 4 °C, die kleinen Striche dazwischen markieren die einzelnen Gradschritte.

Sehr praktisch und energiesparend sind programmierbare Thermostate. Damit könnt ihr individuell voreinstellen, welche Temperatur der Heizkörper zu welcher Tageszeit ansteuern soll.

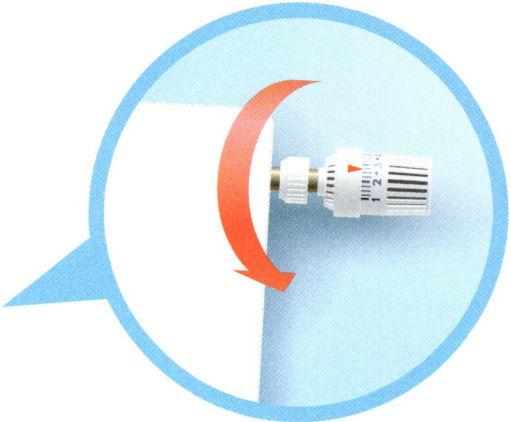

Auch wenn ein Raum ziemlich ausgekühlt ist, solltest du das Thermostat nicht auf Stufe 5 (also 28 °C) drehen, damit es schneller warm wird. Wird es nämlich nicht. Wähle lieber die Temperatur, die du wirklich haben möchtest – also irgendwas um die 3 auf der Skala. Solange die nicht erreicht ist, bleibt das Ventil, durch das das heiße Wasser in den Heizkörper strömt, nämlich sowieso automatisch voll geöffnet. Allerdings geht es bei Erreichen der Wunschtemperatur dann auch in den „Temperatur halten"-Modus über, während der auf 5 eingestellte Heizkörper lustig weiterbullert – und jede Menge Energie verbraucht.

216

Mal die Luft rauslassen

Als wir letzten Herbst die Heizung in Betrieb genommen haben, sind die Heizkörper einfach nicht warm geworden, obwohl wir irgendwann in aller Verzweiflung die Thermostate auf Stufe 5 hochgedreht hatten. Wir dachten schon, der Installateur müsste kommen. Dann hatte meine Schwiegermutter einen heißen Tipp: einfach mal die Heizkörper entlüften. Denn wenn in den Heizkörpern Luft ist, ist kein Platz fürs heiße Wasser, und es bleibt kalt bis lau.

Entlüften geht leicht:

→ Als Erstes prüfst du, ob die Heizkörper überhaupt ein Entlüftungsventil haben, das sich mit einem passenden Vierkantschlüssel öffnen lässt.

→ Dann drehst du den Heizkörper für 10 bis 15 Minuten auf die höchste Stufe. Anschließend drehst du ihn ganz runter und öffnest das Entlüftungsventil mit maximal einer halben Drehung mit dem Entlüftungsschlüssel. Jetzt sollte einige Sekunden lang Luft entweichen. Wenn Wasser kommt, drehst du wieder zu. Fertig.

→ Du beginnst am besten mit dem Heizkörper, der dem Heizkessel am nächsten ist (oder von dem du glaubst, dass er es ist …), und arbeitest dich dann weiter vor. Diese etwas lästige Arbeit lohnt sich übrigens richtig. Wenn du die Heizkörper ein- oder zweimal im Jahr entlüftest, kannst du bis zu 15 Prozent Energie sparen.

217

Fürsorge für die Heizung

Wenn ihr im eigenen Haus wohnt und damit eine Heizungsanlage euer Eigen nennt, solltet ihr einmal im Jahr eine Fachfrau oder einen Fachmann kommen lassen, um sie zu warten. Bei nicht richtig eingestelltem Brenner steigt der Energieverbrauch nämlich bis zu fünf Prozent.

Frischluft-Shot –
am besten zweimal täglich

Frische Luft ist superwichtig fürs Raumklima. Trotzdem solltet ihr die Fenster zum Lüften nicht länger auf Kipp stehen lassen, denn dann kühlen die Zimmer so aus, dass es gut und gerne eine Stunde dauert, bis die warme Luft die kalte wieder ersetzt hat. Und in dieser Zeit zieht die Heizung eine Menge Energie. Darum lieber zweimal am Tag ordentlich mit weit geöffneten Fenstern durchlüften, am besten noch mit Durchzug. Das sorgt für ausreichend frische Luft, lässt die Wohnung aber nicht auskühlen. Während des Lüftens dreht man die Heizkörper natürlich runter ...

Wenn es
dunkel wird ...

... solltet ihr in der Winterzeit unbedingt Rollläden, Fensterläden und auch alle Fenster schließen, sonst verabschiedet sich die Wärme nämlich schnell auf Nimmerwiedersehen. In der dunklen Jahreszeit finde ich es manchmal auch ziemlich gemütlich, mich so richtig einzuigeln – und außerdem kann man so bis zu 55 Euro Heizkosten im Jahr sparen. Wenn nur alles so einfach wäre ...

220 Macht den Tag zur Nacht

Seid ihr tagsüber alle nicht zu Hause? Dreht die Heizung trotzdem nicht ganz runter, denn das Aufheizen am Abend kostet dann unverhältnismäßig viel Energie. Sorgt lieber für eine gleichmäßige, aber moderate Wärmezufuhr – genauso wie in der Nacht. Kälter als 16 °C sollte es während eurer Abwesenheit oder nachts in keinem Raum werden. Wenn ihr viel unterwegs seid, könnt ihr euch für die Tageseinstellungen an den Daten für die Nachtabsenkung orientieren.

221 Türen schließen

Unser Schlafzimmer grenzt direkt ans Wohnzimmer. Früher habe ich im Winter immer mal die Zwischentür aufgemacht, wenn's im Wohnzimmer gerade richtig schön warm war, damit es drüben auch ein bisschen kuschelig wird. Und dachte noch, ich bin besonders sparsam. Aber leider falsch gedacht. Denn mit der warmen Luft kommt auch Luftfeuchtigkeit ins kalte Zimmer. Und wenn das nicht regelmäßig geheizt wird, kann es passieren, dass die Feuchtigkeit in die Wände eindringt – dann lässt auch der Schimmel nicht lange auf sich warten. Und den will ja wirklich keiner. Darum: Die Türen zu unbeheizten Räumen immer schön geschlossen halten. Und wenn du es dort ein bisschen warm haben willst, unbedingt separat heizen.

222

Alles schön dicht machen

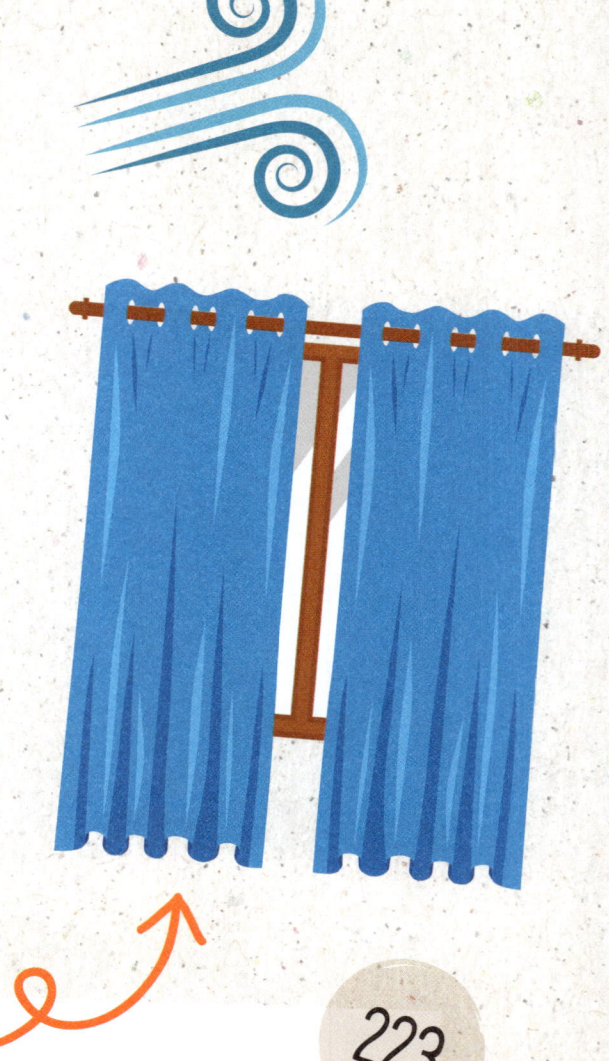

In unserer alten Wohnung hatten wir noch Fenster und Türen von anno dazumal, entsprechend zog es überall wie Hechtsuppe. Und es hat leider ganz schön lange gedauert, bis wir uns endlich dazu aufgerafft haben, alle Ritzen schön mit Dichtungsband aus Schaumstoff und Gummi aus dem Baumarkt abzudichten. Und weil wir schon einmal dabei waren, haben wir hinter den Heizkörpern auch noch Dämmmatten angebracht, damit sich die Wärme nicht über die Außenwand nach draußen verabschiedet. Die Wirkung war wirklich phänomenal – und unsere nächste Heizkostenabrechnung ein echter Grund zum Feiern. Sollte es bei euch auch aus diversen Ritzen pfeifen: Die ganze Aktion dauert nicht lange, und die Wirkung ist wirklich durchschlagend.

223

Auf Abstand gehen

Steht euer Sofa direkt mit dem Rücken zur Heizung, und kuschelt der Vorhang innig mit dem Heizkörper? Keine gute Idee. Zwischen Heizung und Möbeln, Gardinen oder Vorhängen solltest du immer reichlich Platz lassen (mindestens eine Handbreit), damit die warme Luft auch zirkulieren kann. Ebenfalls für Hitzestaus sorgen nasse Wäsche auf der Heizung oder Wäscheständer direkt vor dem Heizkörper.

224 Mit Psychotricks arbeiten

Hättest du das gedacht? Teppiche und Läufer sorgen nicht nur für eine angenehmere Akustik in Wohnräumen und verhindern, dass Wärme durch den Boden abwandert, sondern sie verändern nachweislich auch noch das Temperaturempfinden. Während besonders kalter Stein- und Marmorboden und nackter Holzboden eher frösteln lassen, erhöht sich die gefühlte Temperatur durch textile Bodenbeläge um bis zu 2 °C. Verrückt, oder? Wir motten unsere schönen Kuschelteppiche darum im Sommer immer ein, weil wir es bei Hitze schön kühl an den Füßen mögen, und sobald die Heizperiode beginnt, verwandeln wir das Wohnzimmer in eine kuschelige Warmfühloase. Den Trick solltet ihr allerdings nur anwenden, wenn ihr keine Fußbodenheizung habt …

225 Natürlich gegen kalte Füße vorgehen

Ich bin ja eher das Modell Frostbeule mit eiskalten Füßen – gerade abends im Bett. Aber weil ich das Schlafzimmer ja nicht in eine Sauna verwandeln will, war die Heizdecke lange Jahre mein bester Freund. Inzwischen haben wir uns aber getrennt, denn mir war es irgendwann unheimlich, mit einem Elektrogerät ins Bett zu gehen, und außerdem kann man sich auch deutlich umweltfreundlicher wärmen. Eine normale Wärmflasche war für mich aber keine Option, da viele Modelle aus fragwürdigen Kunststoffen bestehen, die unter Wärme gesundheitsschädliche Stoffe von sich geben. Darum bin ich jetzt schon eine ganze Weile mit einem sehr schönen Kirschkernkissen zusammen, das ich an kalten Abenden schnell in der Mikrowelle aufwärme. Was soll ich sagen: Zwischen uns passt kein Blatt!

226 Feuchte Wärme statt trockene Kälte

Ich liebe Zimmerpflanzen. Und das Tolle ist, dass sie uns auch noch helfen, Heizkosten zu sparen. Warum das so ist? Das ganze Grünzeug gibt einen beträchtlichen Teil des Gießwassers an die Luft ab und sorgt für eine Luftfeuchte von 40 bis 60 Prozent. Feuchte Luft fühlt sich wärmer an als trockene. Was uns an schwül-warmen Sommertagen eher unangenehm ist, sorgt im Winter für echtes Behagen. Wenn du nicht so der Pflanzenfreund bist, kannst du auch mit Luftbefeuchtern arbeiten.

MACH MIT!
DIY-Kerzen

Im Winter mache ich es mir ja gerne so richtig gemütlich. Du weißt schon, mit Kerzenschein, Kuscheldecke und heißem Tee. Da wird es mir so richtig warm ums Herz. Und das liegt nicht nur an der gefühlten Temperatur: Wenn man viele Kerzen anzündet, erhöht sich die Raumtemperatur tatsächlich spürbar. Toll, oder?

Wir machen viele von unseren Kerzen übrigens selbst, denn die, die uns gefallen, kosten häufig ein Vermögen. Und das sparen wir uns gerne. Wir arbeiten mit zwei verschiedenen Techniken. Vielleicht macht euch das ja auch Spaß!

Das braucht ihr:

→ Kerzenreste (für uns sammelt inzwischen der halbe Freundeskreis, als Dankeschön gibt es dann ab und an eine Kerze ...)

→ Baumwollgarn für den Kerzendocht

→ leere Konservendosen zum Erhitzen des Wachses

→ leere Klopapierrollen

→ ausgemusterte Tee- oder Kaffeetassen, Marmeladen- und Einmachgläser

→ Zahnstocher zum Fixieren des Dochts

METHODE 1: KERZEN GIESSEN

Zuerst sortiert ihr die Wachsreste nach Farben in die verschiedenen Konservendosen und erhitzt sie dann im Wasserbad. Passt dabei auf, dass kein Wasser in die Dosen spritzt.

Während das Wachs schmilzt, verzwirbelt ihr das Baumwollgarn zu einem festen Docht und taucht ihn einmal in heißes Wachs. Anschließend abkühlen lassen.

Hängt den erkalteten Docht in die leere Klopapierrolle. Bindet ihn dazu an einem Zahnstocher fest, den ihr auf den Rand der Klopapierrolle legt. Die Klopapierrolle drückt ihr dann möglichst gerade in ein mit Sand gefülltes Gefäß.

Dann gießt ihr das flüssige Wachs vorsichtig in die Rolle. Für gestreifte Kerzen wechselt ihr zwischendurch die Farbe. Aber Achtung: Die einzelnen Farbschichten immer etwas antrocknen lassen, sonst vermischen sich die Farben.

Wenn die Kerze fertig ist, wartet ihr ein Weilchen, bis das Wachs zwar fest, aber noch warm ist. Dann lässt sich die Klopapierrolle am besten von der Kerze lösen.

Alternativ könnt ihr den Docht auch in ausgediente Tassen und alte Gläser hängen und diese dann mit Wachs füllen.

METHODE 2: KERZEN ZIEHEN

Mit diesem Verfahren kannst du eher lange, dünne Kerzen herstellen.

Zwirbelt aus dem Baumwollgarn einen Docht zurecht, der rund 15 cm länger ist als die geplante Kerze (die Länge der Kerze ergibt sich aus dem Gefäß, in dem ihr das Wachs erhitzt und in das ihr später den Docht taucht).

Macht oben in den Docht eine Schlaufe, und knotet einen Nagel an das untere Ende. Der Nagel sorgt dafür, dass die Kerze beim Ziehen nicht vom Docht rutscht.

Dann geht es ans eigentlich Kerzenziehen. Dazu tauchst du den Kerzendocht in das flüssige Wachs und ziehst ihn langsam wieder heraus. Dann wartest du, bis das Wachs ein wenig getrocknet ist, und tauchst den Docht wieder ein. Das machst du so lange, bis die Kerze die gewünschte Dicke hat. Damit dir der Arm beim Warten nicht zu schwer wird, kannst du die Kerze zum Trocknen immer kurz an einen Haken hängen (am besten Zeitungspapier unterlegen).

Je dicker die Kerze wird, desto länger müssen die Pausen zwischen den Tauchgängen sein.

Wenn du den Docht nach dem dritten Eintauchen ein bisschen zwirbelst, erhältst du eine schöne Korkenzieherform.

Mit Strom heizen? Keine gute Idee!

228

Denn Strom ist teuer, und effizient sind Heizlüfter und Co. auch nicht gerade. Darum solltest du versuchen, möglichst auf Wärme aus der Steckdose zu verzichten. Wenn ihr allerdings euren eigenen Strom produziert (was ja eher selten der Fall ist), kann es sinnvoll sein, mit Strom zu heizen.

229

Sauber wärmt besser

Staubwischen sorgt übrigens nicht nur beim Hausputz dafür, dass dir warm wird, denn staubfreie Heizkörper geben ihre Wärme viel besser ab. Achte auch darauf, dass sich der Staub nicht in den schmalen Lamellen verkriecht.

SPECIAL Wasser

Trinkwasser ist ein ziemlich kostbares Gut. Gott sei Dank gibt es davon bei uns in Deutschland bis jetzt noch genug – in den meisten Trinkwasserspeichern ist der Pegel konstant oder steigt sogar. 2018 haben die Deutschen pro Kopf täglich 127 Liter Trinkwasser verbraucht – und damit 20 Liter weniger als noch vor 20 Jahren. Das ist also eigentlich in Ordnung – aber trotzdem kein Freifahrtschein für irgendeine Form von Wasserverschwendung.

Ziemlich belastend für die Umwelt ist es, dass ein großer Anteil dieser 127 Liter als Warmwasser durch unsere Leitungen fließt. Die Erzeugung von Warmwasser macht nämlich den zweitgrößten Posten im Gesamtenergieverbrauch des deutschen Durchschnitthaushalts aus – insgesamt 12 Prozent. Aber das Gute daran ist, dass ihr hier noch eine Menge für das Klima der Zukunft tun könnt.

230 Wasser sinnvoll nutzen

Egal, ob beim Spülen oder Putzen: Beginne beim Spülen am besten immer mit der Reinigung der am wenigsten verschmutzten Teile, also den Gläsern, beim Wischen und Putzen mit den Schrankfronten. Zum Säubern von stark verschmutzten Pfannen und Töpfen oder schmutzigem Fußboden kannst du das Wasser dann getrost noch einmal verwenden.

Obst und Gemüse kannst du wassersparend abwaschen, wenn du dazu eine Schüssel verwendest, statt sie unter den laufenden Wasserhahn zu halten. Und mit dem Waschwasser kannst du dann noch deine Geranien gießen.

231 Schrubben statt kärchern

Zugegeben – ich liebe es, Haus und Hof mit unserem Hochdruckreiniger zu säubern, aber – Hand aufs Herz: Ist dieses Vergnügen einen Verbrauch von bis zu 500 Litern Trinkwasser in der Stunde wert? Eigentlich nicht. Darum greife ich inzwischen wieder lieber auf Putzeimer, Schrubber und Scheuerlappen zurück. Ist zudem noch ein prima Fitnesstraining.

232 Mischbatterie kalt stellen

Mischarmaturen sind ja eigentlich eine gute Sache. Allerdings haben bei uns alle den Reflex, den Regler auf Maximaltemperatur stehen zu lassen, und wenn man dann das Wasser anmacht, springt immer erst mal kurz der Durchlauferhitzer an – auch wenn man eigentlich nur kaltes Wasser braucht. Darum drehen wir jetzt immer erst mal auf kalt. Kleinvieh macht schließlich auch Mist.

Reich durch Katzen- wäsche

Challenge

Dank technischem Fortschritt kommen die meisten von uns bei der Arbeit nicht mehr wirklich ins Schwitzen. Trotzdem ist die tägliche Dusche in vielen deutschen Badezimmern Programm. Bei euch auch?

Wie wäre es dann mal wieder mit einer kleinen Challenge? Schafft ihr es, euch einen Monat lang nur noch jeden zweiten Tag berieseln zu lassen? An den restlichen Tagen ist dann die Waschlappenwäsche am Becken angesagt.

Mit der berühmten Katzenwäsche spart ihr nicht nur Zeit, sondern auch jede Menge Geld: Eine 5-Minuten-Dusche mit insgesamt rund 60 Litern Warmwasser kostet um die 50 Cent, hochgerechnet auf den Monat verbraucht damit jedes Familienmitglied 15 Euro, ein Familienhaushalt mit vier Personen entsprechend 60 Euro.

Die Aussicht, ohne großen Aufwand 30 Euro einzusparen, ist ja wohl nicht das Schlechteste, oder?

Uns hat während der Challenge übrigens der Ehrgeiz gepackt, und wir hatten am Ende des Monats sogar 40 Euro übrig. Die sind dann in die Urlaubskasse gewandert. Und mit der Aussicht auf tolle Ferien gelingt es uns eigentlich ganz gut, in Sachen Katzenwäsche am Ball zu bleiben. Wie sieht's aus: Seid ihr dabei?

Für den Sommer haben wir uns für unseren Garten eine Campingdusche aus dem Baumarkt geleistet. Das ist eigentlich nicht viel mehr als ein schwarzer, stabiler PVC-Sack mit Ventil und Brausekopf. Den befüllen wir an warmen Tagen morgens mit kaltem Wasser und befestigen ihn so an einem Baum, dass er möglichst in der Sonne hängt. Das Wasser wird an manchen Tagen sogar so heiß, dass wir ein bisschen kaltes Wasser zugeben müssen. Für eine schnelle Dusche nach der anstrengenden Gartenarbeit oder an einem warmen Sommerabend ist das eine klasse Lösung. Und nachhaltig ebenfalls.

234 Vollbad als Luxusvergnügen

Seit wir unter die Warmwassersparer gegangen sind, sind Vollbäder für uns wieder zum echten Luxusvergnügen geworden, das wir uns entsprechend eher selten gönnen, denn für ein Vollbad braucht man um die 140 Liter heißes Wasser. Das entspricht etwas mehr als zwei Durchschnittsduschen. Und kostet damit deutlich mehr als einen Euro. Und den wollen wir ja lieber in die Urlaubskasse werfen.

235 Technische Unterstützung

Um den Warmwasserverbrauch zu senken, kannst du auch diverse technische Hilfsmittel einsetzen. Zum Beispiel den Perlator. Das ist der kleine Aufsatz am Wasserhahn, der den austretenden Wasserstrahl verlangsamt, indem er dem Wasser Luft beimischt und so den Wasserverbrauch um bis zu zwei Drittel senkt. Außerdem gibt es inzwischen wassersparende Brauseköpfe, die mit dem Blauen Engel, dem Umweltzeichen der Bundesregierung, ausgezeichnet sind. Mit so einem Duschkopf verbrauchst du beim Duschen in einer Minute nur noch rund 6 Liter Wasser – beim handelsüblichen Duschkopf sind es 12 Liter und bei einer Regendusche sogar 20 Liter.

236 Hahn zudrehen

Eigentlich muss man es ja fast nicht mehr erwähnen, ich tu es aber trotzdem: Ob beim Haarewaschen oder Einseifen unter der Dusche, beim Rasieren oder Zähneputzen – macht den Wasserhahn zu. Und zum Händewaschen braucht man wirklich kein warmes Wasser. Mit Seife verschwindet der Dreck auch mit kaltem Wasser.

WEITER DENKEN

Wie groß euer Wasserfußabdruck ist – also wie viel Wasser euer Lebensstil kostet –, hängt übrigens nicht nur davon ab, wie viel Wasser ihr unmittelbar verbraucht, sondern auch davon, wie viel Wasser für die Herstellung der Waren aufgewendet wurde, die ihr kauft und konsumiert. Dieses Wasser bezeichnet man als virtuelles Wasser. Für die Produktion einer Tasse Kaffee werden zum Beispiel 140 Liter Wasser benötigt, eine Avocado verbraucht rund 400 Liter Wasser, die Produktion von einem Rindersteak kostet unglaubliche 14.000 Liter. Und häufig wird dieses Wasser auch noch in Produktionsländern verbraucht, in denen Wasser in der Tendenz Mangelware ist. Achtet darum darauf, möglichst selten Produkte zu kaufen, für deren Herstellung extrem viel Wasser verbraucht wird. Statt stark bewässerter Inmportware sind regionale Produkte die bessere Wahl – am besten in Bio-Qualität.

238

Nachts abschalten

Kommt das heiße Wasser bei euch aus dem Boiler? Dann ist die beste Möglichkeit für euch, bei der Warmwasseraufbereitung Energie zu sparen, das Gerät nachts oder wenn ihr länger unterwegs seid abzuschalten, denn der Boiler muss ja nicht rund um die Uhr das Wasser warm halten. Die Wassertemperatur unter die üblichen 60 °C zu reduzieren ist nämlich keine Option, weil sich in dem stehenden Wasser im Boiler dann sehr leicht Keime bilden. Anders sieht es bei Durchlauferhitzern aus: Die braucht ihr tatsächlich nur auf die Temperatur einzustellen, die ihr benötigt. Im Bad sind das normalerweise um die 38 bis 40 °C, in der Küche 45 °C.

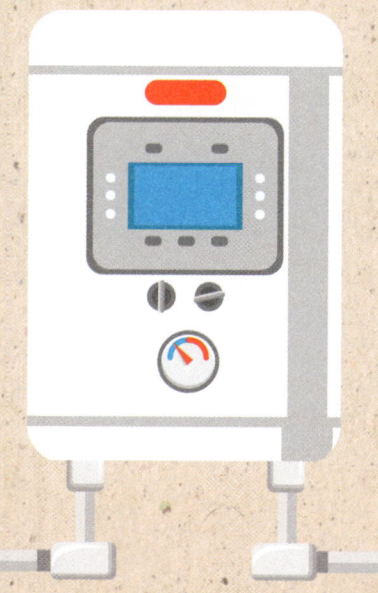

Grundwasserpflege

Auch wenn in Deutschland aktuell noch kein Trinkwassermangel herrscht, solltet ihr natürlich immer bedenken, dass es auch eine Menge Energie kostet, das Wasser zu euch nach Hause zu bringen und nach der Benutzung wieder zu Trinkwasser aufzubereiten. Achtet darum gut darauf, was ihr über Abfluss, Gulli und Toilette in den Wasserkreislauf befördert:

✓ Medikamente zum Beispiel gehören nicht in die Toilette, denn sie lösen sich größtenteils im Wasser auf und gelangen übers Grundwasser wieder ins Trinkwasser.

✓ Pflanzenschutzmittel und Dünger haben ebenfalls rein gar nichts im Abwasser zu suchen. Im Restmüll übrigens auch nicht. Wie sie zu entsorgen sind, ist von Bundesland zu Bundesland verschieden. Am besten fragst du beim Bürgerservice in deiner Stadt oder deinem Landkreis nach.

✓ Hygieneartikel und Kosmetikprodukte verstopfen die Pumpstationen der Klärwerke, die dann mit großem Energieaufwand wieder gereinigt werden müssen.

✓ Zigaretten haben in Abfluss und Toilette nichts zu suchen. Im Klärwerk kann nur ein Bruchteil ihrer über 4800 chemischen Substanzen und 200 Giftstoffe wieder aus dem Wasser gefiltert werden. Sie gefährden die Fische und Wassertiere in unseren Seen und Flüssen und sind auch für Menschen nicht gerade gesund …

✓ Weder Speisefette und -öle noch Treib- und Schmierstoffe gehören in den Ausguss. Sie verstopfen nicht nur die Abflussrohre, sondern vergiften unter Umständen schon in geringen Mengen unser Grundwasser.

✓ Konventionelle Putz- und Reinigungsmittel enthalten extrem aggressive Chemikalien, an denen die Filteranlagen unserer Klärwerke scheitern. Darum solltest du auf Bio-Putzmittel umsteigen und möglichst wenig davon verwenden. Für die Umwelt ist es viel besser, wenn ihr nach jedem Toilettengang ordentlich spült und das Klo eher selten mit Reinigungsmittel putzt, statt Wasser zu sparen und mit aggressiven Reinigern für strahlenden Glanz zu sorgen.

Familien-Quiz

Wer von euch ist der beste Stromsparer?

Testet euer Wissen mit unserem kleinen Familienquiz.

1. Welches Gerät hat den höchsten Stromverbrauch im Stand-by-Modus?

  (a) Stereoanlage

  (b) Fernseher

  (c) Waschmaschine

  (d) PC mit Drucker und Monitor

2. Beim Backen kannst du prima Strom sparen,
indem du

  (a) den Backenofen vorher auf Maximaltemperatur
vorheizt und dann 20 °C niedriger einstellst,
als im Rezept vorgesehen.

  (b) die Backofentür beim Backen immer mal wieder öffnest, um überschüssige Feuchtigkeit aus
dem Ofen zu lassen.

  (c) den Backofen 10 Minuten vor Ende der Back-
zeit schon ausmachst.

  (d) auf das Vorheizen verzichtest, wenn du Back-
waren aus Hefe- oder Strudelteig zubereitest.

3. Du sparst Energie, wenn du

  (a) Kartoffeln und Gemüse immer in reichlich
Wasser kochst.

  (b) darauf achtest, dass der Durchmesser des
Kochtopfs genau zur Größe der Herdplatte
passt.

  (c) kleine Mengen in großen Töpfen erhitzt, weil
sie dann möglichst schnell möglichst viel Hitze
abbekommen.

  (d) nach der Hälfte der Garzeit den Deckel vom
Kochtopf nimmst.

4. Es ist überhaupt kein Problem,

(a) wenn der Gefrierschrank vereist ist. Das Packeis strahlt so viel Kälte ab, dass weniger Strom verbraucht wird.

(b) wenn der Kühlschrank für eine alte Flasche Ketchup drei Wochen in Betrieb bleibt. Wenn wenig drin ist, verbraucht er fast überhaupt keinen Strom.

(c) wenn man TK-Ware im Kühlschrank auftaut. Im Gegenteil, das mindert den Stromverbrauch, weil sie Kälte abgibt.

(d) wenn die Dichtung von Kühl- oder Gefrierschrank kaputt ist, das macht das Kühlaggregat ohne Mehrverbrauch locker wieder wett.

5. Es ist sinnvoll, die Beleuchtung in eurem Haushalt nach und nach auf LEDs umzustellen, denn sie

(a) verbrauchen 80 Prozent weniger Strom als herkömmliche Glühbirnen.

(b) machen einfach ein viel schöneres Licht.

(c) sind im Einkauf schon viel billiger als Energiesparlampen und früher Glühbirnen.

(d) sind alle dimmbar.

6. Wenn man von einem herkömmlichen Stromanbieter auf Ökostrom wechselt,

(a) halbiert man seinen CO_2-Verbrauch.

(b) bekommt man tolle Prämien.

(c) spart man als 4-köpfige Familie rund 2,5 Tonnen CO_2 ein.

(d) muss man sich beim Ordnungsamt melden.

7. Beim Heizen kannst du ziemlich viel Energie sparen,

(a) wenn du tagsüber, wenn alle aus dem Haus sind, die Heizung ausmachst.

(b) wenn du die Durchschnittstemperatur in deinem Heim um ein bis zwei Grad absenkst.

(c) wenn du alle Thermostate auf 5 drehst, die berechnen dann automatisch die optimale Raumtemperatur.

(d) wenn du die Blumen regelmäßig gießt.

8. Besonders effizient ist die Heizung,

(a) wenn ein bisschen Staub auf den Heizkörpern liegt. Damit vergrößert sich ihre Oberfläche, und sie geben noch mehr Wärme ab.

(b) wenn du die Türen zu unbeheizten Räumen weit offen stehen lässt.

(c) wenn sie regelmäßig gewartet wird und keine Luft in den Heizkörpern ist.

(d) wenn du ein paar Kerzen anzündest.

9. Wasser gibt es bei uns in Deutschland zurzeit noch genug.

(a) Trotzdem sollte man nicht ewig duschen, denn das Aufheizen des Wassers verbraucht viel Energie.

(b) Mindestens zwei Vollbäder in der Woche sind darum kein Problem. Im Gegenteil, das Wasser spült die Kanalisation so richtig durch.

(c) Deshalb ist es egal, wenn man das Wasser beim Zähneputzen laufen lässt.

(d) Genau wie im Rest der Welt.

Auflösung: 1 a; 2 c; 3 b; 4 c; 5 a; 6 c; 7 b; 8 c; 9 a

Mobilität

Ich komme ja vom Land. Als Jugendliche haben wir da eigentlich alle vom eigenen Auto geträumt. Wenn es dann vor der Tür stand, ist das Fahrrad in der Garage eingestaubt. In den Ferienflieger sind wir gestiegen, ohne einen Gedanken ans Klima zu verschwenden. Heute wissen wir es besser. Wenn es darum geht, von A nach B zu kommen, brauchen wir ja nicht unbedingt die Autoschlüssel, oder? Ich finde, Alternativen auszuprobieren macht richtig Spaß. Das Fahrrad ist inzwischen im Alltag mein Lieblingsfahrzeug, und sogar den Charme öffentlicher Verkehrsmittel habe ich für mich entdeckt – bei meinem Mann arbeite ich da allerdings noch dran. Der geht aber mittlerweile richtig gern zu Fuß. Wenn wir doch mal das Auto nehmen, sind wir eher gemütlich unterwegs. Außerdem konnte ich meine Lieben davon überzeugen, mal mit dem Zug in den Urlaub zu fahren. Und was soll ich sagen? Das war toll und wir machen das noch mal. Auf den folgenden Seiten ist bestimmt auch etwas dabei, was euch gefällt.

Per pedes statt Mercedes

Eigentlich ist es ja klar. Wenn du zu Fuß gehst, bist du CO_2-neutral unterwegs und tust dazu auch noch was für deine Gesundheit. Eigentlich Grund genug, das Auto so oft wie möglich stehen zu lassen. Wir gehen inzwischen jedenfalls viel öfter zu Fuß als früher. Allerdings gilt das in unserer eher ländlichen Gegend schon fast als wunderlich. Ich weiß nicht, wie oft Nachbarn mich schon gefragt haben, ob mein Auto kaputt sei oder ob sie mich irgendwo hinbringen könnten. Wenn ich dann erkläre: „Nein danke, dem Auto geht's prima, mit mir ist auch alles in Ordnung, ich schaff das schon", ernte ich verständnislose Blicke. Wie dem auch sei. Kurzstrecken per Pkw sind für Geldbeutel und Umwelt ein Graus: Auf den ersten beiden Kilometern verbraucht ein kalter Benzinmotor im Durchschnitt atemberaubende 30 Liter (auf 100 km hochgerechnet).

HINTERGRUND

45 Prozent aller Autofahrten sind nicht länger als 5 Kilometer, und jede 20. Autofahrt ist sogar kürzer als 1 Kilometer. Diese Strecken kann ein gesunder Mensch eigentlich spielend zu Fuß oder mit dem Rad zurücklegen. Allein mit dem Verzicht auf die motorisierten Ultra-Kurzstrecken könnte man 2,5 Millionen Tonnen CO_2 einsparen.

Motivation durch Wettbewerb

Weißt du, wie ich meine Familie dazu gebracht habe, mehr zu Fuß zu gehen? Ich habe allen ein Fitnessarmband mit Schrittzähler verpasst. Und siehe da: Die Prämierung des Tagessiegers oder der Tagessiegerin (bei uns immer beim Abendessen, weil die Kinder ja eher ins Bett müssen und wir dann noch Meter machen könnten …) ist immer ein großes Hallo. Um zu gewinnen, geht mein Mann auch schon mal freiwillig 10 Minuten zu Fuß bis zu unserem Lieblingsbäcker, statt wie früher den Wagen zu nehmen. Und die Kinder bringen freiwillig den Müll raus – bis zur Tonne sind es immerhin 20 Schritte hin und 20 Schritte zurück. Und der Wochensieger darf über das nächste Sonntagsessen entscheiden. Cool, oder?

ROLLERWOLF
im Nachhaltigkeitspelz

Seit Juni 2019 flitzen scharenweise E-Scooter durch die Straßen – vor allem in den Großstädten. Ich finde die Teile ja ganz cool. Und die Verleiher versprechen auch noch, die Städte damit ruhiger, sauberer und umweltfreundlicher zu machen. Ich habe mich mal erkundigt: So ein E-Tretroller verbraucht im Vergleich zu einem Auto echt wenig Energie – 1 Kilowattstunde auf 100 Kilometer. So viel Strom verbrauchst du, wenn du eine Maschine Wäsche wäschst oder 15 Hemden bügelst. Oder einen Hefekuchen backst. Klingt ja eigentlich ganz gut, oder? Noch besser ist es, wenn die Roller auch noch mit Ökostrom aufgeladen werden. Leider gibt es – wie so oft – noch ein riesiges ABER … Denn was den Rollern

die CO_2-Bilanz verhagelt, sind Herstellung und Entsorgung der Batterie, für die viele wertvolle Ressourcen und reichlich Energie nötig sind. Wenn so ein Teil allerdings über 200 bis 270 Kilometer einen Mittelklassewagen ersetzt, hat es diesen Nachteil wettgemacht. Blöderweise erreichen viele von den Leihgeräten diesen Kilometerstand nie, weil die Nutzerinnen und Nutzer nicht gerade pfleglich damit umgehen. In Marseille ist das Hafenbecken voll davon, in Paris türmen sie sich vor der Metro auf. Lange Rede, kurzer Sinn: Fahrrad oder Schusters Rappen sind allemal die nachhaltigeren Verkehrsmittel. Und wer geht oder strampelt, tut auch noch was für seine Fitness.

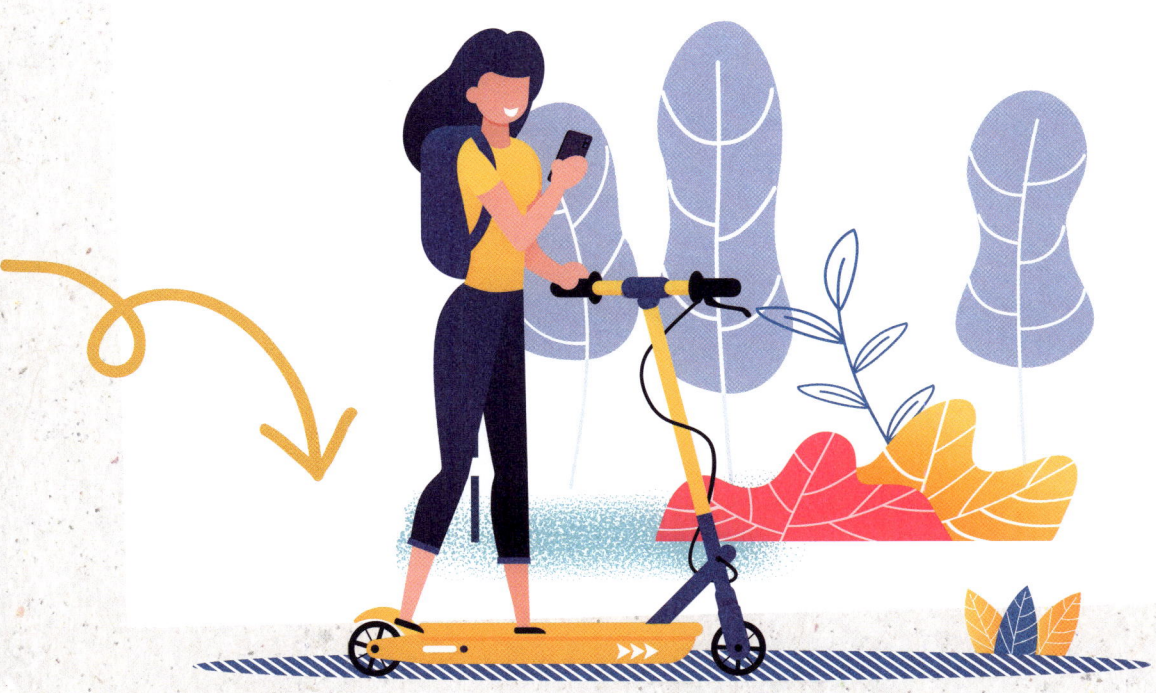

244

Eine Chance für den ÖPNV

Zugegeben, wenn es in Strömen regnet, habe ich auch keine Lust, zu Fuß von Pontius nach Pilatus zu gehen. Für mich bedeutete schlechtes Wetter früher eigentlich automatisch, dass ich den Wagen nehme. Und dann stand ich gerne mal im Stau, weil offensichtlich viele andere Menschen genauso dachten. Das hat mich so genervt, dass ich immer häufiger auf Bus, U-Bahn und Straßenbahn umgestiegen bin. Und was soll ich sagen? Das ist gar nicht so schlecht. Nicht, dass mein Bus nicht auch mal im Stau stehen würde, aber anders als früher als Fahrerin kann ich jetzt in Ruhe das Internet leer lesen, mein Buch weiterlesen oder einfach aus dem Fenster starren. Noch besser ist die Straßenbahn: Während das Team Auto sich im dichten Verkehr irgendwann nur noch entnervt die Haare rauft und jeder seinen Nachbarn anhupt, fährt die Tram einfach immer weiter. Find ich gut. Wie sieht's mit dir aus?

245

Auf die Dauer günstiger

Wenn du weißt, dass du demnächst regelmäßig mit dem öffentlichen Nahverkehr unterwegs sein wirst, lohnt es sich, über eine Zeitfahrkarte nachzudenken. Meine Nachbarin kauft sich zum Beispiel im Dezember immer ein Monatsticket für Bus, Tram und U-Bahn, weil das Wetter einfach oft ungemütlich ist und sie gleichzeitig so viele Dinge erledigen muss: Geschenke kaufen, Glühwein auf dem Weihnachtsmarkt trinken, diverse Weihnachtsfeiern, essen gehen mit Freunden und Kollegen. Die Karte rentiert sich für sie immer allemal. Außerdem kann sie mit dem Ticket beliebig viele Kinder unter 6 Jahren kostenlos mitnehmen, am Wochenende dann noch drei weitere zwischen 6 und 14 Jahren. Bei den verschiedenen Verkehrsverbünden gibt es teilweise ganz attraktive Angebote für Vielfahrer und Gelegenheitstäter. Stöbern lohnt sich da auf jeden Fall. Oder du lässt dich einfach mal im Fahrgastzentrum beraten – manche Mitarbeiter*innen sind ganz schön pfiffig.

Lösungen für „die letzte Meile"

Ist dir das Problem der „letzten Meile" ein Begriff? Gemeint sind damit die eher kurzen Wegstrecken von zu Hause bis zur nächsten ÖPNV-Haltestelle und von der Haltestelle bis zur Arbeit. Die erscheinen nämlich vielen Menschen als zu weit. Und was machen sie in diesem Fall? Sie nehmen das Auto … für die ganze Strecke. So wird das natürlich nix mit der Verkehrswende. Darum gibt es Anbieter, deren Leihfahrräder du per App mieten und an deinem Ziel irgendwo im Stadtgebiet einfach stehen lassen kannst, nachdem du sie elektronisch zurückgegeben hast (s. S. 256). Die ersten 30 Minuten sind oft kostenlos, und man zahlt nur eine überschaubare jährliche Grundgebühr. Einen ähnlichen Zweck sollen die E-Scooter erfüllen, die seit Juni 2019 im Straßenbild zu sehen sind, aber aus diversen Gründen nicht dafür geeignet sind, einen Nachhaltigkeits-

preis zu gewinnen (s. Tipp 243). Mein Tipp, wenn du auch mit der „letzten Meile" haderst: Schaff dir für den Weg von zu Hause bis zur Haltestelle ein einfaches, für Diebe eher unattraktives Fahrrad an, irgendeine alte Schrottschese. Dann musst du morgens nicht schon im Stechschritt durch die Gegend hetzen, um deinen Bus oder die Bahn noch zu erwischen, und kannst abends, wenn du müde von der Arbeit kommst, gemütlich nach Hause radeln. Den Spaziergang von der Haltestelle zur Arbeit kannst du dann nutzen, um noch einmal in aller Ruhe durchzuatmen, bevor der Alltagstrott oder -wahnsinn dich einholt. Meine Kinder erledigen diese Strecken übrigens gerne mit Kick- oder Longboard. Finde ich auch nicht schlecht, geht aber leider im Büro-Outfit nicht so gut.

Elterntaxis abschaffen

Ich fange morgens ziemlich früh an zu arbeiten, und ich kann dir sagen: Was sich da allmorgendlich vor der Schule bei uns in der Nachbarschaft abspielt, ist einfach unglaublich. Man könnte meinen, kein einziges Kind geht mehr zu Fuß und allein zur Schule. Da fahren die Karossen vor wie bei einem Staatsempfang. Eigentlich gehört es ja zur Schulreife, dass Kinder den Weg in die Schule allein schaffen, entweder zu Fuß, mit dem Roller oder mit dem Fahrrad. Und wenn sie außerhalb wohnen, mit Bus und Bahn. Noch dazu brauchen Kinder diesen Freiraum, um sich in ihrer Umgebung zurechtzufinden und um selbstständiger zu werden. Wir sollten ihnen dabei nicht im Weg stehen.

GUT ZU WISSEN

Immer wieder werden zum Thema Schulweg falsche Infos verbreitet, die Eltern verunsichern. Fakt ist: Die Kinder sind auf dem Schulweg versichert – ob sie nun allein zu Fuß, mit dem Bus oder mit dem Fahrrad unterwegs sind. Und Letzteres ist völlig unabhängig von der mobilen Fahrradprüfung, die in den Grundschulen in den 4. Klassen auf dem Lehrplan steht. Ob die Kinder allein mit dem Fahrrad zu Schule fahren können, hängt einzig und allein von der Routine der Kinder und der Einschätzung der Eltern ab. Daher: Fahre mit deinem Kind den Schulweg erst einmal gemeinsam mit dem Rad. Nach einer gewissen Übungszeit wird es mit Stolz selbstständig zur Schule radeln oder sich mit Klassenkameraden zusammenschließen.

Entdeckung der Langsamkeit

248

Manchmal kommt man ja nicht drum rum, das Auto zu benutzen. Wir nehmen zum Beispiel immer den Wagen, wenn wir zu meinen Eltern fahren. Die wohnen zwar nur 30 Kilometer weit weg, aber mit Bus und Bahn dauert die Fahrt eine Ewigkeit, und über die Autobahn sind wir mit dem Wagen in 20 Minuten da. Auf dem Stück gibt es zwar keine Geschwindigkeitsbegrenzung, aber wir zügeln unser Tempo trotzdem. Das tut übrigens nicht nur der Umwelt gut, sondern spart auch eine Menge Geld. Wusstest du, dass man bei 150 km/h pro Stunde doppelt so viel Sprit verbraucht wie bei 70 km/h? So langsam darf man auf der Autobahn zwar nicht unterwegs sein, aber wir haben uns ein gemütliches Tempo von 110–120 km/h angewöhnt. Bei der Geschwindigkeit fährt es sich außerdem viel entspannter als im High-Speed-Modus.

249

MACH MIT!
Ein Monat unter 120 km/h

Ich weiß, gerade in den modernen, nur noch leise schnurrenden Autos fällt es unglaublich schwer, nicht zu viel Gas zu geben. Mein Vorschlag: Versuch es trotzdem. Erst mal nur einen Monat lang. Und wenn es dir schwerfällt: Denk an das ganze CO_2, das du da einsparst, ohne auch nur einen Finger zu krümmen. Und an das Geld sowieso. Es gibt wirklich keine überzeugenden Gründe, in irrwitziger Geschwindigkeit über die Straßen zu brettern. Für eine Strecke von 70 Kilometern brauchst du mit einer Durchschnittsgeschwindigkeit von 130 km/h etwas mehr als 32 Minuten. Fährst du im Schnitt 100 km/h, brauchst du knapp 10 Minuten länger. Mal ehrlich, das ist doch nichts! Und dafür kommst du mit deutlich mehr Sprit im Tank an. Und weniger CO_2 im Gepäck.

Mehr Zen am Steuer

Früher war ich ja eher die „sportliche" Autofahrerin – immer am Anschlag der gerade noch erlaubten Geschwindigkeit und ab und an auch mit heulendem Motor. Mein erster Wagen hatte mehr PS als das Auto meiner Eltern. Inzwischen habe ich mich beruhigt, mit dem Alter wird man ja bekanntlich klüger. Gott sei Dank, denn so ein forscher Fahrstil kostet ordentlich Sprit. Heute fahr ich eher so, wie ich's früher bei meinem Vater total nervig fand. Will heißen: Ich schalte schon bei 2000 Umdrehungen in den nächsten Gang, und runter schalte ich möglichst spät. Darum tuckere ich jetzt manchmal auch im fünften Gang durch die Stadt, und weil Bremsen Sprit kostet, nutze ich beim Ranfahren an eine rote Ampel die Motorbremse (runterschalten) und nehme den Fuß vom Gas. Rock'n'Roll fürs Klima, sag ich nur.

Motoren aus!

Unser Auto geht ja von selbst aus, wenn wir an der Ampel, im Stau oder an einer Bahnschranke rumstehen. Sollte eures das nicht tun: Es lohnt sich schon ab 20 Sekunden, den Motor auszustellen. Und sollte jemand behaupten, das würde dem Anlasser und der Batterie schaden: stimmt nicht! Das bestätigen auch die Experten eines großen deutschen Automobilklubs.

252 Ballast abwerfen

Fährst du manchmal auch euren halben Hausrat im Auto spazieren? Bei uns sammelt sich zwischen den zugegebenermaßen seltenen Autowaschaktionen immer ein Haufen Krimskrams im Kofferraum an: von den Gummistiefeln vom letzten Waldspaziergang über die Blumenerde für den Friedhof, bis zur Altglaskiste, die ich eigentlich längst entsorgen wollte, aber immer wieder vergessen habe. Und nach dem Urlaub wird auch unser Dachgepäckträger gerne mal zum Dauerpassagier, weil keiner Lust hat, ihn abzumontieren. Aber ich sag dir, das ist jetzt vorbei, denn neulich habe ich gelesen, was das an Sprit kostet: Ein unbeladener Träger erhöht den Verbrauch pro 100 km um rund 1 Liter (mit drei Fahrrädern sind es sogar 4 Liter ...). Und pro 100 kg Zusatzlast kommen noch mal 0,5 Liter dazu. Ballast abwerfen lautet also die Devise.

253 Ausreichend Luft tanken

Den Effekt kennst du sicherlich vom Fahrrad: Wenn die Reifen nicht richtig aufgepumpt sind, braucht man beim Radeln extra viel Energie. Das gilt auch fürs Auto. Mit perfekt befüllten Reifen schluckt das Gefährt deutlich weniger Kraftstoff als mit angedeuteten Plattfüßen. So lästig es ist: Am besten regelmäßig den Reifendruck prüfen. Welcher der richtige ist, steht normalerweise im Türrahmen oder im Tankdeckel, auf jeden Fall aber in der Bedienungsanleitung. Laut ADAC solltest du sogar noch 0,2 Bar mehr Luft tanken als angegeben. Noch mehr Sprit sparen kannst du übrigens mit sogenannten Leichtrollreifen. Die sind zwar in der Anschaffung teurer als konventionelle Reifen, bringen aber aufgrund ihres niedrigeren Rollwiderstands auf 100 Kilometer bis zu 0,5 Liter Kraftstoffeinsparung.

Weg mit überflüssigem Schnickschnack

Ich kann mich noch genau an meine erste Fahrt in einem Auto mit Sitzheizung erinnern: Als es von unten langsam warm wurde, hatte ich kurz Angst, ich hätte in die Hose gemacht … Inzwischen habe ich mich natürlich längst an den Komfort gewöhnt, versuche ihn aber trotzdem aus meinem Leben zu verbannen. Warum? Weil der ganze elektronische Schnickschnack im Auto ordentlich Strom verbraucht. Um den zu produzieren, braucht der Motor Kraftstoff –

und gar nicht mal so wenig: Pro 100 Watt (so viel verbraucht zum Beispiel die Sitzheizung) schluckt ein Auto rund 0,1 Liter auf 100 Kilometer. Die Frontscheibenheizung verbrät 540 Watt, ein Hi-Fi-Verstärker 400 Watt. Besonders schockiert hat mich der Verbrauch der Klimaanlage. Bis zu 2 Liter je 100 Kilometer! Wenn man bedenkt, was der Kraftstoff gerade kostet, ein ganz schöner Brocken, finde ich. Und für die Umwelt sowieso.

GEWUSST WIE VIEL

Hast du dich auch schon mal gefragt, wobei der ganz Sprit draufgeht, den du für teures Geld in deinen Wagen pumpst? Uns jedenfalls ging das so. Darum haben wir irgendwann angefangen, ein Tankbuch zu führen. Du weißt schon: So ein Teil, in dem du notierst, bei welchem Kilometerstand du wie viel getankt hast, um dir einen Überblick über den Verbrauch deines Wagens zu machen. Dann wollten wir es noch genauer wissen. So kam das Fahrtenbuch in unser Auto. In dem haben wir dann jeden einzelnen Weg aufgeschrieben, den wir mit dem Auto machen. Und ziemlich mit den Ohren geschlackert, als wir schwarz auf weiß hatten, wie viele überflüssige

Fahrten wir im Laufe einer Woche so absolvieren. Hier zum Blumenladen, da zum Supermarkt, hier auf einen Kaffee zur besten Freundin, da mit dem Auto zum Sport, weil es ein bisschen nieselt. Tausend Fahrten, die man locker mit dem Fahrrad oder sogar zu Fuß erledigen könnte. Und entsprechend viele Tankstopps. Da war klar, dass wir was ändern müssen. Und es hat sich gelohnt. Wir fahren jetzt viel weniger und sparen Geld und CO_2. Und das Fahrtenbuch brauchen wir längst nicht mehr.

Wenn dir noch ein letzter Kick fehlt, um das Auto öfter mal stehen zu lassen, kann ich dir diese Methode nur empfehlen!

Challenge

Sparfuchs siegt

Seit wir auf dem CO_2-Spartrip sind, messen mein Mann und ich uns auf Urlaubsfahrten mit dem Auto in der schönen Disziplin des Spritsparens: Wer verbraucht am wenigsten? Lässt sich ja mit den modernen Bordcomputern ziemlich leicht feststellen. Der Verlierer zahlt übrigens das erste Essen am Urlaubsort. Und seit wir diesem schönen Hobby frönen, kommen wir immer ruhig und entspannt ans Ziel. Probiert's aus, es packt einen wirklich der Ehrgeiz.

Der Wettkampf lässt sich aber auch gut auf längeren Strecken austragen, die ihr im Alltag häufiger fahrt. Es muss ja nicht immer Urlaub sein.

257

Gemeinsam ankommen

Als ich noch in der Ausbildung war, bin ich immer mit einem Arbeitskollegen zur Arbeit gefahren, weil ich mir damals noch kein eigenes Auto leisten konnte. Fürs Mitnehmen habe ich ihm dann jede Woche ein paar Euro gegeben. Die Lösung war für uns beide super: Ich war zuverlässig pünktlich und trocken bei der Arbeit (Fahrrad und ÖPNV waren wegen ungünstiger Lage keine Option), er hatte weniger Spritkosten. Sobald ich ein eigenes Auto hatte, bin ich dann immer allein gefahren, weil ich das weniger stressig fand – totaler Schwachsinn, aus heutiger Sicht. Ich komme heute bequem mit dem Rad zur Arbeit, aber mein Mann hat eine Fahrgemeinschaft mit gleich zwei Kollegen, die auf dem Weg wohnen. Alle sind zufrieden, zwei Leute können während der 30 Minuten Fahrt noch ein bisschen dösen, es stehen morgens gleich zwei Autos weniger im Stau, und im Portemonnaie merken es alle drei. Win-win-win.

258

Abschied vom Zweitwagen

Wusstest du, dass rein statistisch jeder 5. Deutsche einen Zweitwagen hat? Wir hatten ehrlich gesagt auch ziemlich lange einen. Dass wir den abgeschafft haben, hatte eigentlich finanzielle Gründe – selbst ein Kleinwagen kostet, rechnet man den Wertverlust mit ein, um die 450 Euro im Monat. Heute bin ich richtig froh, dass wir diesen Ballast abgeworfen haben und stattdessen möglichst viel zu Fuß und per Fahrrad erledigen. Und vermissen tu ich wirklich nichts, besonders nicht die Kilos, die ich durch die zusätzliche Bewegung verloren habe. Und wenn es sich wirklich mal gar nicht anders organisieren lässt, nimmt sich einer einen Leihwagen. Das schlägt deutlich weniger aufs Haushaltsbudget und die Klimabilanz nieder als eine Blechbüchse, die oft genug wochenlang rumsteht und Parkplätze blockiert. Wir kommen mit unserer Familienkutsche prima aus!

259

Augen auf beim Wagenkauf

Es ist doch eigentlich kurios. Obwohl wir an allen Ecken und Enden mit der Nase darauf gestoßen werden, welche Folgen unsere Lebensweise für das Klima hat, fahren wir immer dickere Autos, die entsprechend viel Kraftstoff verbrauchen. Ehrlich gesagt, ist mir nicht ganz klar, warum man in der Stadt, wo es sowieso an Platz mangelt, ein Fahrzeug mit den Abmessungen eines Geländewagens und der PS-Zahl eines Sportwagens braucht. Wie dem auch sei: Wenn ihr derzeit plant, ein neues Auto zu kaufen, solltet ihr darauf achten, dass Modell und Antrieb die Umwelt möglichst wenig mit CO_2 und Feinstaub belasten. Ein Diesel ist also genauso wenig zu empfehlen wie ein SUV: Eigentlich kommt man derzeit fast zwangsläufig bei einem – eher kleinen – Elektroauto raus. Die werden ja auch noch von Vater Staat gefördert. Solltet ihr in der Stadt wohnen, ist (E-)Carsharing vielleicht ja auch eine Alternative für euch.

Mit Freunden teilen

260

Unsere Kleinstadt ist für professionelle Carsharing-Unternehmen (s. S. 256) nicht attraktiv – zu wenig Leute, zu gering die Nachfrage. Dabei finde ich die Idee, sich ein Auto zu teilen, das sonst im Durchschnitt 23 Stunden am Tag rumsteht, total super. Darum habe ich mich mal schlaugemacht, wie man sich in der Nachbarschaft oder unter Freunden ein Auto mit allen Risiken und Vorteilen gerecht teilen könnte. Fündig geworden bin ich übrigens beim Verkehrsclub Deutschland e. V., der sich „für eine klimaverträgliche, sichere und gesunde Mobilität für Menschen" einsetzt. Auf der Website des Umweltverbandes findet man zum Unkostenpreis einen Mustervertrag

für „nachbarschaftliches Autoteilen" mit Erläuterungen und Vorschlägen für alle erforderlichen Regelungen. Bei guter Organisation können gleich mehrere Familien mit einem Auto auskommen – das spart Geld, Ressourcen und CO_2.

HINTERGRUND

Wenn ihr weniger als 10.000 Kilometer im Jahr fahrt und den Wagen nicht täglich braucht, könnte sich für euch der Umstieg vom Privatwagen auf Carsharing lohnen. Am besten mal mit spitzem Bleistift durchrechnen.

261

Challenge

Diese Woche hat das Auto frei

Diese Challenge liegt ja ziemlich nah, wenn es um nachhaltige Mobilität geht. Und wenn man es geschafft hat, tatsächlich eine Woche auf das Auto zu verzichten, ist man ganz schön stolz und fühlt sich fast ein bisschen befreit, weil man weiß, dass ein Leben ohne Auto durchaus möglich ist. Jedenfalls ging es mir so.

Tipps für die Familien-Challenge:

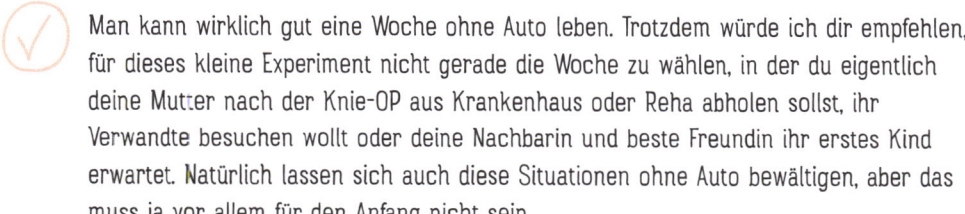

✓ Man kann wirklich gut eine Woche ohne Auto leben. Trotzdem würde ich dir empfehlen, für dieses kleine Experiment nicht gerade die Woche zu wählen, in der du eigentlich deine Mutter nach der Knie-OP aus Krankenhaus oder Reha abholen sollst, ihr Verwandte besuchen wollt oder deine Nachbarin und beste Freundin ihr erstes Kind erwartet. Natürlich lassen sich auch diese Situationen ohne Auto bewältigen, aber das muss ja vor allem für den Anfang nicht sein.

✓ Der folgende Rat gilt besonders, wenn ihr die Challenge im Winter angehen wollt: Kauft euch Wochenkarten für den ÖPNV, denn bei schlechtem Wetter werdet ihr wohl eher Straßenbahn und/oder Bus nutzen als das Fahrrad, und bei regelmäßigen Fahrten sind die Zeitkarten spürbar günstiger. Außerdem fällt es dir sicherlich leichter, dich zur Busfahrt aufzuraffen, wenn du die Fahrkarte schon griffbereit in der Tasche hast und nicht erst Kleingeld suchen oder mit dem Ticketautomaten ringen muss.

✓ Wenn du einen etwas weiteren Weg zur Arbeit hast und dich der Herausforderung einer morgendlichen Sporteinheit nicht gewachsen fühlst, ist vielleicht ein E-Bike die richtige Lösung für dich. Du musst ja nicht gleich eins kaufen. Hör dich mal um, ob jemand im Bekanntenkreis dir seines leiht, oder miete dir für eine Woche eins. Und wenn du so richtig Gefallen daran gefunden hast, kannst du ja mal darüber nachdenken, ob du dir nicht ein Dienstrad leasen willst (s. TIPP 262).

✓ Ich fand es außerdem hilfreich, Buch darüber zu führen, was uns die Mobilität ohne Auto so kostet, und das Ergebnis am Ende mit den Gesamtkosten (also inkl. Versicherung etc.) für unsere wöchentlich gefahrenen Kilometer zu vergleichen. Eines kann ich dir verraten: Ich bin ganz schön ins Nachdenken gekommen.

262 Dienstrad leasen

Du willst wirklich gerne mit dem Rad zur Arbeit fahren, aber dein alter Drahtesel taugt nichts mehr? Erkundige dich doch mal, ob du nicht ein Rad oder Pedelec über deinen Arbeitgeber leasen kannst. Wenn er mitspielt, hast du nicht nur die Gelegenheit, günstig ein hochwertiges Rad zu finanzieren, sondern auch noch ordentlich Steuervorteile, denn gezahlt wird die monatliche Leasingrate per sogenannter Gehaltsumwandlung. Was das heißt? Ganz einfach: Die Leasingrate wird von deinem Bruttogehalt abgezogen, sodass sich dein zu versteuerndes Einkommen verringert. Im Normalfall laufen die Leasingverträge drei Jahre, dann musst du dich entscheiden, ob du das Fahrrad zum vertraglich vereinbarten Restkaufwert behalten willst oder ob du in eine neue Leasingrunde gehst. Ich finde, das klingt nach einem verlockenden Angebot.

263 Mit dem Radel da

Staubt dein Drahtesel zurzeit in der Garage ein? Das solltest du ändern, denn für ganz viele Wege ist das Fahrrad als Fortbewegungsmittel einfach unschlagbar: CO_2-neutral, geht fix, kostet fast nix. Ja, ich weiß, es ist total lästig, das gute Stück am Auto vorbei aus der Garage zu bugsieren … Wir haben darum mal gründlich aufgeräumt, sodass alle Familienmitglieder problemlos an ihre Fahrräder kommen. Seitdem fällt es uns deutlich leichter, uns regelmäßig aufs Rad zu schwingen.

HINTERGRUND

Würden wir hier in Deutschland so viel radeln, wie unsere holländischen Nachbarn das im Durchschnitt tun, nämlich pro Nase rund 1000 Kilometer pro Jahr, dann wäre unser CO_2-Problem um 100 Millionen Tonnen leichter.

Mit Sicherheit gut unterwegs

Mein Tipp: Sorgt dafür, dass eure Fahrräder technisch einwandfrei in Ordnung sind, sodass ihr euch auch auf dem Drahtesel immer sicher fühlt und gut sichtbar seid.

Die folgende Ausrüstung ist bei jedem Fahrrad Pflicht:

→ zwei voneinander unabhängige Bremsen (gerade kleinere Kinder kommen normalerweise am besten mit Rücktritt- und Handbremse zurecht:)

→ eine Klingel, die was kann

→ eine Vorderlampe

→ ein weißer Reflektor für vorne

→ ein rotes Rücklicht

→ ein roter Reflektor für hinten

→ vier Katzenaugen/gelbe Speichenreflektoren oder reflektierende weiße Streifen an den Reifen oder in den Speichen

→ rutschfeste, festverschraubte Pedale mit je zwei Pedalreflektoren

Kein Muss, aber sehr zu empfehlen:

→ ein Kettenschutz, damit das herrlich luftige Sommerkleid nicht in die Kette kommt und du den Asphalt küsst

→ ein Gepäckträger, besser noch wasserdichte Fahrradtaschen – ohne das geht es eigentlich nicht, wenn man das Fahrrad im Alltag statt Auto nutzen will

→ Schutzbleche vorn und hinten – wenn die Straße nass ist, musst du es ja nicht unbedingt werden

→ eine Gangschaltung, damit du ordentlich vom Fleck kommst

→ ein Fahrradständer (ohne ist die Parkplatzsuche mit dem Fahrrad fast so schlimm wie mit dem Auto)

→ Wenn deine Kinder noch klein sind, ist ein Sicherheitslenker mit weichen, verdickten Enden mehr als sinnvoll, denn die mindern die Verletzungsgefahr beim Sturz.

→ gehört zwar nicht zum Fahrrad, sollte aber eigentlich eine Selbstverständlichkeit sein: ein gut sitzender Helm

265

Mach dein Fahrrad unverwechselbar

Ich habe mir ja bald nach dem (Teil-)Umstieg aufs Rad ein neues, sehr schickes und funktionales Gefährt gegönnt. Schließlich fahre ich inzwischen täglich zwischen 10 und 15 Kilometer, und da finde ich es schon deutlich attraktiver, auf einem eleganten Rad mit Nabenschaltung durch die Gegend zu gleiten, als auf einer alten Rostmöhre mit durchgenudeltem Tretlager meine Runden zu drehen. Im Radladen hat man mir gleich empfohlen, mein neues Fahrrad nicht nur durch ein gutes Schloss vor Diebstahl zu schützen, sondern auch kodieren zu lassen. Schließlich wurden in Deutschland 2018 fast 300.000 Fahrräder gestohlen. Mit der eingravierten Kodierung ist ein Rad für Langfinger deutlich weniger attraktiv: Es lässt sich nicht problemlos weiterverkaufen, wenn man sich nicht als Besitzer ausweisen kann. Und sollte es doch einmal gestohlen und wieder aufgefunden werden, kann man dich problemlos als Besitzer ausfindig machen und es dir zurückgeben. Du kannst dein Rad von bestimmten Fahrradhändlern, dem ADFC (Allgemeiner Deutscher Fahrrad-Club) oder der Polizei kodieren lassen – Informationen dazu findest du leicht im Netz. Bei der Kodierung musst du einen Eigentumsnachweis für das Rad und deinen Personalausweis vorlegen, kosten tut die Angelegenheit um die 15 Euro.

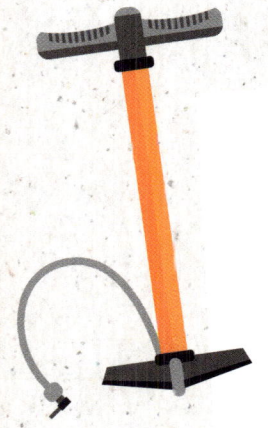

266

Nie wieder Plattfüße

Neulich stand ich beim Radausflug mit den Kollegen schön blöd da: Ich hatte mal wieder einen Platten, total nervig. Überhaupt: Wenn Radeln nicht nur Freizeitvergnügen ist, sondern man mit dem Fahrrad auch zur Arbeit fährt, ist man erst recht darauf angewiesen, dass das Fahrzeug funktioniert. Darum habe ich jetzt unplattbare Reifen. Da kann ich auch mal durch Glasscherben radeln, ohne dass gleich die Luft aus dem Reifen ist. Außerdem habe ich bei uns im Repair-Café noch gelernt, wie man einen Reifen flickt. Sicher ist sicher.

Weitere Maßnahmen gegen Fahrraddiebstahl

Überhaupt muss man ja gut auf sein Rad aufpassen, will heißen: Das Rahmenschloss bietet so gut wie keinen zuverlässigen Diebstahlschutz. Ich benutze es nur dann, wenn ich schnell beim Bäcker oder Metzger reinspringe und das Rad die ganze Zeit im Auge habe. Wenn ich länger parke, schließe ich das gute Stück immer mit einem stabilen Schloss irgendwo an, und ich achte darauf, dass es nicht in irgendwelchen dunklen, schlecht einsehbaren Ecken steht. Doch auch wenn du wahnsinnig gut auf dein Rad aufpasst und es immer ordentlich abschließt: Es kann immer passieren, dass es dir trotzdem abhandenkommt. Ich habe darum auch noch eine spezielle Fahrradversicherung abgeschlossen, die den Neupreis des Fahrrads ersetzt, wenn es trotz ordnungsgemäßer Sicherung gestohlen wird. Die ist natürlich nicht ganz billig, aber wenn ich mir überlege, wie teuer das Fahrrad war, finde ich das eine echt sinnvolle Ausgabe.

MACH MIT!
Frühjahrsstart mit Fahrradpflege

Zum Start der Fahrradsaison – normalerweise irgendwann im März – machen wir traditionell alle zusammen einen großen Fahrradputztag. Dann schrubben, schrauben, putzen, wienern und reparieren wir, was das Zeug hält. Und das Gute ist: Jeder macht das, was er am besten kann (und worauf er im Idealfall auch am meisten Lust hat). Seid ihr dabei?

→ Als Erstes rücken wir dem Winterdreck mit Wasser, Spüli und einem Haushaltsschwamm zu Leibe. Auch wenn es verführerisch ist, mit Hochdruck an die Sache ranzugehen: Den Kärcher lasst ihr besser in der Garage, denn der Strahl löst nicht nur den Dreck, sondern beschädigt unter Umständen auch empfindliche Komponenten. Und das will ja keiner.

→ Danach prüfen wir die wichtigsten Teile: Kette, Reifen, Bremsen, Lichtanlage.

→ Ich fange immer damit an, die Kette zu ölen, das finde ich am unkompliziertesten. Wenn sie schon Rostflecken hat oder beim Treten quietscht, hat sie es wirklich dringend nötig. Eine schlecht gepflegte Kette reißt oder bricht nämlich schneller.

→ Auch wichtig: Den Reifendruck prüfen. Ein gut aufgepumpter Reifen rollt nicht nur besser, sondern lebt auch länger. Angaben zum richtigen Druck findest du normalerweise auf der Reifenflanke. Außerdem solltest du den Reifen auf Risse prüfen und das Profil checken. Wenn du schon die Gewebeschicht unter der Lauffläche siehst, wird es allerhöchste Zeit für einen neuen Mantel. Keine Sorgen musst du dir machen, wenn die Reifenflanke feine Risse hat – das macht normalerweise nichts. Aber wenn du dir unsicher bist, solltest du dein Fahrrad in der Fahrradwerkstatt deines Vertrauens vorstellen.

→ Dann kommt das Wichtigste überhaupt – die Bremsen. Sie sind für die Verkehrssicherheit unerlässlich. Während Rücktrittbremsen so gut wie wartungsfrei sind, können Handbremsen durchaus mal streiken. Wenn du den Bremshebel ohne jede Mühe bis zum Lenker durchziehen kannst, hat die Bremse zu viel Spiel. Das kannst du selbst mit den Rändelschrauben am Bremsgriff und am Bremskörper einstellen. Unter Umständen musst du auch den Bremszug nachziehen – oder du lässt das den Fachmann machen. Bei uns ist das übrigens unsere Tochter, unterstützt von meinem Mann. Unser Sohn und ich sind eher von der Fraktion Glanz und Schönheit.

- Ebenfalls lebensrettend ist eine gut funktionierende Lichtanlage. Klar, dass Vorder- und Rücklicht einwandfrei funktionieren müssen. Achte darauf, dass das Vorderlicht nicht zu hoch eingestellt ist. Der Lichtkegel soll die Straße vor dir beleuchten und nicht den Gegenverkehr blenden.

- Zu guter Letzt prüfen wir noch, ob irgendwo eine Acht im Rad ist, Sattel- und Lenkerhöhen für die Kinder noch stimmen und ob insgesamt alles rundläuft. Damit ist der technische Teil abgeschlossen. Dann schlägt die Stunde der Ästheten, und das Team Hochglanzpolitur schlägt zu.

- Zum Abschluss des Tages radeln wir alle zusammen zum Italiener und belohnen uns mit einer Riesenfamilienpizza. Nachmachen empfohlen!

269

Gebraucht gekauft

In Sachen Gebrauchträder kannst du echte Schnäppchen machen, und du sparst nicht nur Geld, sondern auch Ressourcen. Allerdings solltest du ein paar Dinge beachten. Wenn der oder die Verkäufer*in keinen zuverlässigen Eigentumsnachweis wie zum Beispiel einen Kaufbeleg vorlegen kann, solltest du die Finger von dem Geschäft lassen. Ist das aber geklärt, schaust du dir das Fahrrad am besten genau an.

Erkundige dich, wie alt es ist, wie viel es gefahren wurde und ob es drinnen oder draußen stand. Prüfe den Zustand von Lack, Reifen und Licht und überzeuge dich bei einer Probefahrt, dass das Tretlager rundläuft, die Reifen keine Acht haben, Schaltung und Bremsen einwandfrei funktionieren und nichts schleift. Wenn du Mängel findest, solltest du den voraussichtlichen Preis für die Reparatur vom Kaufpreis abziehen.

Wenn du irgendwelche Bedenken hast, kauf das Rad lieber nicht. Werdet ihr euch dagegen einig, solltest du auch bei einem Privatkauf auf einen Kaufvertrag bestehen. In den Kaufvertrag gehören der Namen des Verkäufers samt Anschrift und Kontaktdaten, außerdem alle verfügbaren Infos zum Rad wie Marke, Farbe und Rahmennummer, dazu alle Originalbelege zum Rad über Reparaturen und Ähnliches. Hat das Rad noch Garantie, muss der/die Verkäufer*in diese an dich abtreten, damit du sie im Fall in Anspruch nehmen kannst. Ist das Fahrrad kodiert, kannst du es unter Vorlage des Kaufvertrages neu kodieren lassen. Du bist dazu aber nicht verpflichtet, da du im Fall auch über den vorherigen Besitzer ausfindig gemacht werden könntest.

Fahrradtransport
Mit Sack und Pack

„Fahrrad schön und gut, aber zum Einkaufen nehme ich dann doch lieber das Auto. Mit den ganzen Einkaufstaschen am Lenker liege ich ja schneller im Graben, als ich gucken kann …"
Dieses Argument höre ich oft, wenn ich von meiner neuen Liebe fürs Rad berichte. Ist aber eigentlich Quatsch, denn inzwischen gibt es jede Menge praktische Lösungen, um das Fahrrad zum Packesel zu machen.

270

Fahrradanhänger

Mein Opa ist früher immer mit dem Mofa zu seinem Schrebergarten gefahren, hintendran ein kleiner Anhänger mit allem, was der Gärtner so braucht. Zwischenzeitlich waren die Minianhänger ja ganz aus dem Straßenverkehr verschwunden, aber in Zeiten von Nachhaltigkeit sieht man wieder mehr auf der Straße – allerdings eher am Fahrrad als am Mofa. Wenn du vorhast, im Alltag weitgehend aufs Fahrrad umzusteigen und auch den Wocheneinkauf mit reiner Muskelkraft nach Hause zu schaffen, ist so ein Teil eindeutig das Richtige für dich. Ganz einfache, offene Modelle bekommst du gebraucht schon für 50 Euro und weniger. Wenn du was suchst, um auch deine Kinder mal von A nach B zu bringen, musst du natürlich mehr investieren. Schließlich soll das Gefährt ja verkehrssicher und nicht ganz ungemütlich sein.

Fahrradfahren mit Kind und Kegel

Auch wenn deine Kinder noch klein sind und nicht Rad fahren können, brauchst du sie nicht mit dem Auto rumzukutschieren. Inzwischen gibt es wirklich tausend Möglichkeiten, die Kleinen sicher auf dem Fahrrad zu transportieren. Neben den klassischen Fahrradsitzen für den Gepäckträger gibt es die Modelle, die man vorne auf das Fahrrad, also vor dem Fahrer, montieren kann. Anders als vielfach behauptet, sind diese Sitze in Deutschland auch erlaubt, je nach Modell für Kinder bis zu 15 oder 20 Kilogramm. Aber egal, wo dein Kind sitzt: Es sollte auf jeden Fall einen Helm tragen und angeschnallt sein.

Eine tolle Alternative zum Fahrradsitz sind Kinderfahrradanhänger, die du außerdem auch noch als Kinderwagen und zum Transport des Wocheneinkaufs nebst schweren Getränkekisten nutzen kannst. Die gibt es als Ein- oder Zweisitzer. Unsere Nachbarn haben so einen, und ich finde, das sieht immer total gemütlich aus, wenn die Kinder da drinsitzen und sich ein Buch angucken oder ein kleines Schläfchen einlegen. Und für die ganz Kleinen, die noch nicht selbstständig sitzen können, gibt es auch für Fahrradanhänger Spezial-Babyschalen.

Der Fahrradkorb fürs kleine Gepäck

Ich finde, ein Fahrradkorb ist superpraktisch für kleine Einkäufe und eignet sich prima zum schonenden Transport von Obst und Gemüse. Neben dem abnehmbaren Fahrradkorb für den Gepäckträger habe ich auch noch ein kleines, ebenfalls abnehmbares Körbchen am Lenker für meine Handtasche und im Fall auch noch eine Flasche Wasser. Aber aufgepasst: Bei voll beladenem Korb verändert sich der Schwerpunkt des Fahrrads deutlich, da muss man sich erst mal dran gewöhnen.

Sattel den Drahtesel

In meinen Satteltaschen kann ich locker einen Einkauf für ein paar Tage unterbringen – wenn keine größeren Getränkekäufe anstehen. Inzwischen gibt es nicht nur die Satteltaschen, die man wie einen Sattel über den Gepäckträger wirft, sondern die man einzeln an den Seiten anklippt. Wenn du überlegst, dir welche zuzulegen, solltest du unbedingt darauf achten, dass sie wasserdicht sind – ich spreche da aus Erfahrung. Im Handel gibt es inzwischen eine riesige Auswahl an Modellen, die den verschiedensten Bedürfnissen entsprechen. Einige lassen sich zu Rucksäcken umbauen, andere machen eine gute Figur als Umhängetasche. Manche sind eher praktisch, andere fast elegant. Im Internet kann man da wunderbar stöbern.

274

Lastenrad statt Transporter

In der Großstadt gehören die Lastenräder – inzwischen meist mit elektrischer Unterstützung, aber durchaus auch noch mit Muskelantrieb – ja schon fest ins Straßenbild, bei uns auf dem Land kriegt man die eher selten zu sehen. Dabei finde ich, dass das eine tolle Sache ist: In den Transportraum passen locker zwei Kinder oder ein Sitz für Kleinkinder – ich habe neulich sogar eine ganz Familie auf einem Lastenrad gesehen:

Mutter und Kind vorne in der „Transportbox", der Papa auf dem Sattel, sehr cool – oder ein gigantischer Wocheneinkauf. Also ich finde, mit so einem Rad kann man sich ein Leben ohne eigenes Auto schon ganz gut vorstellen. Und das Tollste ist, dass einige Kommunen Unternehmen und Privatpersonen beim Kauf von Lastenrädern fördern. Vielleicht ist das ja auch bei euch der Fall. Einfach mal bei der Stadt nachfragen.

Alternative E-Bike

Ich kenne ja eine ganze Menge Leute, die beim Thema E-Bike, auch als Pedelec bezeichnet, verächtlich die Nase rümpfen, nach dem Motto: Das ist ja was für Rentner. Aber weit gefehlt, kann ich da nur sagen. Für viele Berufstätige ist das Fahrrad mit Unterstützung eine echte Alternative zum Auto, denn mit so einem Teil kann man auch weitere Strecken pedalierend zurücklegen, ohne gleich wie ein Braten zu schwitzen – und unter Umständen werden sie sogar vom Arbeit-

geber gefördert (s. TIPP 262). Klar, die Akkus müssen natürlich auch mit Strom (am besten natürlich mit Ökostrom) aufgeladen werden, aber im CO_2-Ausstoß kommt das Pedelec so was von besser weg als ein Auto … Nehmen wir an, du fährst mit dem Wagen zu deiner 15 Kilometer entfernten Arbeitsstelle. Dann hast du abends ungefähr 5,7 kg CO_2 auf der Uhr, mit dem Pedelec hingegen nur 0,1 kg. Überzeugt?

276

Mit dem Rad in die Bahn

Wir sind für unsere letzte längere Fahrradtour erst mal ein bisschen Zug gefahren. Zum einen wollten wir uns unsere Kräfte für die geplante Strecke sparen und nicht gleich vor der Haustür starten, zum anderen hatten wir keine Lust, das Auto zu nehmen und uns mit Tausenden anderen in den Stau zu stellen. Und das war genau die richtige Entscheidung. Machen wir jetzt immer so.

In den Nahverkehrszügen der Bahn gibt es normalerweise mindestens ein Abteil für den Fahrradtransport, das du an dem Fahrradsymbol am Einstiegsbereich erkennst. Wenn es nicht zu voll ist, kannst du dein Fahrrad auch in den anderen Abteilen im Eingangsbereich an den Türen abstellen. Je nach Region ist das unter Umständen aber nur außerhalb der Stoßzeiten im Berufsverkehr erlaubt, und manchmal muss man eine Fahrkarte für seinen Drahtesel und noch zu-

sätzlich eine für etwaige Fahrradanhänger lösen. Es kann aber auch sein, dass die Mitnahme von Fahrrädern kostenlos ist. Am besten erkundigst du dich vorher, oder du kaufst dir zur Sicherheit eine Tagesfahrradkarte der Deutschen Bahn für zurzeit 5,50 Euro, mit der du dann einen Tag lang alle Nahverkehrszüge nutzen kannst.

Wenn ihr die erste Etappe eurer Fahrradreise mit einem Fernzug nehmen wollt, müsst ihr ein bisschen vorausschauender planen. In den ICs und ECs der Bahn gibt es zwar Fahrradstellplätze, aber die muss man aufgrund ihrer begrenzten Anzahl vor der Reise reservieren, und das Fahrrad braucht auf jeden Fall eine Fahrkarte.

Wenn dir das alles zu aufwendig erscheint, könnt ihr die Räder auch mit dem DB Gepäckservice bei euch zu Hause abholen und an euer Wunschziel bringen lassen. Sehr komfortabel, hat aber auch seinen Preis.

Auf Schusters Rappen reisen

Es soll ja Leute geben, die sich schon von zu Hause aus zu Fuß auf den Weg in den Urlaub machen. Das ist mir ehrlich gesagt ein bisschen zu extrem. Aber eigentlich finde ich es ziemlich cool, mal eine Zeit lang alles zu Fuß zu machen. Unsere Nachbarn haben letztes Jahr einen geführten Wanderurlaub durch die Lüneburger Heide gemacht und waren kolossal begeistert. Falls ihr sportliche Herausforderungen sucht und eher hoch hinauswollt, ist vielleicht eine Tour auf einem der Europäischen Fernwanderwege das Richtige für euch.

HINTERGRUND

Es gibt insgesamt zwölf große Europäische Fernwanderwege, kurz E-Wege, die ein über ganz Europa verteiltes Netz von Weitwanderwegen bilden und Europa von Nord nach Süd und Ost nach West verbinden. Gepflegt wird das Netz von der Europäischen Wandervereinigung. Um einen kompletten Fernwanderweg „abzulaufen", würdest du mehrere Monate brauchen. Und so viel Zeit haben ja die wenigsten von uns. Wir haben uns darum vorgenommen, den Ost-West-Weg E11, dessen Anfang unserer Heimat relativ nah ist, in einzelnen Abschnitten zu erwandern. Und obwohl der noch zu den kürzeren gehört, kann das dauern …

Ebenfalls empfehlenswert sind die GR-Wanderwege, die im Wesentlichen durch Frankreich, Spanien, die Niederlande und die Schweiz führen und teilweise mit den E-Routen zusammenfallen.

Dass es auch in Deutschland jede Menge reizvolle Wanderrouten gibt, muss ich wohl nicht erwähnen – und die ein oder andere vermutlich mehr oder weniger bei dir um die Ecke …

Der Weg ist das Ziel –
mit dem Fahrrad in den Urlaub

278

Bist du bei euch auch die Freizeitministerin? Was hältst du davon, deine Familie mal für ein paar Tage Urlaub aufs Rad zu locken? Umweltfreundlicher und günstiger kann man echt kaum reisen. Es müssen ja nicht gleich die ganzen Sommerferien sein. Ich finde, für einen ersten Schnupperurlaub auf dem Zweirad eignen sich die langen Wochenenden im Frühling und Frühsommer ganz prima. Für uns ist zum Beispiel Holland immer

ein tolles Ziel, weil die Radwege da so gut ausgebaut sind und man sich die Straße fast nie mit dem motorisierten Verkehr teilen muss. Ich würde dir empfehlen, zumindest für den ersten Versuch eine Tour ohne großartige Steigungen auszusuchen, sonst kann es sein, dass deine Mitreisenden allzu schnell die Begeisterung für den Urlaub auf zwei Rädern verlieren …

AM BODEN BLEIBEN

279

Fernreisen sind einfach toll: fremde Länder und Kulturen, exotisches Essen, fantastische Landschaften, hohe Berge, tiefe See, faszinierende Städte. Aber leider, leider, leider haben sie einen ganz großen Haken: Wenn du nicht gerade monatelang Zeit hast, musst du das Flugzeug nehmen. Und als Privatperson kann man kaum etwas machen, das schädlicher fürs Klima ist als so ein Trip über den Wolken. Darum haben wir uns vorgenommen, auf unseren Reisen möglichst nur noch Ziele anzusteuern, die man mit dem Auto oder per Bus und Bahn erreichen kann. Meistens fangen wir schon Monate vorher

an, uns im Freundeskreis nach tollen Reisezielen in erreichbarer Nähe umzuhören, stöbern in Zeitschriften und Reiseführern, gucken uns Dokumentationen an. Und dann suchen wir uns alle zusammen ein Ziel aus, das wir dann im nächsten Urlaub ansteuern wollen. Manchmal ist allein schon der Weg das Ziel. Dann reisen wir in überschaubaren Etappen und machen mal hier Stopp und mal da. Und haben dabei schon wunderschöne Fleckchen Erde entdeckt und manchmal auch schon das Ziel für unseren nächsten Urlaub.

Challenge

Vier Ausflüge ohne Auto

Es ist eigentlich verrückt. Wenn die erste Frühjahrssonne lacht, wollen wir eigentlich alle vier immer ganz dringend raus aus unseren vier Wänden, um was zu erleben. Und was machen wir dann als Erstes? Wir steigen in unser Auto. Toll. Darum haben wir es mal mit einer Familienchallenge versucht: vier Ausflüge ohne Auto, jeder mit einer besonderen Herausforderung. Erst gab es lange Gesichter, aber dann hatten wir jede Menge tolle Ideen – und reichlich Spaß. Wäre das nicht auch was für euch? Zur Inspiration hier unsere Herausforderungen.

1. Für den ersten Ausflug hatten wir uns nichts weiter vorgenommen, als mit Bus und Bahn zu fahren (das war im März und einfach noch zu kalt für eine längere Radtour). Zu Fuß gehen war natürlich auch erlaubt. Am Ende ist für uns eine Fahrt mit der ältesten Zahnradbahn Deutschlands rausgekommen. Super.

2. Für den zweiten Teil unserer kleinen Familienchallenge haben wir uns ein Schöner-Tag-Ticket der Deutschen Bahn gekauft, und das ist ja an Samstagen und Sonn- und Feiertagen von 0 bis 0 Uhr gültig. Diese 24 Stunden wollten wir optimal ausschöpfen. Und was soll ich sagen: hat geklappt. Zur großen Freude der Kinder sind wir kurz nach Mitternacht in einen Zug zu den Schwiegereltern gestiegen (was vom Bahnhof aus auch noch eine kleine Nachtwanderung bedeutete), von dort aus ging es morgens nach einem fürstlichen Frühstück weiter. Und am Abend oder vielmehr in der Nacht waren wir nach Fahrten durch uns vollkommen unbekannte Gegenden – und das quasi bei uns vor der Haustür – um kurz nach zwölf wieder zu Hause. Und hatten echt das Gefühl, wir wären in Urlaub gewesen. Hätte mit dem Auto niemals geklappt. Voller Erfolg.

3. Die dritte Aufgabe war die härteste und gleichzeitig die beste, finde ich. Für diesen Abschnitt hatten wir uns nämlich vorgenommen, überhaupt keine motorisierten Verkehrsmittel zu nutzen. Keinen Bus, keinen Zug. Erlaubt war nur das Fahrrad. Unser Ziel war eine Jugendherberge in einer Burg, was natürlich für die Kinder eine echte Motivation zum Strampeln war. Und die brauchten wir dann letztlich alle, denn das Wetter war zum Start sehr durchschnittlich und der Weg buchstäblich eine Berg- und Talfahrt. Aber wir haben es geschafft. Und uns abends mit einem fürstlichen Essen in einem urigen Lokal vor Ort belohnt. Unsere Energiebilanz: Kalorien verbraucht, Sprit gespart. Ist ja meistens andersrum.

4. Zur vierten Challenge schließlich sind wir zu Fuß angetreten: Bedingung war, dass die Wanderung direkt vor unserer Haustür anfängt. Unser Weg führte uns dann entlang eines Flüsschens zu Freunden, die vor ein paar Jahren aufs Land gezogen sind und es nur noch selten zu uns ins Städtchen schaffen. Und was soll ich sagen: 20 Kilometer zu Fuß können einen deutlich glücklicher machen als die gleiche Strecke im Auto. Und der tolle Abend in dem traumhaften Bauerngarten war das Sahnehäubchen.

Fernweh kompensieren

Manchmal siegt natürlich das Fernweh über die Vernunft, und wir gönnen uns eine lange Flugreise. Auch die kannst du durchaus umweltverträglich gestalten. Natürlich ist es am besten, wenn man erst gar kein CO_2 produziert. Bei einer Flugreise geht das ja leider nicht. Doch du kannst deinen CO_2-Ausstoß durch Spenden an zertifizierte Klimaprojekte kompensieren. Das geht zum Beispiel über atmosfair, eine Klimaschutzorganisation mit Schwerpunkt Reise. Auf der Website ➜ atmosfair.de kannst du ausrechnen, wie viel CO_2 deine Familie mit Hin- und Rückflug erzeugt, und dann erfährst du, wie viel Geld du spenden müsstest, wenn ihr eure Flüge vollständig kompensieren wollt. Da kommt schon mal ein Betrag zusammen, der ein bisschen erschreckend ist (und ahnen lässt, dass so eine Reise klimatechnisch echt kein Pappenstiel ist). Ich habe mich bei unserer Fernreise entschieden, den Betrag für eine volle Kompensation zu spenden, aber das muss man ja nicht machen – Kleinvieh macht auch Mist.

Da die Flüge und deren Kompensation gerne mal ein großes Loch ins Reisebudget reißen, solltet ihr euch für eure Fernreise schon reichlich Zeit freischaufeln – also lieber mindestens drei Wochen am Stück in den USA bleiben, als zu Ostern und zum Weihnachtsshopping nach New York zu fliegen. So habt ihr reichlich Zeit, die Schönheiten des Landes zu bewundern, euch zu entspannen und Land und Leute zu erkunden.

Campingurlaub

Übrigens, eine ziemlich angenehme Möglichkeit für einen CO_2-armen Urlaub ist – zumindest für die eine Hälfte der Menschheit – Camping, so richtig altmodisch mit Zelt und zweiflammigem Gaskocher. Ja, klar, Zähneputzen Schulter an Schulter mit wildfremden Menschen, die nächste Toilette nicht hinter der nächsten Tür erreichbar, staubige oder matschige Füße rund um die Uhr und im Fall die Angst, dass das Zelt dem nächsten Regenguss nicht standhält – all das ist beileibe nicht jedermanns Sache. Aber gerade mit kleineren Kindern ist Camping ein ziemlich unkompliziertes Vergnügen. Ich finde, es tut immer richtig gut, sich für ein paar Wochen wirklich auf das Wesentliche zu reduzieren: nur so viele Lebensmittel kaufen, wie man essen kann, bei kühlem Wetter nicht die Heizung anmachen, sondern einen Pulli anziehen und sich bewegen, Wäsche wirklich nur dann waschen, wenn sie dreckig ist – wenn überhaupt. Und du sparst nicht nur CO_2, sondern auch noch jede Menge Geld – selbst wenn du einen etwas luxuriöseren Campingplatz wählst. Toll.

Stichwort sanfter Urlaub

Wie nachhaltig dein Urlaub wird, hängt natürlich nicht nur von der Art der An- und Abreise ab. Bahn, Fernbus und Auto sind hier natürlich besser als das Flugzeug. Aber auch die Unterkunft ist entscheidend. Es muss ja nicht unbedingt ein Campingplatz sein.

Hotellandschaften und Ferienklubs ohne jeden Kontakt zur Außenwelt sind ja eigentlich sowieso schon längst passé. Was den Urlaub so spannend macht, ist ja gerade der Kontakt zu fremden Kulturen, die Neugier auf das Leben der anderen. Und wenn du willst, dass die lokale Bevölkerung von dir als Gast profitiert – sie muss nicht selten ihren ganzen Lebensunterhalt mit dem Tourismus verdienen –, dann solltest du dein Urlaubsgeld auch in ihren Pensionen, Restaurants, Cafés und Shops lassen und nicht bei den internationalen Reiseveranstaltern. Also, wage den Schritt ins Unbekannte, lass den Hotelgarten hinter dir, und probiere sie aus, die romantischen kleinen Pensionen auf den griechischen Inseln (die man übrigens auch per Fähre erreichen kann), die Ferien auf dem Bauernhof in Apulien, die Weinernte in Frankreich mit Unterkunft im Château, den Radwanderurlaub durch Cornwall, die Fernwanderwege durch die Alpen und die Spaziergänge durchs Wattenmeer.

MACH MIT!
Wochenende mit Freunden

Wir fahren ja einmal im Jahr mit dem Freundeskreis über ein verlängertes Wochenende weg. Wir waren schon auf Mallorca (natürlich mit dem Flugzeug), im Wellnesshotel, beim Skifahren, zum Bergwandern. Dieses Mal habe ich meine Mitreisenden davon überzeugt, es mal ein bisschen bescheidener, dafür aber umweltverträglicher anzugehen und ein Wochenende auf einem Bio-Bauernhof hier in der Gegend zu verbringen, wo man wahlweise in Zelten oder Appartements übernachten konnte. Anfänglich hielt sich die Begeisterung, wie du dir sicher vorstellen kannst, stark in Grenzen, aber letztlich habe ich dann doch alle überredet (wenn ich von einer Idee überzeugt bin, kann ich echt hartnäckig sein ...).

Also sind wir dann schließlich mit zehn Erwachsenen und acht Kindern für drei Nächte aufs Land gezogen, und das Ganze war ein voller Erfolg. Alle haben es genossen, rund um die Uhr an der frischen Luft zu sein und kaum 40 Kilometer von daheim entfernt in eine andere Welt abzutauchen. Der ein oder andere hat ein paar Tage digital Detox genossen, wir hatten reichlich Zeit zu quatschen, ohne dass einer den Stress als Gastgeber gehabt hätte, die Kinder mussten nicht wie für das exklusive Wellnesswochenende wegorganisiert werden, sondern wissen jetzt ein für alle Mal, dass Chickennuggets nicht auf Bäumen wachsen und Milch aus der Kuh und nicht aus der Flasche kommt ...

Und wir haben ganz bewusst kein halbes Schwein gegrillt, um den ökologischen Fußabdruck für das Wochenende im Gegensatz zu früheren Ausflügen auch wirklich dezent zu halten. So macht Nachhaltigkeit mir Spaß.

Euch vielleicht auch?

Auf Schienen der Sonne entgegen

285

Zugegeben, im Sommer zieht es mich in den sonnigen Süden, und der kürzeste Weg dahin führt über den Flughafen. Aber Fliegen ist ja bekanntermaßen nicht gerade die beste Idee, wenn man das Klima retten will – nur mal zur Erinnerung: Von uns aus sind es bis nach Südfrankreich gute 1000 Kilometer. Wenn wir dorthin mit dem Flugzeug reisen, hat jeder von uns vieren bei Ankunft schon einen CO_2-Ausstoß von 211,3 kg auf dem Buckel. Kein Wunder also, dass die Schweden das Wort „Flugscham" erfunden haben. Nehmen wir unsere Familienkutsche, sind es immer noch 53,1 kg pro Person. Am besten schneiden Fernzüge und Fernbusse ab. Mit dem Zug verursachen wir pro Person und Fahrt 35,6 kg, mit dem Fernbus 23,1 kg (dieses gute Ergebnis liegt daran, dass die Fernbusse immer so gut ausgelastet sind, allerdings stoßen sie jede Menge Feinstaub aus).

Wir haben in diesem Sommer das Experiment gewagt und sind mit dem Zug bis ans Mittelmeer gefahren. Und was soll ich sagen: Es war toll. Ich Fuchs hatte ziemlich früh gebucht, und so konnten wir vier für kleines Geld wie Graf Koks in der ersten Klasse reisen. Als wir abends ankamen, waren wir entspannter als nach jeder Flugreise.

Ach so, einen kleinen Luxus hatten wir uns zusätzlich gegönnt: Unseren größten, schwersten Koffer hatten wir schon vorausgeschickt. Der Service – inklusive zu Hause abholen und in unserem Hotel abgeben – war nicht ganz billig, aber viel mehr als das Taxi zum Flughafen hat's auch nicht gekostet.

HINTERGRUND

Hier könnt ihr ausrechnen, wie viel CO_2 mit welchem Transportmittel anfällt. Wetten, dass dich der ein oder andere Wert überraschen wird? ➲ https://www.quarks.de/umwelt/klimawandel/co2-rechner-fuer-auto-flugzeug-und-co/

Bahnsparer werden

Klar, reguläre Bahntickets sind ganz schön teuer, das verführt nicht gerade dazu, auf die Schiene umzusteigen. Aber es gibt durchaus Möglichkeiten, günstig mit der Bahn zu reisen. So sind die Sparpreise und Supersparpreise der Bahn auch für Auslandsreisen dann und wann echte Preiskracher, manchmal sogar noch, wenn du nicht schon Monate im Voraus buchst. Und wenn du bereit bist, einen kleinen Aufpreis zu zahlen, kannst du die Spartickets vor dem ersten Geltungstag auch problemlos zurückgeben. Allerdings bekommst du kein Bargeld zurück, sondern erhältst eine Gutschrift. Aber da kann man mit leben, finde ich.

Wenn du ins Ausland reisen willst, lohnt sich auch immer ein Blick auf die Website der Bahngesellschaft(en) in deinem Zielland. Manchmal ist es billiger, deine Reise über deren Plattform zu buchen. Wenn du Spaß am Recherchieren hast, kannst du dir auf diesem Wege auch billige Inlandsreisen sichern. Als wir letztes Jahr nach München gefahren sind, habe ich bei den Österreichischen Bundesbahnen ein sehr günstiges Ticket bis nach Innsbruck gekauft, und wir sind einfach schon in München ausgestiegen.

Ganz spannend finde ich auch die Möglichkeit, online nach Mitfahrer*innen zu suchen. Da kannst du dich mit Menschen, die noch freie Plätze auf ihrem Gruppenticket haben, zum Mitfahren verabreden oder selbst Mitfahrer für dein Gruppenticket finden (s. S. 256). Keine schlechte Sache, oder?

Interrail für die ganze Familie

Kannst du dich noch an Interrail erinnern? Ich bin damals nach der Ausbildung mit ein paar Freundinnen los, mit (viel zu schweren) Rucksäcken auf dem Buckel haben wir vier uns damals über Ancona nach Griechenland aufgemacht, alles per Zug und Fähre. Das was seinerzeit echt nicht teuer – und einfach toll. Wir haben unglaublich viele interessante und auch bekloppte Leute kennengelernt. Neulich habe ich entdeckt, dass man mit der ganzen Familie Interrail machen kann. Nach der gelungenen Zugreise im Sommer habe ich richtig Blut geleckt. Die Bedingungen haben sich zwar seit meiner Reise ziemlich geändert, aber dank vieler Optionen

könnt ihr euch eine Reise ganz nach euren Vorstellungen zurechtbasteln. Du hast zum Beispiel die Möglichkeit, drei, fünf oder sieben Reisetage in einem Monat zu wählen (in Deutschland selbst hast du allerdings nur zwei Fahrten, eine zum Rein- und eine zum Rausfahren) – oder auch gleich den ganzen Monat. Bei meinem Mann und meinem Sohn muss ich noch Überzeugungsarbeit leisten, aber meine Tochter ist Feuer und Flamme. Vielleicht zieh ich ja mit ihr allein los, und die beiden Herren widmen sich im Urlaub irgendwelchen verrückten sportlichen Herausforderungen. Mal sehen.

Im Schlaf in den Urlaub

Neulich habe ich im Internet einen Bericht über einen Mann gelesen, dessen ganze Leidenschaft dem Reisen per Nachtzug gilt. Ganz schön bekloppt, dachte ich zuerst. Aber dann hat mich die Idee doch gepackt. Was für ein Gedanke: Du hetzt nicht in aller Herrgottsfrühe übermüdet zum Flieger, und du stellst dich auch nicht mit halb Deutschland in den Stau, sondern steigst am Abend bei grauem Regenwetter gemütlich in den Zug, machst es dir mit deiner Familie in deinem Abteil nett und schlummerst friedlich ein – und am nächsten Morgen wachst du bei

strahlendem Sonnenschein in Rom auf, und der Schaffner serviert dir ein duftendes Brötchen … Die Realität sieht natürlich etwas anders aus, aber trotzdem: Ein bisschen Recherchieren lohnt sich da schon. Die Deutsche Bahn ist im Nachtgeschäft zwar nur noch wenig aktiv, aber die Österreichischen Bundesbahnen haben einen Teil der DB-Nachtstrecken übernommen, und auch diverse andere europäische Eisenbahngesellschaften cruisen weiter durch die Nacht. Also ich werde dieses kleine Abenteuer auf jeden Fall mal ausprobieren. Bist du dabei?

Aida nur in der Oper

Früher war ja eine Kreuzfahrt immer mein großer Traum. Was für eine tolle Vorstellung: den ganzen Tag auf dem Wasser sein, in der Sonne liegen, Sport treiben und schlemmen, und ab und zu mal zu einem tollen Ausflug an Land gehen – das „Traumschiff" lässt grüßen. Aber hast du mal eine Weltkarte gesehen, auf der alle Kreuzfahrtschiffsrouten verzeichnet sind? Das sieht aus wie ein Schnittmuster für Aschenputtels Hochzeitskleid. Auf den Weltmeeren ist schlicht die Hölle los. Und bei einer 14-tägigen Mittelmeerkreuzfahrt fallen pro Person unglaubliche 3,5 Tonnen CO_2 an. Wenn ich das bedenke, vergeht mir echt jede Lust auf eine Schiffsreise. Aber ich bin ja jetzt sowieso im Team Zug.

290 Dienstreisen am besten virtuell

Der Mann meiner besten Freundin war dienstlich zwischenzeitlich so viel unterwegs, dass die Familie ihn gefühlt nur noch am Wochenende zu Gesicht bekommen hat. Irgendwann war es dann nicht nur ihr, sondern auch ihm zu bunt. Also hat er sich mit seinem Arbeitgeber zusammengesetzt und nach Lösungen gesucht. Jetzt haben sie sich geeinigt, dass er Routinefragen mit Kunden und Dienstleistern zukünftig verstärkt per Telefon- und Videokonferenz klärt. Inzwischen sind schon ein paar Kolleginnen und Kollegen seinem Vorbild gefolgt. Die neuen Gepflogenheiten wirken sich übrigens nicht nur positiv auf den CO_2-Abdruck des Unternehmens aus, sondern, oh Wunder!, auch auf die Ausgaben in der Sparte Reisen. Solltest du auch so viel unterwegs sein oder dein Mann: Redet doch mal mit euren Arbeitgebern. Im Zeitalter digitaler Kommunikation müssen doch wirklich nicht mehr Millionen von Menschen für ein Shakehand mit den Geschäftspartnern durch die Weltgeschichte jetten, meine ich.

E-Autos – vor allem auf dem Land meist die bessere Wahl

Denkt ihr darüber nach, ein Elektroauto zu kaufen? Wir auch – und haben beschlossen, dass unser nächstes Gefährt auf jeden Fall eines sein wird. Bis mindestens 2025 laufen dafür noch die Prämien und Zuschüsse vom Staat – unser E-Autohändler hat uns da schon tolle Tipps gegeben und auch sonst ziemlich gut beraten, denn neben dem Geld muss man ja noch diverse andere Fragen bedenken. Wir wohnen in einem Haus mit Garage, die man problemlos mit einer entsprechenden Stromleitung, Wallbox und Steckdose ausstatten kann. Und mit unserer Solaranlage können wir sogar unseren eigenen Ökostrom produzieren. Aber wenn ihr in einer Stadtwohnung wohnt, kann das Stromtanken schon mal zum Problem werden, wie ich gehört habe. Bekannte von uns haben nämlich das Abenteuer gewagt und sich ein E-Mobil gekauft. Sie sind im Prinzip sehr zufrieden, haben aber immer wieder Probleme beim Aufladen: Häufig sind die Stationen defekt oder von Benzinern zugeparkt. Da kann man nur hoffen, dass sich das bald ändert, wenn immer mehr Menschen E-Auto fahren.

HINTERGRUND

Ich habe noch ein paar Fakten zu E-Autos gefunden, die bei der Kaufentscheidung auch eine große Rolle spielen können. Einerseits sind E-Autos ja extrem sauber und leise, haben einen hohen Wirkungsgrad, und die Reichweiten bei den Fahrzeugen der jüngsten Generation sind auch schon ganz ordentlich. Doch in der Produktion hinterlassen sie einen mächtigen CO_2-Abdruck, denn der Abbau der Rohstoffe für die Batterie (Lithium, Kobalt, Nickel, Grafit und Platin) kostet extrem viel Energie, verursacht massive Umweltschäden und findet allzu häufig unter menschenunwürdigen Bedingungen (Kinderarbeit, gravierende Sicherheitsmängel, kein Arbeitsschutz, keine soziale Absicherung) statt. Und im Betrieb sind E-Mobile in Sachen CO_2-Abdruck auch nur dann besser als Diesel und Benziner, wenn sie ausschließlich mit Ökostrom betankt werden – aber der kommt noch längst nicht aus allen Zapfsäulen. Aber wenn man optimistisch annimmt, dass die Energiewende eines Tages tatsächlich Wirklichkeit wird, ist das Elektroauto die bessere Wahl. Die beste allerdings wird wohl immer der Verzicht auf das Auto bleiben.

Müll & Haushalt

Wir gelten ja als Weltmeister der Mülltrennung – meine spanische Freundin hat sich schon mehr als einmal darüber kaputtgelacht, wenn ich einen Briefumschlag aus dem Restmüll gefischt und in die Altpapierkiste befördert habe. Offen gestanden war ich aber immer fast ein bisschen stolz auf die deutsche Gründlichkeit im Umgang mit dem Müll. In letzter Zeit ist mir allerdings mehr und mehr klar geworden, dass das nicht die Lösung sein kann. Denn in Deutschland wird pro Kopf mehr (Verpackungs-)Müll produziert als in den meisten anderen europäischen Ländern. Müll reduzieren heißt darum bei uns zu Hause die Devise – und das klappt mit unseren diversen Tricks eigentlich ganz gut. Und weil ich einmal so schön dabei war, habe ich mich gleich auch noch mit unserem Verbrauch an Putz- und Waschmitteln beschäftigt und die ein oder andere umweltfreundliche Alternative gefunden. Vielleicht ist ja auch was für euch dabei.

Mehrweg vor!

Der Mensch lebt ja nicht von hausgemachtem Sprudelwasser allein. Ich trinke von Zeit zu Zeit gerne mal ein Bier, mein Mann sowieso, und die Kinder lieben – wen wundert's – Limonade. All das, aber auch Joghurt, Sahne und Milch kaufe ich konsequent nur noch in Pfandflaschen und, sofern möglich, von regionalen Erzeugern, um Transportwege kurz zu halten. Und das Beste ist: Das ist nicht nur gut für die Umwelt, sondern auch richtig praktisch. Ich weiß gar nicht, wie oft mir früher ein geöffneter Plastiksahnebecher im Kühlschrank umgekippt ist und mir eine Riesensauerei beschert hat. Und Joghurt im 500-g-Glas lässt sich passend portionieren und hält im geschlossenen Glas einfach viel länger als ein angebrochener Plastikbecher, den man nicht mehr richtig verschließen kann.

HINTERGRUND

Damit unser Müllberg deutlich kleiner wird, müssten noch viel mehr Getränke in Mehrwegflaschen verkauft werden, denn Getränkeverpackungen machen rund ein Viertel unseres Mülls aus. Aktuell kaufen wir nur 42 Prozent unserer Getränke in Pfandflaschen, angestrebt sind aber 70 Prozent. PET-Flaschen mit Einwegpfand haben zurzeit einen Marktanteil von 56 Prozent, und 96 Prozent davon werden auch zurückgegeben. Doch aus den zurückgenommenen Flaschen werden nur zu knapp 30 Prozent neue Getränkeflaschen gemacht. Meist entstehen daraus Fasern, Folienprodukte oder Flaschen für den Non-Food-Bereich, etwa für Spülmittel. Eine Kreislaufwirtschaft ist das natürlich nicht.

293

Porzellan statt Einweg

Zugegeben, früher habe ich für die Geburtstagsfeiern meiner Kinder immer schön Einmalbecher und bedruckte Pappteller gekauft – hübsch anzusehen, praktisch beim Aufräumen nach der Party. Dass an so einem Nachmittag fast ein ganzer Sack Müll zusammenkam, hat mich nicht weiter gestört – damals! Seit ich zum ersten Mal gehört habe, dass unser Müll zur Entsorgung teilweise bis nach Asien verschifft wird, hat es bei mir klick gemacht, und ich habe angefangen, Müll zu vermeiden. Müll trennen ist nämlich schön und gut und wichtig – am Besten ist es aber, von vornherein so wenig Müll wie möglich zu produzieren. Im Fall des Einweggeschirrs war die Lösung leicht: Ich liebe es, auf Flohmärkten zu stöbern. Du glaubst gar nicht, was für bunte und elegante, schrille und gediegene Teller, Becher, Tassen und Besteck man dort für wirklich kleines Geld findet. Mit den Schätzen, die ich so zusammengekauft habe, kann ich inzwischen locker eine Party für 20 bis 30 Leute bestücken, und wenn was kaputt oder verloren geht, ist das auch kein Beinbruch. Außerdem ist die Spülmaschine fast so schnell gefüllt wie ein Müllsack. Kann ich nur empfehlen!

294

MACH MIT!
Kindergeburtstag ohne Müllberg

Noch ein kleiner Tipp am Rande. Häufig verschenken Menschen auch Geschirr aus Haushaltsauflösungen. Für den achten Geburtstag meiner Tochter habe ich einen Satz neutrale Teller und Gläser – Senfkristall eignet sich auch ganz wunderbar – geschossen, die die kleinen Gäste dann selbst mit Porzellanstiften bemalen konnten. Am Abend konnte ich ihnen ihre Pommes mit Würstchen und die Limo schon auf dem selbst verschönerten Geschirr servieren, denn die Farbe trocknet schnell und muss nur eine knappe halbe Stunde im Backofen gehärtet werden. Danach haben alle ihre Kunstwerke als Erinnerung mit nach Hause genommen.

Dose, Einwegglas oder Tetrapack?

Ein paar Konserven hat wohl jeder von uns im Regal stehen. Ich habe zum Beispiel immer geschälte Tomaten, Kokosmilch und Kichererbsen vorrätig. Neulich habe ich mal recherchiert, was besser für die Umwelt ist: Dose oder Glas. Das Ergebnis war ein bisschen deprimierend. Beides ist alles andere als toll. Schuld daran sind bei beiden Varianten der Materialeinsatz für die Herstellung und das Gewicht. Die Recyclingquote ist bei beiden hoch, beim Glas sogar bei um die 90 Prozent, doch die Aufbereitung für die Wiederverwertung erfordert enorm viel Energie, etwa so viel wie die Herstellung eines Getränkekartons, der ebenfalls zu 75 Prozent recycelt werden kann. Lange Rede kurzer Sinn: Wenn du Konserven kaufst, dann möglichst im Tetrapack. Damit schadest du dem Klima am wenigsten. Allerdings gibt es einen Grund, der dann doch ab und an für Einwegglas spricht: Es kann nämlich zu Hause in Mehrwegglas umfunktioniert werden … etwa zum mottensicheren Aufbewahren von Lebensmitteln wie Nudeln und Reis, als Transportbox für deinen Lunch (ich nehme mir gerne vorgekochte Suppe mit zur Arbeit, die fülle ich lieber in ein Glas als in eine Tupperdose), als Einkochglas oder auch zum Einfrieren – allerdings darfst du es dann nicht zu hoch befüllen, weil der Inhalt sich in gefrorenem Zustand ausdehnt und das Glas sonst springen würde.

Kein Bambus to go

Dass Einwegbecher für den Kaffee unterwegs nicht das Gelbe vom Ei sind, ist ja inzwischen wirklich bei jedem angekommen. Aber dass man weder der Umwelt noch sich mit einem wiederverwendbaren Becher aus Bambus etwas Gutes tut, wusste ich bis vor Kurzem auch noch nicht. Die meisten Bambusbecher enthalten nämlich nicht nur fein zermahlene Bambusfasern, sondern auch Melaminharz, einen Kunststoff. Und der ist nur bis 70 °C hitzebeständig, bei höheren Temperaturen beginnt er, sich aufzulösen. Dieses Mikroplastik landet dann nicht nur im Kaffee, sondern auch in uns. Zudem ist ein Becher mit Kunststoff nicht biologisch abbaubar – und gerade damit werben ja viele Hersteller. Mein Fazit: Kauft lieber keine Kaffeebecher aus Bambus, und schon gar keine bedruckten, denn die Farben sind allzu oft extrem umweltschädlich. Besser sind Alternativen aus Edelstahl, Porzellan und Glas.

297

Neulich im Repair-Café

Gibt es bei euch in der Nähe ein Repair-Café? Ich finde, das ist echt eine tolle Sache. Da gehst du einfach hin, wenn du was zu reparieren hast, aber keine Ahnung hast, wie's geht, oder dir das passende Werkzeug fehlt. Ich bin neulich mit meinem kaputten Lieblingsküchenstuhl hinmarschiert, und mir hat gleich jemand gezeigt, wie man einen Stuhl anständig leimt – das kriege ich jetzt in Zukunft auch allein hin. Am Ende konnte ich dann noch einer Frau helfen, einen neuen Reißverschluss in ihren Rock zu nähen. Wenn dich das neugierig gemacht hat: Such mal im Internet nach einem Repair-Café in deiner Nähe (s. S. 256). Oft bieten auch die Kirchen-gemeinden und gemeinnützige Organisationen Repair-Nachmittage in ihren Räumlichkeiten an. Die Ankündigungen findest du meistens im Internet oder auch auf dem Schwarzen Brett.

298

Reparieren mit YouTube & Co.

Ich habe ja neulich fast eine ganze Nacht lang nicht geschlafen. Schuld daran war weder Netflix noch Candy Crush, sondern ein YouTube-Kanal, auf dem so eine Art Handwerker-Tausendsassa die verschiedensten Dinge repariert und macht – von der Reparatur der Waschmaschine bis zum Anbringen der Regenrinne. Total abgefahren. Ich würde mich zwar nach diesen Video-Tutorials nie selbst an irgendwelche komplizierten Reparaturen wagen, aber ich kann mir vorstellen, dass technisch versiertere Gemüter dazu durchaus in der Lage sind. Doch nicht nur YouTube ist ein guter Lehrmeister. Auf ➡ kaputt.de findest du zum Beispiel Anleitungen zur Reparatur von Handy & Co. Und mein Wissen über das Einnähen von Reißverschlüssen, die Herstellung von DIY-Waschmittel und das Stecken von Adventskränzen verdanke ich auch dem Internet. Liegen bei dir ein paar Reparaturleichen rum? Dann auf ins Netz! Denn eines ist ja klar: Besser für die Umwelt ist reparieren, nicht neu kaufen.

Textilien – nichts, um in die Tonne zu kloppen

Zurzeit wird ja auf allen Kanälen aufgeräumt und ausgemistet. Das ist auch an mir nicht spurlos vorbeigegangen, und ich habe meinen Kleiderschrank extrem verschlankt. Ich scheine damit nicht die Einzige zu sein, denn irgendwo müssen ja die eine Million Tonnen Textilien herkommen, die alljährlich in den Altkleidercontainern landen. Welche Mengen an Klamotten dazu noch in den Restmüll wandern, weiß niemand so genau. Wenn man bedenkt, wie viele Ressourcen in die Herstellung von Kleidung fließen, finde ich das ehrlich gesagt ziemlich skandalös. Ich habe mich darum nach der großen Aufräumaktion dazu aufgerafft, mit meiner besten Freundin einen Flohmarktstand zu machen. Anschließend haben wir das, was wir nicht losgeworden sind, der Kleiderkammer der Gemeinde gespendet. Dann kann man sich wenigstens damit trösten, dass die traumschöne Hose, die leider im Laufe der Zeit immer kleiner geworden ist, noch jemand anderes glücklich macht, statt einfach entsorgt zu werden.

HINTERGRUND

Übrigens: Textilien, die so kaputt oder mit resistenten Flecken übersät sind, dass man sie beim besten Willen nicht mehr tragen kann, solltest du nicht in den Altkleidercontainer werfen. Inzwischen landen nämlich dank Fast Fashion so viele minderwertige Textilien in den Behältern, dass es für das Downcycling zu Putzlappen und Dämmmaterialien ein Überangebot gibt. Darum müssen die Lumpen dann mühsam aussortiert werden und landen am Ende doch im Restmüll. Aber vielleicht kannst du ja das ein oder andere Stück noch zum Putzen bei dir zu Hause benutzen. Ich finde zum Beispiel, dass man mit alten Socken ganz prima Schuhe polieren kann.

300 AM PAPIER SPAREN

Es ist eigentlich kurios – in den 1990er-Jahren träumte man angesichts der beginnenden Digitalisierung vom papierlosen Büro. Und genau das Gegenteil ist eingetreten: Unser Papierverbrauch steigt und steigt, ob im Büro oder privat. Im Durchschnitt verbraucht jeder Deutsche pro Jahr 250 kg. Dabei ist es gar nicht so schwer, Papier zu sparen – ob in der Arbeit oder privat. Es fängt damit an, dass man nicht alles ausdruckt, was einem im Internet so Interessantes über den Weg läuft. Bei mir waren das vor allem Kochrezepte. Für die habe ich jetzt einen eigenen Ordner auf meinem Notebook angelegt. Und wenn ich tatsächlich mal eines nachkochen will, kommt der Rechner mit in die Küche. Außerdem kannst du auch Bedienungsanleitungen, Infobriefe und Rechnungen bequem am Bildschirm durchsehen und kontrollieren und anschließend bei Bedarf elektronisch ablegen – am besten nicht in der Cloud, sondern auf deinem Rechner oder einer externen Festplatte. Schließlich brauchen die Server, die den Online-Speicherplatz bereitstellen, enorm viel Energie. Die kannst du locker sparen. Notizblöcke kaufe ich übrigens auch schon lange nicht mehr – bei uns werden Einkaufslisten, kurze Nachrichten an die Familie und Ähnliches nur noch auf alten Briefumschlägen und Schmierpapier gemacht, sonstige Notizen machen wir sowieso im Handy.

301

Umweltpapier vor!

Man kann ja mit Papier so sparsam umgehen, wie man will. Manchmal muss man trotzdem neues kaufen. Und es gibt gute Gründe dafür, dann zu Recyclingpapier zu greifen: Der Umwelt bekommt es deutlich besser, wenn das alte Papier neu aufbereitet wird, als wenn für die Produktion Bäume gefällt werden. Und es ist auch sinnvoller, das Altpapier zu recyclen, als es für die Energiegewinnung zu verwenden, sprich zu verbrennen.

HINTERGRUND

Für die Herstellung von 2,5 kg Recyclingpapier – das sind um die 500 Blätter – braucht man 5,5 kg weniger Holz als für konventionelles Papier. Außerdem müssen 7,5 Kilowattstunden weniger Energie aufgewendet werden. So viel Energie verbraucht dein Notebook in etwa 350 Stunden. Da kauft man doch gerne Umweltpapier.

302 Schluss mit Werbung im Briefkasten!

Ehrlich gesagt habe ich die bunten Werbeprospekte, die früher regelmäßig bei uns im Briefkasten gelandet sind, manchmal ganz gerne durchgeblättert. Aber im Laufe einer Woche sind das regelrechte Papierberge, die da zusammenkommen! Wir haben darum jetzt am Briefkasten einen gut sichtbaren Aufkleber mit dem Hinweis „Keine Werbung". Seitdem ist die Altpapierkiste spürbar leerer, und ich starre bei meiner mittäglichen Tasse Kaffee aus dem Fenster statt auf bunte Werbeanzeigen – was auch kein Verlust ist.

Eine ganze Menge Werbung kommt außerdem offiziell per Post in den Briefkasten geschneit, da hilft dann unser Aufkleber nicht mehr. Abhilfe schafft hier ein Eintrag in die sogenannte Robinsonliste, eine Werbesperrliste. Seriöse Unternehmen gleichen ihre Adresslisten mit der Robinsonliste ab, damit ihre Werbung nicht in Haushalten landet, die ausdrücklich keine Werbung wünschen. Außerdem schützt dich der kostenlose Eintrag auf der Liste auch vor Werbeanrufen. Und allein das ist ja schon ein Gewinn.

Den Aufkleber für unseren Briefkasten haben übrigens die Kinder gestaltet – in ziemlich bunten Farben. Da kann nun wirklich niemand mehr behaupten, er hätte ihn nicht gesehen.

303 Nachhaltige Lektüre

Papier sparen kannst du übrigens auch beim Lesen. Wenn du eher *old school* bist und am liebsten ein Buch in der Hand hältst, muss es ja nicht immer ein eigenes sein. Leihen heißt die Devise – entweder von Freunden oder in öffentlichen Bibliotheken. Eine gute Sache sind auch öffentliche Bücherschränke. Dort kannst du selbst Bücher reinstellen, die andere dann mitnehmen können, und selbst kannst du dir natürlich auch dort deine nächste Lektüre beschaffen. Für Leseratten wie meine Cousine, die mehr als 10 Bücher im Jahr lesen, sind übrigens E-Reader die nachhaltigste Lösung in Sachen Energie- und Papierverbrauch.

E-NEWS

Brauchst du den morgendlichen Blick in die Zeitung genauso dringend wie den ersten Kaffee? Ich auf jeden Fall. Wir haben ja schon seit Jahren ein Abo für die regionale Tageszeitung – allerdings seit letzten Jahr in digitaler Version. Ich fand das zuerst ja schon ein bisschen gewöhnungsbedürftig, aber inzwischen finde ich es total klasse, die neuesten Neuigkeiten im praktischen Handtaschenformat frei Haus geliefert zu bekommen und unseren Altpapierberg weiter zu reduzieren. Wäre das vielleicht auch was für euch?

305

Recycling-Qualität auch im Bad

Manchmal muss ich mich ja wundern. Zuletzt zum Beispiel darüber, dass der Pro-Kopf-Verbrauch an Toilettenpapier in Deutschland immer weiter steigt. Das liegt offensichtlich daran, dass unsere Körperrückseiten immer zarter besaitet sind: Das graue, 2-lagige Papier, das ich noch aus meiner Kindheit kenne, ist inzwischen aus den Supermarktregalen verschwunden. Stattdessen gibt es vier- bis fünflagiges „Komfortpapier", das tüchtig beworben und zu niedrigen Preisen angeboten wird. Das führt beinahe automatisch zu einem erhöhten Verbrauch.

Noch bedenklicher ist aber, dass immer weniger Menschen zu recycelten Hygienepapieren greifen – wir waren hier mal bei einer Recyclingquote von um die 70 Prozent, jetzt sind es nur noch rund 50 Prozent (während die Altpapiereinsatzquote insgesamt jährlich steigt). Dabei ist die Verwendung von Toilettenpapier aus Frischfasern eigentlich ein Skandal, denn damit landen wertvolle Rohstoffe, die eigentlich bis zu sechsmal wiederverwertet werden können, nach äußerst kurzer Benutzung unwiderruflich im Müll. Wenn du auf der Toilette auf Recyclingpapier setzt, sparst du damit um die 60 Prozent Energie und bis zu 70 Prozent Wasser ein und verursachst damit deutlich weniger Abfälle und CO_2-Emissionen. Also ich finde, diese Zahlen sprechen für sich. Und die heutigen Recycling-Toilettenpapiere haben nichts mehr mit dem körnigen Sandpapier aus früheren Zeiten gemein, sondern sind den viellagigen Papieren aus Frischfasern in Qualität und Sanftheit durchaus ebenbürtig. Ein zuverlässiges Zeichen dafür, dass du zu wirklich umweltfreundlichem Papier greifst, ist übrigens das Blaue-Engel-Siegel auf der Verpackung.

Kleiner Tipp: Schenke der Verpackung deines Recycling-Toilettenpapiers ein zweites Leben als Müllbeutel.

Nachhaltig online einkaufen

Wusstest du, dass von den 270 kg Papier, die die Deutschen jährlich pro Kopf verbrauchen, die Hälfte Verpackungen sind? Der Versandhandel lässt grüßen. Doch du hast durchaus eine Menge Möglichkeiten, auch beim Online-Shopping, deinen Papier- und Ressourcenverbrauch zu reduzieren, sodass dein Einkaufsbummel durchs Internet kein Fail in Sachen Nachhaltigkeit wird.

306

MACH MIT!
Verpackungen wiederverwenden

Ich versuche ja immer, die diversen Boxen, Kartons und verstärkten Briefumschläge, die uns so ins Haus kommen, wiederzuverwenden. Als die Kinder noch kleiner waren, haben wir auch viel mit den Kartons gebastelt, zum Beispiel eine Miniküche mit Herd, Schrank und Spüle, die wir zusammen bemalt und beklebt haben, oder ein – übrigens viele Jahre intensiv bespieltes – Schloss mit Türmchen und allem Pipapo. Falls du ein großer Bastelkünstler bist: Im Internet findest du jede Menge Faltanleitungen, um aus Kartons Hocker, Regale und sogar Kinder-Schaukelstühle zu falten.

Ich habe für dich mal meine beiden All-time-Favourites notiert:

Vielfach an langen Spielnachmittagen erprobt und superpraktisch: PAPP-STAFFELEIEN FÜR KLEINE HOBBYKÜNSTLER

Dafür brauchst du lediglich ein in der Mitte gefalztes Stück Pappkarton (am besten zwei zusammenhängende, gleich große Seiten eines Kartons), das du an der offenen Seite mit Klebeband so fixierst, dass es – mit der Falz nach oben – in einem relativ spitzen Winkel sicher stehen kann.

Dann brauchst du nur noch ein bisschen Abklebeband oder, wenn's schön bunt sein soll, Washi-Tape, um die Staffelei auf dem Tisch und ein Blatt Papier auf der Staffelei zu fixieren. So können kleine Künstlerinnen und Künstler wunderbar an ihren Aquarellen arbeiten, ohne dass der Ärmel ständig in der Farbe landet.

SCHNELLES PARTY-WEINREGAL

Du brauchst noch ein Flaschenregal für die nächste Party? Das ist schnell aus den stabilen Papprollen gebastelt, in denen Poster und Ähnliches versandt werden. Einfach in passende Stücke schneiden und in der gewünschten Formation (an sichere Standfläche denken!) mit der Heißklebepistole zusammenkleben. Wenn du Zeit hast und alles auch noch besonders schön aussehen soll, kannst du die Röhren vorher noch anpinseln oder mit hübschem Papier bekleben.

307

Bestellungen bündeln

Wenn du dich auf Online-Shoppingtour begibst, versuche deine Bestellungen möglichst gesammelt aufzugeben. Wenn du dann beim Versand die Option „Alles zusammen in einem Paket versenden" wählst, kommt nicht jeder Artikel einzeln in einem Karton an. Das hilft schon mal ordentlich Verpackungsmaterial und CO_2 einzusparen. Um deinen Online-Einkauf nachhaltiger zu machen als einen Einkauf bei lokalen Einzelhändlern, müsstest du allerdings 25 Artikel auf einmal bestellen – was sich extrem negativ auf dein Konto auswirken dürfte …

308

Auch online lokal kaufen

Auch wenn das keinen Einfluss auf die Verpackung hat: Achte auch beim Online-Shopping auf kurze Wege, das heißt: bestelle lieber in Deutschland als in China oder den USA. Damit verringert sich der CO_2-Abdruck deiner Bestellung erheblich.

309

Versand in Mehrwegverpackungen

Noch versendet das Gros der Online-Händler in konventionellen Pappkartons. Doch es gibt auch Ausnahmen, so zum Beispiel den fairen Versandhandel ➡ memolife.de bei dem du Gegenstände des täglichen Bedarfs von Büromaterialien über Kosmetika bis hin zu Technik bekommst. Bei der Bestellung kannst du wählen, ob der Versand im Pappkarton oder in einer wiederverwendbaren Box erfolgen soll. Die Mehrweglösung kostet dich keinen Cent, und wenn du die Box bis 14 Tage nach Erhalt zurückschickst, ist auch das umsonst. Und beim Modelabel ➡ Lanius.com hast du bei deiner Online-Bestellung die Möglichkeit, dir die Waren in einem gebrauchten Karton zusenden zu lassen.

Und da wäre noch das finnische Start-up RePack, das ein Pfandsystem für Mehrweg-Versandtaschen aufgebaut hat. Ein Verzeichnis der teilnehmenden Online-Shops findest unter der Rubrik „Stores" auf der Website von RePack: ➡ www.originalrepack.com. Bei der Bestellung werden um die drei Euro für die Pfandtasche aufgeschlagen, und wenn du sie, auf Umschlaggröße gefaltet, in den Briefkasten steckst und wieder zurückschickst – was dich übrigens nichts kostet –, bekommst du dein Geld zurück. Find ich gut.

310 Nur keine Ungeduld

Ja, ich weiß, wenn man seinen Traummantel in den elektronischen Warenkorb gelegt hat, kann er eigentlich gar nicht schnell genug zu Hause ankommen. Trotzdem solltest du beim Online-Shopping auf Optionen wie den Expressversand verzichten. Da kann es nämlich durchaus vorkommen, dass ein Paketbote extra für dich losgeschickt wird. Wenn du aber ein bisschen Geduld an den Tag legst, kannst du davon ausgehen, dass der Lieferant auf seiner ausgeklügelten Route immer den kürzesten Weg nimmt und nicht unnötig lange Strecken mit nur geringer Beladung fährt.

311 Maßhalten

Ich will ehrlich sein: Es ist nicht nur einmal vorgekommen, dass ich beim Online-Shoppen die Klamotten meiner Wahl gleich in mindestens zwei Größen und gerne auch mal mehreren Farben bestellt habe, um dann ganz in Ruhe das beste Stück rauszusuchen. Das, was ich nicht wollte – im Übrigen oft genug die gesamte Bestellung –, habe ich dann, wie praktisch, zurückgeschickt. War ja schließlich umsonst. Und damit war ich nicht allein: Wie die Universität Bamberg herausgefunden hat, ging 2018 jedes sechste ausgelieferte Paket an den Online-Händler zurück. Dass der Versand durchaus Geld kostet – pro Retoure rund 11 Euro – und ordentlich CO_2 verursacht – in einem Jahr so viel wie täglich rund 1850 Autofahrten von Köln nach Istanbul –, habe ich dabei nicht bedacht ... Und auch nicht, dass das Geld mir mitnichten geschenkt, sondern schon im Kaufpreis einkalkuliert und auf alle Kunden umgelegt wird.

Dazu vernichten ja noch einige Online-Händler die Retouren, weil das weniger kostet, als umzupacken und neu zu versenden. Na ja, seit ich mir das alles mal klargemacht habe, bin ich deutlich zurückhaltender bei meinen Shopping-Eskapaden im Netz und überlege mir dreimal, was ich so in meinen Warenkorb lege. Das Ergebnis: ein deutlich geringeres Paket- und damit auch CO_2-Aufkommen.

312

Wocheneinkauf liefern lassen? LIEBER NICHT

Ja, ich weiß, wenn man nicht viel Zeit hat, ist es total praktisch, die Einkaufsliste im Internet abzuarbeiten und sich den Einkauf liefern zu lassen. Aber dabei kommt noch mehr Verpackungsmüll zusammen als ohnehin schon, denn viele Anbieter umwickeln Zerbrechliches wie zum Beispiel Eier noch einmal extra. Wenn der Einkauf dann verstaut ist, steht man in der Küche in einem Müllberg. Will ja auch keiner.

313

Vor Ort kaufen – oder gar nicht

Besser als die ganze Online-Bestellerei ist natürlich ein Einkauf im lokalen Einzelhandel – vorausgesetzt, du fährst mit dem Fahrrad oder den Öffis zum Geschäft oder gehst zu Fuß hin. Und hast genügend Taschen dabei, in die du deine Schätzchen packen kannst. (Mehr zu Taschen und Beuteln findest du übrigens ab Tipp 41.)

Für den Einkauf im echten Leben spricht außerdem, dass du das Objekt der Begierde live und in Farbe ansehen kannst, statt es nur auf dem Bildschirm zu betrachten und mehr oder weniger auf gut Glück zu bestellen. Oder – noch besser – du belässt es auch mal beim guten alten Schaufensterbummel. Wie wär's?

HINTERGRUND

Eine Autofahrt kann dir deine ganze Shopping-Klimabilanz verhageln: Nach einer Autofahrt von sechs Kilometern hast du schon 2,4 kg CO_2 auf dem Buckel – mehr, als der Versand eines Pakets verursacht.

Naseputzen mit Stil

Ist dir manchmal auch nach ein bisschen mehr Eleganz im Alltag? Dann habe ich einen guten Tipp für dich: Gib Stofftaschentüchern eine Chance. Die galten nämlich schon beim mittelalterlichen europäischen Adel als echtes It-Piece. Allerdings eher als elegantes Schweißtuch oder zartes Liebespfand holder Burgfräuleins, die Nase schnäuzte man sich seinerzeit noch beherzt im Hemdsärmel. Wie dem auch sei. Solltest du hygienische Bedenken haben, die ja vor rund 90 Jahren zur Erfindung des Papiertaschentuchs führten: Bei winterlicher Triefnase, Heuschnupfen und Tränen kannst du ruhig ein Stofftaschentuch benutzen, ohne deine Umwelt zu gefährden, denn diese Leiden sind ja Gott sei Dank nicht ansteckend. Anders sieht es bei viralen Infekten mit Schnupfen aus. Da wird nämlich das in der Hosentasche zusammengeknüllte Taschentuch zur Brutstätte für die bösen Viren. Die verteilen sich dann freudig in der Luft, wenn du das Tuch aus der Tasche zupfst. In diesen Fällen also lieber weiter Papiertaschentücher verwenden. Aber bitte in Recycling-Qualität.

Übrigens: Bei der Herstellung eines Stofftaschentuchs fällt natürlich mehr CO_2 an als bei einem Papiertaschentuch, aber das macht das Stofftaschentuch durch seine enorme Lebensdauer locker wieder wett. Und da es superleicht und dünn ist, verursacht auch die Wäsche einen beinahe zu vernachlässigenden CO_2-Ausstoß.

315

MACH MIT!
DIY-Stofftaschentücher

Ich habe eine ganze Kiste spitzenumhäkelter Taschentücher von meiner Großmutter geerbt – teilweise noch in Originalverpackung. Sollte es euch an Taschentüchern mangeln: Aus ausgedienten Oberhemden und Blusen kannst du prima Taschentücher nähen und dabei nebenbei auch noch deine Skills an der Nähmaschine verbessern! Oder vielleicht haben deine Kinder ja auch Lust, sich daran zu versuchen.

Pappkameraden bevorzugt

Wenn es keine Wattestäbchen gäbe, könnte ich mich nicht mehr schminken. Goodbye, Smokey Eyes, hello, Fliegenbeine und verrutschte Lidstriche. Aber Gott sei Dank gibt es ja inzwischen Alternativen aus Pappe, und genau die kaufe ich. Bist du dabei?

Mit einem Wisch ...

Ja, klar, Küchentücher aus Papier sind total praktisch. Trotzdem, der Aufwand an Rohstoffen und Energie für die Herstellung ist wirklich enorm, und nach einem Wisch ist das Tuch auch schon weg. Nachhaltigkeit geht anders. Wir haben für uns eine ganz gute Lösung gefunden und nehmen jetzt diese fein gestreiften, dünnen, textilen Wischtücher aus dem Drogeriemarkt als Ersatz. Die sind sehr saugstark, wirklich x-mal bei 60 °C waschbar, auch in nassem Zustand reißfest, blitzschnell trocken und dazu auch noch günstig. Ich habe seinerzeit mal 4 Pakete, also insgesamt 40 Stück gekauft, und ich habe das Gefühl, da kommen wir noch Jahre mit hin. Die Küchenrolle vermisse ich jedenfalls nicht.

318

Präsent für den Eiermann

Lass uns über Eierkartons reden. Ja, sicher, du kannst sie problemlos im Altpapier entsorgen, keine Frage. Aber du kannst sie auch im Bioladen an der Ecke oder bei der Marktfrau direkt wieder auffüllen lassen. Die Händler freuen sich, und du hast wieder Ressourcen gespart. Ganz einfach.

319

Von Batterien und Akkus

Batterien und Akkus gehören nicht in den Hausmüll. Punkt. Auch nicht ausnahmsweise. Zum einen enthalten sie Schadstoffe, die bei unsachgemäßer Entsorgung freigesetzt werden können, zum anderen wirfst du damit auch wertvolle Rohstoffe wie Zink und Mangan weg. Der Handel ist gezwungen, Batterien und Akkus ohne Gebühr zurückzunehmen. Du findest in allen Supermärkten, Drogerien und im Fachhandel entsprechende Behälter. Und wenn du batterie- oder akkubetriebene Elektrokleingeräte am Wertstoffhof abgibst, darfst du die Zellen auch drinlassen.

Bei häufig genutzten Geräten, deren Batterien du häufiger als alle zwei Monate austauschen musst, solltest du auf jeden Fall auf Akkus umsteigen. Die Ladestationen für die gängigen Batterieformate AA und AAA kosten echt nicht die Welt, und es dauert nicht lange, bis du den Preis für die etwas teureren Akkus wieder reingeholt hast. Für Anwendungen, die Akkus im Format C und D benötigen, z. B. Kofferradios und Taschenlampen, gibt es übrigens auch Adapter, mit denen du deine AA-Akkus auch darin verwenden kannst.

Die Herstellung von Batterien und Akkus kostet ein Vielfaches der Energie, die sie bereitstellen. Darum ist es natürlich am besten, wenn du möglichst ganz darauf verzichtest. Weiche wann immer möglich auf den Netzbetrieb von Geräten wie Rasierer, Bohrmaschine und Radio aus, das ist billiger und auch wesentlich effizienter.

320

Hüte dich vor Mogelpackungen

Die Nahrungsmittelkonzerne greifen gerne in die Trickkiste, um uns weniger Ware für mehr Geld zu verkaufen – besonders beliebt sind die berühmten Mogelpackungen in zwei unterschiedlichen Ausführungen: Entweder die Verpackungsgröße bleibt wie gehabt, aber der Inhalt schrumpft, oder das Produkt wird in der XXL-Packung angeboten, die zwar doppelt so groß ist wie die herkömmliche Einheit, aber bei Weitem nicht die doppelte Menge enthält – in einigen ist mehr als 30 Prozent Luft. Ich finde das wirklich reichlich dreist. Zum einen, weil so ein Haufen überflüssiger Verpackungsmüll entsteht, zum anderen, weil wir als Verbraucher mit Absicht massiv hinters Licht geführt werden. Darum mein Tipp: Beim Einkaufen immer schön auf das Verhältnis von Menge und Kaufpreis achten und auch mal schauen, wo Konkurrenz- und No-Name-Produkte preislich so liegen. Der Vergleich spricht nämlich manchmal Bände. Übrigens, die Verbraucherzentrale Hamburg prämiert jeden Monat die Mogelpackung des Monats. Kannst du dir auf der Website ansehen (s. S. 256).

321

Nachfüllen erwünscht

Viele Dinge und Gegenstände des täglichen Bedarfs kaufen wir ja im Schraubglas, in der Plastikdose und manchmal auch im Blechbehälter. Beim ersten Mal ist das ja praktisch, aber danach eigentlich überflüssig. Darum kaufe ich inzwischen wirklich alles, was geht, im Nachfüllpack, etwa Gewürze, Brühe, Tee, Kaffee, Waschmittel, Badreiniger, früher auch Flüssigseife (die ist bei uns inzwischen aber dem guten alten Seifenstück gewichen). Ganz weg fällt die Verpackung dann zwar noch immer nicht, aber wenigstens wird's weniger. Und günstiger ist es sowieso. Und wenn du in einer größeren Stadt wohnst, kannst du dich ja mal nach dem nächsten Unverpackt-Laden umschauen.

322

Freiheit fürs Essen

Ich mache ja inzwischen vor allem um verpacktes Obst und Gemüse einen großen Bogen. Die eingeschweißte Gurke lasse ich ebenso links liegen wie Salat im Plastikbeutel, Äpfel auf dem Styroportablett und Aufbackbrot im Kunststoffbeutel. Da gehe ich lieber auf den Markt, zum Metzger, Bäcker oder in den Bioladen, da gibt es das alles unverpackt, wenn ich Taschen und Behälter mitbringe, und ich kann mir auch noch aussuchen, was ich kaufe. Auch konfektionierte Sandwiches, Wraps und Obstsalate sind mir echt ein Gräuel – aus geschmacklichen und umwelttechnischen Gründen. Snacks für unterwegs schmecken mir – und meistens auch dem Rest der Familie – sowieso am besten, wenn sie hausgemacht sind. Und dass wir die nicht in Folie einwickeln, sondern in der Brotdose mitnehmen, ist natürlich Ehrensache.

323

Frischobst statt Beutelmus

Mein Sohn war ja als Kleinkind ein richtiger Quetschi-Junkie, aber irgendwann hat es mir einfach gereicht. Erstens kosten diese Fruchtpürees im Quetschbeutel wirklich ein Heidengeld, zweitens waren die immer innerhalb von drei Sekunden weggeputzt, und drittens fand ich das Verhältnis von Verpackung zu Inhalt alles andere als überzeugend. In der ersten Zeit des Entzugs war das Geschrei natürlich groß, aber irgendwann war selbst meinem kleinen Dickkopf klar, dass Widerstand absolut zwecklos ist. Und wenn es unterwegs unbedingt was zu essen sein musste, gab es halt Obst aus der Aufbewahrungsdose und Leitungswasser aus der Trinkflasche.

324 Kleinklein muss nicht sein

Ich weiß, die kleinen Probepackungen für Shampoo, Duschgel, Sonnencreme & Co. im Drogeriemarkt sind sehr verführerisch und vermeintlich superpraktisch für Wochenendtrips und Übernachtungen außer Haus. Aber, Hand aufs Herz: Wie oft fährst du allein für ein Wochenende weg? Genau. Und wenn man mit der ganzen Familie unterwegs ist, sind die Minis auch schon wieder zu klein. Und zu viel Müll für buchstäblich fast nichts machen sie sowieso. Also lieber stehen lassen. Und wenn du doch mal allein unterwegs bist: Ich finde, da kommt man mit den Pröbchen, die sich in den diversen Frauenzeitschriften finden, locker aus. Oder du füllst selbst kleine Mengen deiner Pflegeprodukte in kleinere Behältern ab. Bist du dabei?

325 No cookies please

Ich trinke meinen Kaffee am liebsten schwarz. Und Cola mag ich auch lieber ohne Strohhalm. Darum verzichte ich im Café seit einiger Zeit ausdrücklich auf abgepackte Beigaben wie Zucker, Milch, Kekse, Strohhalme usw. Denn nach dem Abräumen landet das in der Regel im Müll, auch wenn ich es nicht angerührt habe. Und das nenn ich dann mal echte Verschwendung. Wie stehst du dazu?

Kapseln? Wenn, dann aus Edelstahl!

Ich weiß, die bunte Welt der Kaffeekapseln ist verführerisch, aber trotz anderslautender Beteuerungen der Hersteller alles andere als nachhaltig. Schuld sind die Aluhütchen, denn deren Herstellung ist extrem energieintensiv und nicht gerade umweltfreundlich. Und so stylish das Ganze ist – das Kilo Kaffee kostet, dargereicht in Kapselform, rund 60 Euro – in der günstigsten Variante. Es gibt sogar Sorten, die beinahe das Vierfache kosten. Ich finde, da vergeht einem die Lust.

Wenn du schon eine Kapselmaschine hast: Probiere es doch mal mit einer wiederverwendbaren Kapsel aus Edelstahl. Die ist zwar nicht ganz billig (um die 35 Euro), hält aber dafür ein Leben lang. Du kannst sie mit den Kaffeesorten und -qualitäten befüllen, die dir schmecken, und kommst dabei deutlich günstiger weg. Wer noch keine hat, bleibt am besten bei der guten alten Kaffeemaschine, Presskanne oder dem Espressokocher für den Herd.

HINTERGRUND

Wusstest du, dass Deutschland internationale Spitze ist, was den Verbrauch von Aluminium angeht? Ich hätte das nicht gedacht. In meiner Kindheit wurden Pausenbrote und Reiseproviant zwar so gut wie immer in Alufolie eingewickelt, aber ich dachte, die Zeiten seien vorbei. Eigentlich ist Aluminium ein tolles Material, leicht, hitzebeständig, biegsam, aber diese Qualitäten haben einen enorm hohen Preis, denn seine Gewinnung und Herstellung sind für die Umwelt extrem schädlich. Große Vorkommen von Bauxit, dem Erz, aus dem Aluminium hergestellt wird, gibt es vor allem in Australien, China, Brasilien, Guinea, Indien und Jamaika. Dort muss oft erst Regenwald gerodet werden, bevor der Abbau beginnen kann. Bei der Gewinnung von Alumi-

niumoxid aus Bauxit entsteht das Abfallprodukt Rotschlamm, in dem viele giftige Chemikalien wie etwa Blei und andere Schwermetalle stecken und das nicht weiterverarbeitet werden kann. Und auf eine Tonne Aluminium kommen bis zu vier Tonnen Rotschlamm. Unglaublich, oder? Dieser Rotschlamm landet dann entweder auf einer Deponie, was schon nicht ganz unproblematisch ist, oder wird in große Seen und Flüsse geleitet. Was das mit diesen Ökosystemen macht, kannst du dir ja vorstellen. Und Aluminium hat man dann noch immer nicht.

Das wird im Anschluss per Elektrolyse aus dem Aluminiumoxid gewonnen, und das unter enormem Energieaufwand, der etwa 25-mal so hoch ist wie bei der Verarbeitung von Glas und rund

10-mal so hoch wie die Produktion von Weiß-blech. Und weil diese riesigen Energiemengen so teuer sind, erfolgt die Produktion in Regionen mit niedrigen Stromkosten, wo der Strom vor allem in Wasser- und Kohlekraftwerken gewonnen wird, für die wiederum Regenwald weichen muss-te. Ein ziemlicher Schlamassel also. Und jede Menge Gründe, mit Aluminium äußerst sparsam umzugehen und darauf zu achten, dass es auf jeden Fall im Wertstoff landet. Denn Aluminium lässt sich zu 100 Prozent recyclen, und für die Herstellung von sogenanntem Sekundäralumi-nium ist nur 5 Prozent der Energie notwendig, die für die Neuproduktion aufgewendet wird.

Was außerdem dafür spricht, möglichst auf Alumi-nium zu verzichten, ist seine schädliche Wirkung auf die Gesundheit. Es kann das Nervensystem schädigen und den Knochenstoffwechsel be-einträchtigen, und man vermutet einen Zusam-menhang zwischen Aluminium und reduzierter Fruchtbarkeit, Krebs und Alzheimer. Wenn wir Aluminium über unsere Nahrung aufnehmen, können wir 99 Prozent davon wieder ausschei-den. Allerdings darf die Folie nicht mit sauren oder sehr salzigen Lebensmitteln (Obst, Tomaten, Schinken, Marinaden usw.) in Berührung kommen. Dann werden nämlich Aluminiumionen freigesetzt, die sich im Körper anreichern können.

Ganz leicht gelangt Aluminium über Kosmetika wie Deos, Lippenstifte und Sonnencremes durch die Haut in den Körper. Darum solltest du beim Einkauf immer darauf achten, dass die Pflege-produkte in deinem Warenkorb kein Aluminium enthalten.

ALU RAUS

327

Ich finde, es ist gar nicht so schwer, im Alltag auf Aluminium zu verzich-ten. Snacks kommen bei uns sowieso in die Brotdose, aufbewahrt werden Lebensmittel in Gläsern und auch mal Kunststoffboxen, Essensreste fülle ich in kleine Schüsselchen und decke sie mit passenden Tellern ab, Joghurt kaufe ich längst im Glas oder mach ihn selbst, statt Getränkedosen und Tetrapacks gibt's Limo und Saft in der Mehrwegflasche, Senf und Tomatenmark werden nicht in Tuben, sondern im Glas gekauft. Alugrillschalen und Einmalgrills sind bei uns eine ganze Weile länger passé, und Teelichter im Alu-Anzug habe ich schon längst verbannt.

In einem Punkt bin ich allerdings nicht immer ganz konsequent: Aluminium steckt nämlich oft in den Behältnissen für Tütensuppe und Saucenpulver. Und davon habe ich eine kleine Auswahl zu Hause – für den Notfall. Aber ich arbeite dran.

Übrigens sind auch viele Teflonpfannen aus Aluminium gegossen – ich bin darum auf Gusseisen umgestiegen.

328 Aluminium richtig recyceln

So viel Mühe man sich auch gibt – vollständig lässt sich Aluminium im Alltag nicht umgehen. Umso wichtiger ist es, dass du darauf achtest, dass jedes kleine Fitzelchen Alu im Wertstoff landet, also alles vom Joghurtdeckel (den man übrigens vom Becher lösen soll, damit er sortiert werden kann) über den Medikamentenblister bis zur berühmten Kaffeekapsel. Und bevor die Alufolie, mit der der Kuchen von der Schwiegermutter abgedeckt war, in die Gelbe Tonne wandert, kannst du sie bestimmt noch ein paarmal verwenden. Übrigens: Falls es unbedingt Folie sein muss, solltest du da, wo es geht, lieber Frischhalte- statt Alufolie verwenden. Die ist zwar auch nicht gerade ideal, aber immerhin das kleinere Übel. Zum Abdecken von Aufläufen und Ähnlichem habe ich einfach eine Silikonbackmatte zerschnitten, klappt ganz prima – für empfindliches Gebäck wie Biskuit benutze ich allerdings lieber federleichtes Backpapier als Schutz gegen zu viel Hitze.

329 Wohin mit dem Elektroschrott?

Auf keinen Fall in den Hausmüll. Das verbietet nicht nur das ökologische Gewissen, sondern auch der Gesetzgeber. Seit Juli 2016 ist es nämlich bei Strafe verboten, Elektrisches einfach in die Restmülltonne zu entsorgen. Und seitdem sind sowohl der Online- als auch der stationäre Handel verpflichtet, Elektronik- und Elektrogeräte zurückzunehmen, vorausgesetzt, es werden auf mehr als 400 m² elektrische und elektronische Geräte verkauft bzw. gelagert. Große Geräte wie Fernseher und zum Beispiel Waschmaschinen müssen nur dann kostenlos zurückgenommen werden, wenn man beim gleichen Händler ein neues Gerät kauft. Bei Kleingeräten mit einer Kantenlänge von weniger als 25 cm sind die Händler zu einer kostenlosen Rücknahme verpflichtet – auch wenn du kein neues erwirbst.

Das Ganze ist übrigens keine reine Schikane. Die Geräte enthalten teils wertvolle, teils schädliche Substanzen, und die können eben nur bei sachgerechter, fachkundiger Entsorgung recycelt oder aufbereitet werden.

Falls du dich gerade fragst, was denn so alles zum Elektroschrott zählt: im Prinzip alles, was ein Kabel oder irgendwo eine Batterie bzw. einen Akku hat.

MACH MIT!
Öllämpchen statt Teelicht

Für mich ist ja Sankt Martin am 11. November immer der Startschuss für die winterliche Dekoration unserer vier Wände. Früher habe ich auch immer einen Haufen Teelichter verteilt, aber die sind ja jetzt – zumindest im Alumantel – passé. Darum bin auf selbst gemachte Öllämpchen umgestiegen – superschön. Und die kann man auch prima mit Kindern basteln.

Dafür brauchst du:

→ ein Schraubglas mit Blechdeckel (z. B. ein leeres Marmeladenglas)

→ ein Stück Metallrohr mit Außengewinde und passenden Muttern (gibt's im Baumarkt oder im heimischen Werkzeugkeller …)

→ einen passenden Runddocht (den kannst du entweder im Bastelladen kaufen oder selbst drehen, alternativ tut's auch ein Schnürsenkel oder die Kordel aus einem ausrangierten Kapuzenpulli; wichtig ist, dass er aus Baumwolle besteht und nicht zu fest gedreht ist – dann brennt er nämlich nicht)

→ eine Bohrmaschine mit passendem Bohrer

1. Als Erstes bohrst du mittig in den Deckel ein Loch in passender Größe für das Gewinde, das du anschließend durch das Loch steckst und mit den Muttern fixierst. Es sollte 4 bis 5 mm aus dem Deckel ragen. Steche außerdem für den Druckausgleich mit einem kleinen Nagel ein weiteres Loch in den Deckel. Ohne dies brennt der Docht nur schlecht oder gar nicht.

2. Nun fädelst du den Docht ein. Du kannst übrigens auch einen Streifen Stoff von einem alten T-Shirt als Docht verwenden. Dazu einen 4 cm breiten Streifen in passender Länge zurechtschneiden, aufrollen und durch das Gewinde führen.

3. Jetzt füllst du das Glas mit einem einfachen Speiseöl, z. B. Sonnenblumenöl, bis möglichst nah an den Rand. So wird das Öl am besten hochgesaugt. Wenn du Lust hast, kannst du auch noch ein paar dekorative, wohlriechende Zutaten mit ins Glas geben, z. B. Orangen- oder Zitronenschalen, einen Zweig Rosmarin oder Thymian, eine Zimtstange, Rosenblüten oder auch einen Tannenzapfen.

4. Nachdem du das Glas verschlossen hast, musst du ca. 30 Minuten warten, bis sich der Docht mit Öl vollgesaugt hat. Für eine gute Flamme sollte er 4–5 mm aus dem Glas ragen. Ist er zu lang, rußt er, ist er zu kurz, geht die Lampe aus.

5. Für Öllämpchen gilt dasselbe wie für Kerzen: Sie dürfen nie unbeaufsichtigt brennen. Immer schön löschen, bevor du aus dem Zimmer gehst. Außerdem solltest du, ebenso wie bei Kerzen, den Raum vorher und nachher ordentlich lüften.

Qualität kaufen

Stöberst du auch so gerne durch das wöchentlich wechselnde Angebot diverser Ketten und Discounter? Ich lande beim Einkaufen immer wie an der Schnur gezogen dort. Früher hatte ich dann am Ende häufig genug irgendein überflüssiges Gadget im Einkaufskorb: den x-ten Funkwecker, einen Reisemilchaufschäumer (kein Witz!), einen Minischachcomputer, ein elektrisches Nagelpflegeset, noch einen Föhn, einen zusätzlichen MP3-Player und Gott weiß noch was – alles natürlich zu eher überschaubaren Preisen. Und oft war's schon nach ein paar Wochen kaputt, irreparabel selbstverständlich. Denn wer um Gottes willen repariert schon ein Nagelpflegeset?

Letztlich landete das meiste im Müll, der Rest verstaubte in der Schublade. Das will ich nicht mehr. Inzwischen kaufe ich keinen Schrott mehr. Wenn ich meine, etwas dringend zu brauchen, schlafe ich grundsätzlich eine Nacht darüber, und wenn der Wunsch oder vermeintliche Bedarf am nächsten Tag noch besteht, erkundige ich mich nach Angeboten aus zweiter Hand oder informiere mich im Fachhandel nach einer robusten und reparablen Ausführung des gewünschten Geräts, die mich eher Jahrzehnte als Monate begleiten soll. Hilft enorm.

Lieber mieten

Viele elektrische Geräte kannst du bei Bedarf auch mieten, statt sie für kleines Geld in minderwertiger Qualität zu kaufen und dann nie wirklich Freude daran zu haben. Viele Baumärkte verleihen Geräte: von der Bohnermaschine bis zur Heckenschere. Vor dem nächsten Bau- und Bastelprojekt würde ich auf jeden Fall mal dort nachfragen. Oder auch einfach mal bei den Nachbarn.

333 Wundermittel aus der Warensendung

Falls du dich auch schon mal gefragt hast, was eigentlich in diesen kleinen, mit winzigen Kügelchen gefüllten Beutelchen steckt, die man häufiger in Warensendungen, Ledertaschen und Schuhen findet: Das ist Silica, auch als Kieselgel bekannt. Und ein echtes Wundermittel, das du in Zukunft nicht wegschmeißen, sondern aufbewahren solltest, denn Silica bindet sehr viel Feuchtigkeit, genau genommen rund 40 Prozent seines Eigengewichts. Diese Eigenschaft kannst du nutzen, wenn zum Beispiel deine Sporttasche einen unangenehmen Geruch entwickelt hat. Schon ein paar Beutelchen Silica verhindern, dass sich die Feuchtigkeit aus deinen Sportklamotten ausbreitet und für schlechte Gerüche sorgt. Auch wenn dein Handy nass geworden ist, kann Kieselgel die Rettung sein. Lege das Gerät einfach möglichst schnell in eine mit Silica-Beuteln gefüllte Box, dann wandert die Feuchtigkeit vom Telefon in die Beutel. Auch nasse Schuhe trocknen schneller, wenn du einige Beutel Kieselgel hineinsteckst. Genauso kannst du empfindliche Werkzeuge und sogar Dokumente vor Feuchtigkeit schützen – stecke einfach ein paar Beutelchen in die Werkzeugkiste oder Klarsichthülle. Nicht schlecht, oder? Und wenn das Silica-Gel selbst mal trocknen muss, schiebst du es für eine halbe Stunde bei 100–120 °C in den Backofen. Achtung, wenn das Gel in einem Papierbeutelchen steckt, musst du das Papier vorher entfernen, sonst beginnt es zu brennen. Um für das Trocknen nicht allzu viel Energie aufzuwenden, solltest du abwarten, bis du eine größere Menge gebrauchtes Gel beisammenhast, die du dann in der Nachwärme vom Kuchenbacken trocknest.

Gib alten Resten eine Chance 334

Manchmal sind es ja gerade die kleinen Sachen, die mich richtig nerven. Zum Beispiel wenn ich Seifenreste, nicht vollständig geleerte Shampoo- und Duschgelflaschen und Zahnpastatuben mit noch ausreichend Inhalt für viermal Putzen im Müll finde. Der Rest der Familie ist schon ganz genervt, für die bin ich nur noch der Müllsheriff. Dabei ist es doch gerade hier so einfach, ein bisschen sparsam zu sein, will heißen: Das alte Seifenstück kann man prima huckepack auf das neue kleben, mit ein bisschen Wasser lassen sich Shampoo- und Duschgelreste problemlos aus der Verpackung locken, und wenn man die Zahnpastatube aufschneidet, findet man da noch Paste für mindestens zwei Tage. Oder so. Mann.

Wertstoff richtig vorbereiten

Manchmal frage ich mich, warum alles immer so kompliziert sein muss. Aber so ist wohl das Leben. Die Deutschen gelten ja als sehr disziplinierte Mülltrenner, und es soll ja sogar Leute geben, die ihre Joghurtbecher spülen, bevor sie sie in die Gelbe Tonne werfen – was im Übrigen überflüssig ist. Aktuell wird nur ein kümmerliches Drittel unseres Plastikmülls wiederverwertet. Damit das deutlich mehr wird, sind bestimmte Vorarbeiten durchaus sinnvoll. So haben die Sortieranlagen ein Problem, wenn unterschiedliche Kunststoffe, etwa weiches und hartes Plastik, aneinanderhaften. Die trennt man also schon besser bei der Entsorgung voneinander, sonst landet das Duo nämlich gemeinsam im Restmüll. Gleiches gilt für Kombinationen von Plastik und Metall. Mir kommt da gleich der Joghurtbecher aus Kunststoff mit einem Deckel aus Aluminium in den Sinn. Darum immer schön den Deckel abmachen – oder am besten gar nicht mehr kaufen und auf Pfandgläser setzen. Sachen aus schwarzem Kunststoff versuche ich auch weitgehend zu meiden, denn der wird von den Sortieranlagen ebenfalls häufig nicht erkannt.

Ein für die Anlagen nahezu unlösbares Problem ist ineinandergestapelter Verpackungsmüll à la Orangennetz in der Konservendose. Darum: Unterschiedliche Materialien immer möglichst voneinander trennen, bevor du sie in die Gelbe Tonne verabschiedest.

336

Everybody wants ice cream

Ich kann Eis kaum widerstehen. Aber wenn ich mir ein Eis gönne, dann in der Waffel. Es ist doch vollkommen absurd, was sich da an heißen Tagen in den Mülleimern vor den Eisdielen an Becherchen stapelt. Wenn du die Waffel partout nicht magst oder sie dir verkneifen willst, um die Kalorien in eine weitere Eiskugel zu investieren: Entsorge das Becherchen lieber zu Hause in die Gelbe Tonne oder, noch besser: Setz dich gemütlich ins Eiscafé, und gönn dir einen anständigen Eisbecher. Ich finde, das ist wie ein Mini-Urlaub. Und soooo lecker.

337

Wohin mit alten DVDs und CDs?

Ich habe ja neulich mein Büro zu Hause aufgeräumt und bin in den Tiefen meiner Schränke auf eine ganze Kiste mit DVDs und CDs gestoßen, die kein Mensch mehr braucht. Und wusste nicht so recht, wohin damit. Jetzt bin ich schlauer: Die runden Datenträger bestehen größtenteils aus Polycarbonat, einem hochwertigen Kunststoff, der mit geringem Aufwand recycelt werden kann, um daraus neue DVDs, Medizintechnik, Auto- oder Computerbauteile herzustellen. Darum solltest du sie keinesfalls in den Restmüll werfen. Wenn ihr in eurer Gemeinde schon Wertstofftonnen habt, kannst du sie guten Gewissens dorthinein entsorgen. Anders sieht es mit der klassischen Gelben Tonne

aus, die ausschließlich für Verpackungsmüll vorgesehen ist. In diesem Fall musst du deine CDs und DVDs an der zuständigen Sammelstelle abgeben. Das ist meistens der Wertstoffhof, doch ab und an gibt es auch in Rathäusern, Bürger- und Einkaufszentren Sammelboxen für ausgediente DVDs und CDs.

Vor der Entsorgung solltest du die Datenträger unbedingt unlesbar zu machen. Durch das gründliche Zerkratzen der Oberseite zerstörst du die Datenschicht, alternativ kannst du sie auch mit einer Schere zerschneiden. Keine gute Idee ist das Zerbrechen der alten Datenträger: Der Kunststoff zerbirst in tausend Stücke.

Klassische Kandidaten für den Gelben Sack und die Wertstofftonne

Es geht ja immer wieder mal das Gerücht um, Mülltrennung sei der reinste Unsinn, und letztlich würde auch unser Plastikmüll nur verbrannt. Das stimmt natürlich nicht ... oder nur zum Teil. Denn noch liegt die Recyclingquote für Verpackungen und Wertstoffe um die 30 Prozent, Tendenz aber glücklicherweise leicht steigend. Ein Grund dafür, dass die Wiederverwertung alles andere als optimal läuft, sind Fehler bei der Trennung. Typische Kandidaten für die klassische Gelbe Tonne, in die ja nur Verpackungen kommen, sind unter anderem Brötchentüten (ich war auch überrascht, aber die sind ja meistens beschichtet), Einschlagpapier für Wurst und Käse, die schon erwähnten Joghurtbecher, Konservendosen, Nudeltüten, Shampoo-, Duschgel- und Putzmittelflaschen, pfandlose Getränkeflaschen, Styropor (Verpackungsmaterial und Boxen vom Lieferdienst), leere Tablettenblister, Zahnpasta- und Cremetuben, Deoflaschen. Wenn ihr

eine Wertstofftonne habt, kommen dazu noch sogenannte stoffgleiche Nichtverpackungen, also Alufolienreste von der Rolle, ausrangierte Alupfannen, Plastikschüsseln und Kochtöpfe, Kunststoffbehälter wie Blumentöpfe und Eimer, Zahnbürsten, Kleiderbügel, Besteck.

Und wenn du mal gar nicht weiterweißt, kannst du auch die Servicenummer eures kommunalen Müllentsorgers anrufen. Normalerweise helfen die einem dort gerne weiter.

339

Challenge

Einen Tag lang keinen Müll produzieren

Glaubst du, ihr schafft es, einen Tag lang keinen Müll zu produzieren? Wir haben das jetzt schon diverse Male versucht, aber bis zum angestrebten Zero Waste haben wir es nur einmal gebracht, denn der Teufel steckt, wie so oft, im Detail. Einmal zum Beispiel hatte ich es morgens so eilig, dass ich ohne Proviant zur Arbeit bin. Und versuch mal, Fastfood oder außer Haus zu essen, ohne das kleinste Fitzelchen Müll zu produzieren. Ich dachte ja, ich hätte mich gerade noch mal so mit der Pizza beim Steh-Italiener gerettet (der vorbildlicherweise auf Porzellan mit Edelstahlbesteck serviert), doch dann habe ich gedankenverloren beim Rausgehen zum Serviettenstapel gegriffen. Meinem Mann ging es in einer ähnlichen Situation mit dem in Papier verpackten Einwegzahnstocher so. Ein andermal war ich beim Blumenladen nicht schnell genug, und schon hatte die nette Floristin Papier um meinen schönen Strauß gewickelt. Aufpassen muss man auch, wenn man Pfandflaschen kauft – sonst steht man am Ende mit einem Kronkorken in der Hand da. Blöd ist es auch, wenn man ausgerechnet an seinem Zero-Waste-Tag sein Handy vergisst, sodass man eine Fahrkarte am Automaten statt per App kaufen muss. Das waren Dinge, an denen wir so gescheitert sind – das große Ganze hatten wir dagegen ganz gut im Griff: Wir alle hatten für den Fall der Fälle immer reichlich Taschen und Beutel dabei, Pausenbrot und Mittagssnack steckten fast immer gut verpackt in der Brotdose in Tasche und Rucksack, das Abendessen war so geplant, dass wir ohne Verpackung hinkamen (z. B. Kartoffeln mit Salat, alles frisch vom Markt). Ach so, eine Ausnahmeregelung haben wir uns auch gegönnt, da es in unserer Nähe keinen Unverpackt-Laden gibt: Dinge aus unseren Vorräten, die man auf dem Land nicht so leicht unverpackt bekommt (Olivenöl, Essig, Butter, Mehl, Zucker), „durften" wir auch verwenden.

Ich denke, um ein echtes Zero-Waste-Leben zu führen, muss man schon sehr engagiert sein und entsprechende Einkaufsmöglichkeiten wie einen Unverpackt-Laden oder ein ökologisch engagiertes Bauernlädchen in der Nähe haben. Aber ich finde, an solchen Zero-Waste-Tagen wird einem ziemlich schnell klar, wie enorm viel Müll wir – ohne eine Sekunde darüber nachzudenken – an ganz normalen Tagen produzieren. Nachmachen unbedingt empfohlen!

GREENWASHING:
Die Sache mit dem Bio-Plastik

Mir sind in letzter Zeit immer mal wieder Brotdosen aus Bio-Plastik über den Weg gelaufen, und neben den Mülltüten im Supermarkt liegen jetzt auch Bio-Plastiktüten für den Kompostabfall. Ich bin der Sache mal nachgegangen, denn so richtig erklären konnte ich mir das nicht. Es handelt sich dabei um zwei verschiedene Paar Schuhe: Die Bio-Plastiktüten tragen ihren Namen, weil sie biologisch abbaubar sind. Sie können durchaus auch Erdöl enthalten. Kompostierbar sind sie nur unter den spezifischen Bedingungen in industriellen Kompostieranlagen, und auch dort würde die Zersetzung 3 Monate dauern. Solche Anlagen arbeiten aber im 4- bis 5-Wochen-Rhythmus. Und dann ist die Tüte immer noch Plastiktüte statt Kompost. Auf dem heimischen Kompost zerfällt eine Bioplastiktüte gar nicht, sondern verhält sich weitgehend wie eine „normale" Plastiktüte. Und wenn du die Tüten in den Gelben Sack gibst, behindern sie unter Umständen den Recycling-Prozess anderer Kunststoffe, weil sie von den Anlagen nicht als Kunststoffe erkannt werden. Damit verfügt die abbaubare Bio-Plastiktüte über keinerlei Mehrwert, und du kannst sie getrost links liegen lassen. Sie wird unser Plastikproblem nicht lösen.

Und dann gibt es noch Bio-Plastik, das anteilig aus nachwachsenden Rohstoffen wie Mais, Zuckerrohr und Zellulose hergestellt wird. Das schont zwar die Erdölreserven, und bei der Herstellung und Entsorgung fällt weniger CO_2 an, doch aufgrund seiner langen Haltbarkeit – in der es den konventionellen Kunststoffen in nichts nachsteht – ist es für unsere Umwelt letztlich nicht weniger schädlich. Außerdem ist der Anbau der verarbeiteten Rohstoffe extrem energieaufwendig und erfolgt nach den Methoden der industriellen Landwirtschaft, sprich, es werden reichlich Pestizide und chemische Dünger verwendet – und häufig auch Gentechnik. Damit ist also auch nichts gewonnen. Es bleibt also dabei: Das beste Plastik ist einfach kein Plastik.

Nachhaltig schreiben

Fahren bei euch auch so viele Stifte rum, die mehr schlecht als recht funktionieren? Wenn ich dringend was notieren will, kann ich fast sicher sein, dass ich nur Stifte mit Schreibhemmung finde. Darum habe ich die Kinder neulich dazu verpflichtet, eine Runde durch unser Heim zu drehen und alle Stifte zu testen. Alles, was nicht mehr richtig funktioniert, haben wir weggeworfen. Leider wandern alte Stifte gänzlich in den Restmüll. Noch gut funktionierende Kulis sowie brauchbare Ble- und Buntstifte, Radiergummis und Bastelscheren sowie Lineale haben wir zusammengepackt und der Gemeinde gespendet. Die sorgt nämlich dafür, dass das Material an Schulen in aller Welt geschickt wird, wo es an diesen Materialien fehlt. Für uns habe ich auch ein paar Kugelschreiber, die mir einigermaßen okay erschienen, behalten und mir gleich mal neue Minen gekauft. Und neu angeschafft werden nur noch nachfüllbare Stifte wie Füller, Gelroller und Filzstifte und Textmarker – jaha, die habe ich im Internet entdeckt, kann man mit Wasser nachfüllen. Nicht schlecht, oder?

Licht im Entsorgungsdschungel

In den meisten Haushalten ist aktuell ein buntes Gemisch aus Glühbirnen, Halogenlampen, Energiesparlampen und LEDs im Einsatz. Das ist bei euch vermutlich nicht anders. Doch auch wenn sie alle denselben Zweck erfüllen, darfst du sie nicht alle in dieselbe Mülltonne entsorgen. Während die gute alte Glühbirne ebenso in den Restmüll kann wie Halogenlampen, musst du Energiesparlampen, LEDs und Leuchtstoffröhren beim Wertstoffhof oder an anderen speziellen Sammelstellen der Gemeinde abgeben. Besonders bei Energiesparlampen und Leuchtstoffröhren ist eine sorgfältige Entsorgung unerlässlich, da sie unter anderem das für Mensch und Umwelt gefährliche Quecksilber enthalten. Übrigens – im Glascontainer hat kein Leuchtmittel etwas verloren!

Altpapier oder kein Altpapier?

343

Dass Zeitungen, Zeitschriften, zerkleinerte Kartons und Verpackungen aus Pappe oder Papier ins Altpapier gehören, ist ja klar. Wir hatten aber unlängst beinahe einen Familienkrach um die richtige Mülltrennung. Mein Mann wollte mir nicht glauben, dass Kassenzettel nicht ins Altpapier gehören. Ist aber so, denn die Bons aus Thermopapier sind fast alle mit Bisphenol A beschichtet. Das ist eine chemische Substanz, die auf das Hormonsystem wirkt. Und nicht nur das. Wandert sie ins Altpapier und damit in den Recyclingkreislauf, wird sie zum Umweltproblem. Zum Beispiel, wenn sie über das Toilettenpapier in unsere Kläranlagen und, wenn's schlecht läuft, in unsere Gewässer gelangt. Darum: Keine Kassenbons ins Altpapier, sondern in den Restmüll.

Das gilt übrigens auch für die sogenannten Hygienepapiere, also Papiertaschentücher, Papierservietten, Küchenrolle und Toilettenpapier, denn es ist nicht möglich, Zellstoff so aufzubereiten, dass er wiederverwertet werden kann.

Falls du dich fragst, ob es sinnvoll ist, gepolsterte Versandtaschen auseinanderzuzupfen, um die einzelnen Bestandteile getrennt zu entsorgen – die Antwort lautet definitiv: Nein! Denn so viel Mühe du dir auch gibst, ein bisschen Folie bleibt wohl immer am Papier, und damit ist es wertlos für den Recyclingkreislauf und wird sowieso aussortiert. Also ab in den Restmüll damit. Was du allerdings auseinander-rupfen solltest, sind in Folie eingeschweißte Werbeprospekte. Die Prospekte kommen ins Altpapier, die Folie in die Gelbe Tonne oder die Wertstofftonne. Keine Probleme im Altpapier machen Briefumschläge mit Sichtfenster und Kartons mit Resten von Klebeband. Die werden nämlich bei der maschinellen Aufbereitung des Papiers entfernt. Du kannst also diese Vorarbeit übernehmen und die Sichtfenster abfriemeln, du musst aber nicht.

Ebenfalls ein Fall für die Altpapiertonne ist Geschenkpapier, ja, auch glitzerndes und glänzendes. Ganz im Gegensatz übrigens zu beschichteten Papieren wie Lack- und Backpapier und dem Silberpapier aus Zigarettenschachteln. Die gehören ebenso in den Restmüll wie Hochglanzmagazine auf Fotopapier.

Gehört die Pizza vom Italiener für dich zum Start ins Wochenende wie der Topf zum Deckel, aber du weißt nicht, wie man den Pizzakarton nachher entsorgt? Die Antwort ist einfach: Gegen saubere, unbeschichtete Kartons im Altpapier ist nichts einzuwenden, sind aber Öl, Tomatensauce und Käse danebengegangen: ab in den Restmüll damit! Und, ganz nebenbei: Der beste Start fürs Wochenende ist doch sowieso, die Pizza direkt beim Italiener zu essen und damit gleichzeitig Verpackungsmüll zu sparen.

Kleines Einmaleins der Altglasentsorgung

Wusstest du, dass man Glas beliebig oft recyclen kann, ohne dass es an Qualität einbüßt? Die Recyclingquote im Behälterglasbereich liegt bei über 90 Prozent. Erstaunlich eigentlich, dass man in Deutschland mit dem Recyceln von Glas erst in den 1970er-Jahren angefangen hat. Vor allem, wenn man bedenkt, dass der Energieaufwand beim Recycling um 25 Prozent niedriger als bei der Neuproduktion von Glas ist. Aber wie dem auch sei: Damit das alles so klappt, ist auch eure Mithilfe gefragt. Entscheidend ist, dass ihr nur solche Sachen in den Container werft, die auch da hineingehören. Das sind Getränkeflaschen, Konserven- und Marmeladengläser, Glasflakons und Parfümflaschen. Anders Leuchtmittel aller Art, Trinkgläser, Bleikristall und Geschirr, Spiegel und Fensterscheiben – die solltest du im Wertstoffhof abgeben. Ebenfalls nicht passend für das Altglas sind Gegenstände aus Keramik, Porzellan und Steingut.

Ganz wichtig: Wirf bitte keine leeren Honiggläser in den Container, denn sie locken Honigbienen an, die sich in der Folge mit einer bakteriellen Brutkrankheit infizieren können. Wenn du das Glas spülst, ist diese Gefahr allerdings gebannt. Noch besser ist es natürlich, wenn du deinen Honig beim Imker im Pfandglas kaufst …

Zu guter Letzt solltest du beim Einwerfen sorgfältig nach Farben trennen: Weiß zu Weiß, Braun zu Braun und Grün zu Grün. Blaues, gelbes und rotes Glas kannst du ebenfalls zum grünen schmeißen. Diese Trennung ist wichtig, damit aus dem Altglas wieder farbreines neues Glas entstehen kann. Übrigens: Man kann einer Flasche nicht ansehen, wie groß der Anteil an Altglas ist. Aber das meiste Altglas steckt in grünen Flaschen. Ach so, Deckel und Verschlüsse könnt ihr mit in den Container werfen, aber es schadet auch nicht, wenn ihr sie vorher abmacht und passend entsorgt.

345

Wohin mit abgelaufenen Medikamenten?

Man soll seinen Medikamentenschrank ja regelmäßig kontrollieren und abgelaufene Arzneimittel rechtzeitig aussortieren. So weit, so gut. Allerdings hatte ich immer ein schlechtes Gefühl dabei, Medikamente in den Restmüll zu tun. Ist aber, wie ich inzwischen weiß, ganz richtig so, denn bei der Müllverbrennung werden die arzneilichen Wirkstoffe zerstört und können folglich auch keinen Schaden mehr in der Umwelt anrichten. Wenn du kleine Kinder hast, solltest du Tabletten zur Entsorgung lieber nicht aus dem Blister drücken. Sie könnten die bunten Pillen nämlich im Müll entdecken und für Bonbons halten. Die Umverpackungen kannst du wie ganz normalen Müll behandeln: Pappschachteln kommen zum Altpapier, Plastikverpackungen in die Gelbe Tonne. Alternativ kannst du auch mal in der Apotheke deines Vertrauens nachfragen, ob sie die Medikamente zurücknimmt – dazu verpflichtet ist sie allerdings nicht. Keine Option ist es, Medikamente in der Toilette zu entsorgen. Denn jedes Quäntchen Wirkstoff, das über die Kanalisation in unsere Gewässer gelangt, bedeutet einen Schaden für unsere Umwelt. Und um die kämpfen wir ja gerade.

346

Durchblick spenden

Ich bin leider extrem kurzsichtig, und mit der Sehstärke geht es zurzeit noch stetig bergab. Und mein Mann hat – zu seinem großen Leidwesen – schon die zweite Generation Lesebrillen. Darum hatten wir ewig eine ganze Kiste mit eigentlich noch sehr guten und schönen Brillen rumstehen, die ich nicht einfach in den Müll oder vielmehr in die Wertstofftonne werfen wollte. Dann hat meine Schwägerin mich auf die Idee gebracht, die Sehhilfen zu spenden. Ich bin letztlich bei „Brillen weltweit" gelandet. Du kannst im Internet ganz leicht rausfinden, wo bei euch in der Nähe die nächste Brillensammelstelle ist (s. S. 256). Was hältst du von dieser rundum nachhaltigen Lösung in Sachen Entsorgung?

347

Wertvolle Ressourcen retten

Macht ihr euch ab und an auch gerne eine gute Flasche Wein auf? Der Trend geht zwar auch bei Qualitätsweinen zum Schraubverschluss, doch es gibt auch noch reichlich Flaschen mit echten Korken – in Deutschland fallen jährlich rund 1,2 Milliarden Stück an –, und die solltest du auf keinen Fall in den Müll werfen. Kork ist ein wertvoller Rohstoff. Gesammelt wird in Bio-Märkten, Schulen, Weinhandlungen und von Privatleuten.

Vielleicht gibt es ja bei euch in der Nähe auch eine Sammelstelle der KORKampagne des NABU Hamburg (s. S. 256). Das Projekt läuft schon seit 1994. Seitdem wurden insgesamt 100 Millionen Korken gesammelt und an gemeinnützige Einrichtungen weitergegeben, wo sie zu Dämmgranulat für den ökologischen Hausbau verarbeitet werden. Das nenne ich mal eine gute Sache.

348

MACH MIT!
Auf zum Plogging

Nein, ich habe keinen Sprachfehler. „Plogging" ist ein noch recht neuer Trend aus Schweden, der sich seit einer Weile in Europa ausbreitet. Die Bezeichnung setzt sich aus dem schwedischen Verb „plocka upp" – was so viel heißt wie „aufheben" – und dem Wort „Jogging" zusammen. Aufgehoben wird beim Plogging Müll, und das, du ahnst es schon, beim Joggen. Im Prinzip hat diese Fitness-Disziplin echtes Weltretter-Potenzial: Die Umwelt wird sauberer, die Plogger und Ploggerinnen fitter. Was will man mehr? Über das Internet findest du sicherlich auch organisierte Plogging-Gruppen in deiner Nähe. Oder du gründest selbst eine. Wir haben uns privat mit unseren Nachbarn zu einer Familien-Plogging-Runde zusammengeschlossen und versuchen, mindestens zweimal im Monat mit den Müllsäcken auszurücken. Mir kommt das eigentlich entgegen, dass man nicht die ganze Zeit rennen muss, sondern zwischendurch auch mal ein paar Kniebeugen macht, um Picknickplätze zu säubern, Wegränder oder Wiesen. Wenn man mit einem vollen Müllbeutel nach Hause kommt, ist man richtig zufrieden. Auch wenn man sich wirklich wundern muss, was die Leute einfach so fallen lassen.

Zur Motivation für die Kinder prämieren wir immer einen Tagessieger: Wer den meisten Müll gesammelt hat, hat gewonnen. Wenn einer von uns gewinnt, darf der sich das Abendessen für den nächsten Tag wünschen.

Lang lebe der Spülschwamm

Die klassischen gelben Spülschwämme mit der schwarzen Scheuerseite waren mir als reine Wegwerfprodukte ja schon länger ein Dorn im Auge, und ich habe mich ewig nach einer waschbaren Alternative umgesehen. Inzwischen bin ich bei einem großen Umweltversand fündig geworden und habe dort gleich zwei nachhaltige Lösungen entdeckt. Zum einen diverse Reiniger aus Kupfer, die ziemlich gründlich schrubben und bei 60 °C in die Waschmaschine können,

zum anderen Spülschwämme mit Kohlefasern mit weicher und harter Seite, die ebenfalls bei 60 °C gewaschen werden können. Einziger Wermutstropfen: Im stationären Handel habe ich sie nicht gefunden und musste darum eine Online-Bestellung aufgeben … Aber beim nächsten Mal tu ich mich für meine Bestellung mit den Nachbarinnen zusammen – die waren nämlich auch schon ganz angefixt von meinen Entdeckungen.

MACH MIT!
Einen Spüllappen stricken

Ich bin ja eine leidenschaftliche Strickliesel. Du auch? Dann strick dir deine Spüllappen doch demnächst selbst. Man kann die Teile übrigens auch toll als Waschlappen verwenden. Wichtig ist, dass du die Tücher aus reiner Baumwolle strickst, damit du sie auch mal bei 60 °C in die Waschmaschine stecken kannst. Besonders weich werden sie aus Baumwollgarn für Babykleidung.

Ich stricke normalerweise im Perlmuster, also eine Masche rechts, eine Masche links, Reihe für Reihe jeweils versetzt, weil man da so gut wie gar nicht nachdenken oder zählen muss, aber es geht natürlich auch jedes andere Muster.

Für ein eher dünnes Tuch mit rund 20 cm Kantenlänge brauchst du:

➡ 1 Knäuel Baumwolle à 25 g, Lauflänge ca. 90 m
➡ 1 Rundstricknadel Stärke 2,5
➡ Nadel zum Vernähen der Fäden

Wenn du eine ungerade Anzahl von Maschen anschlägst, ist das Perlmuster ganz unkompliziert zu stricken: Du beginnst einfach jede Reihe mit einer rechten Masche, und die Maschen sind automatisch versetzt. Wenn du die gewünschte Höhe erreicht hast, kettest du die Maschen ab, und fertig ist der Spüllappen.

Meine Tochter kann seit einer Weile stricken, wagt sich aber noch nicht an große Stücke und Muster. Sie nutzt die Spüllappenproduktion als Übung und zum Ausprobieren erster Muster. Man kann die nachhaltigen Küchenhelfer übrigens auch häkeln statt stricken.

Schrubben mit der Luffagurke

Ganz ohne Plastik kommen Schwämme aus dem Fasergewebe der Luffagurke, eines Kürbisgewächses, aus. Du kennst sie vielleicht eher aus dem Wellness-Bereich, wo man sie zum Massieren und für Körperpeelings einsetzt. Aber im Haushalt sind sie genauso gut brauchbar. Sobald die Fasern nass sind, quellen sie auf und eignen sich bestens als Spül- oder Putzschwamm. Und du brauchst noch nicht mal unbedingt ein Putzmittel, denn mit ihrer rauen Oberfläche reinigen sie sehr gründlich, verursachen aber keine Kratzer. Außerdem kannst du sie in der Spül- oder Waschmaschine waschen. Leider sind auch sie im stationären Handel schwer zu finden – manchmal gibt es Luffaschwämme in der Kosmetikabteilung. Alternativ kannst du dir ein größeres Stück im Online-Handel besorgen und dir deine Schwämme nach Bedarf einfach abschneiden. Und wenn ihre Zeit abgelaufen ist, kannst du sie auf dem Kompost entsorgen. Ziemlich nachhaltig, oder?

Mit Hausmitteln putzen

Hast du schon mal durchgezählt, wie viele unterschiedliche Putzmittel bei euch im Schrank stehen? Ich habe das mal gemacht und bin bei rund 20 gelandet. Unglaublich, oder? Was da nicht alles bei war: Neutralreiniger, Essigreiniger, Bodenpflege für Fliesen, Bodenpflege für Laminat, Glasreiniger, Scheuermilch, Scheuerpulver, Edelstahlpflege, Reiniger fürs Ceranfeld, Badreiniger, fettlösendes Spray für die Küche, Kunststoffreiniger und hast du nicht gesehen. Der Witz ist, dass das meiste davon überflüssig ist wie ein Kropf, denn schon mit den – dazu noch ausgesprochen günstigen – Zutaten Soda, Natron, Essig(essenz), Zitronensäure und Kern- oder Schmierseife kannst du eigentlich alles an Putzmitteln herstellen, was man im Alltag so braucht. Wenn das nicht so dein Fall ist: Gewöhn dir auf jeden Fall an, Öko-Putzmittel zu kaufen, denn die sind weniger belastend für die Umwelt und auch für eure eigene Gesundheit.

353

MACH MIT!
Putzmittel aus Eigenproduktion

Ich finde es schon praktisch, wenn meine Putz-mittel griffbereit im Schrank stehen und ich nicht mit verschiedenen Töpfchen, Flaschen und Tiegeln hantieren muss, wenn ich putze. Um nicht wieder bei den Putzmitteln aus dem Supermarkt zu landen, habe ich gemeinsam mit den Kindern ganz einfache Rezepte zur Herstel-lung von Putzmitteln zusammengesucht, und wir haben unsere erste DIY-Produktlinie zusammen-gemischt.

Abgefüllt haben wir unsere Eigenmarke in leere Putzmittelflaschen und -dosen, die wir natürlich ordentlich beschriftet haben. Mein Mann und die Kinder haben es sich außerdem nicht nehmen lassen, ein eigenes Logo zu entwickeln und die Etiketten zu gestalten – sieht ziemlich stylisch aus. Wäre das nicht auch was für euch?

Hier unsere Favoriten:

GLASREINIGER

➡ 4 Esslöffel Essigessenz

➡ ca. 0,5 Liter warmes Wasser

Zutaten in einer 500-ml-Sprühflasche mischen. Lossprühen.

SCHEUERPULVER

➡ 250 g Waschsoda

➡ 60 g Salz

➡ 10 Tropfen Zitrusöl

➡ 5 Tropfen Teebaumöl

Zutaten mischen und in einer luftdichten Dose aufbewahren.

SCHEUERPULVER, DIE SCHNELLE LÖSUNG

➡ 50 g Natron

➡ 1 Esslöffel Zitronensäure

➡ 1 Esslöffel Speisestärke

Zutaten mischen und loslegen.

SCHEUERMILCH

➡ 2 Esslöffel Natron

➡ etwas Zitronensaft

➡ 2 Esslöffel Salz

➡ flüssige Schmierseife

Natron, Zitronensaft und Salz in eine 750-ml-Fla-sche geben und mit der flüssigen Seife auffüllen. Schütteln. Fertig.

UNIVERSALREINIGER

→ 800 ml Wasser

→ 1 Esslöffel Waschsoda

→ 1 Teelöffel Zitronensäure

→ 2 Esslöffel feste oder 4 Esslöffel flüssige Schmierseife.

Wasser aufkochen und Soda darin auflösen. 5 Minuten warten, dann Zitronensäure zugeben und umrühren, dann die Schmierseife einrühren. Mischung mit so viel Wasser aufgießen, dass insgesamt 1,5 l Reiniger entstehen, und in eine oder mehrere Sprühflaschen abfüllen. Vor der Verwendung schütteln.

SPÜLMITTEL

→ 500 ml heißes Wasser

→ 80 ml flüssige Seife

→ 1 Esslöffel Waschsoda

Zutaten in eine leere Spülmittelflasche geben, schütteln und fertig.

FLÜSSIGWASCHMITTEL

→ 1020 ml Wasser

→ 15 g echte, fein geriebene Kernseife

→ 2 Esslöffel Waschsoda

→ ätherisches Bio-Öl, z. B. Zitrone oder Lavendel, für den Duft

→ 1 leere Flasche (ca. 1,2 Liter)

340 ml kochendes Wasser über die geriebene Seife gießen und Waschsoda zugeben, alles gut mit einem Schneebesen verrühren und anschließend ruhen lassen. Dann weitere 340 ml kochendes Wasser unterrühren. An dieser Stelle kannst du dann nach Wunsch 10–15 Tropfen ätherisches Öl beigeben. Einen Tag später noch einmal 340 ml kochendes Wasser unterrühren und die Mischung in eine verschließbare Flasche füllen. Flasche vor dem Waschen gut schütteln. Pro Waschgang brauchst du bei mittlerer Wasserhärte ca. 200 ml Waschmittel.

WC-REINIGER

→ 2 Esslöffel Zitronensäure

→ 100 ml abgekochtes Wasser

→ 10 ml Spülmittel

→ 2 Esslöffel Speisestärke

→ 500 ml Wasser

→ nach Belieben ätherisches Öl

Die Zitronensäure in das abgekochte und abgekühlte Wasser einrühren, dann das Spülmittel zugeben und alles gründlich vermischen. Die Speisestärke in 500 ml kaltes Wasser einrühren und aufkochen lassen, dabei stetig rühren, damit sich keine Klumpen bilden. Dann beide Flüssigkeiten miteinander vermischen und nach Belieben ätherisches Öl dazugeben, z. B. Lavendel-, Zitronen- oder Orangenöl. Nach dem Abkühlen in ein geeignetes Gefäß füllen, z. B. eine leere WC-Flasche oder eine Spülmittelflasche.

Nachhaltig saubere Fenster

Fensterputzen ist ja in Sachen Hausarbeit mein Endgegner. Darum macht das bei uns auch mein Mann. Der weiß inzwischen richtig gut, wie's geht, und putzt außerdem schon seit einer Weile mit diversen umweltfreundlichen Hausmittelchen, die seine Frau Mama ihm ans Herz gelegt hat.

Die üblichen Tricks kennt ja eigentlich jeder: nicht bei Sonnenschein putzen, nicht zu viel Spüli ins Putzwasser geben, schnell polieren, damit es keine Streifen gibt. Noch weniger Schlierengefahr besteht, wenn man auch noch einer Schuss Essig als Enthärter ins Wasser gibt.

Der Göttergatte nimmt aber kein Spüli mehr, sondern Schwarz-tee in Kombination mit Essig. Ja, richtig gelesen. Die Gerbstoffe im Tee sind besonders wirksam gegen Fett und Nikotin. Das ist bei uns in der Küche wichtig, denn hier dürfen unsere Gäste an kalten Wintertagen auch mal eine Zigarette rauchen … Angeblich hilft Salmiak auch ganz prima, aber der Geruch ist ziemlich unerträglich. Wenn die Fenster extrem dreckig sind, kannst du es mal mit einer ausrangierten Feinstrumpfhose als Putzlappen versuchen. Die Wirkung soll phänomenal sein. Poliert wird am Ende mit einem Stück Zeitung wie zu Großmutters Zeiten. Ich habe auch mal gehört, dass Zeitung sich auch beim Putzgang prima als Lappen macht, doch da sperrt sich der Mann noch …

355 WC-Duftstein: nein danke!

Mir sind diese ganzen Gels und Produkte, die man sich in die Toilette hängt, um sich das Putzen zu sparen, ehrlich gesagt ein Gräuel. Letztlich handelt es sich um reine Chemie – was die ganzen Duftnoten, in denen sie daherkommen, auch nicht überdecken können, ganz im Gegenteil. Und mit diesen ganzen chemischen Stoffen müssen sich dann die Klärwerke rumschlagen, um unsere Gewässer zu schützen.

HINTERGRUND

Man sollte mit WC-Reinigern aller Art auf jeden Fall möglichst sparsam umgehen. Viel besser ist, mit reichlich Wasser gründlich zu schrubben und zu spülen – scharfe Reiniger brauchst du dann eigentlich nicht mehr. Mir hat mal eine professionelle Raumpflegerin den Tipp gegeben, Verschmutzungen in der Toilette mit einigen Esslöffeln Zitronensäure und einem Esslöffel Natron zu Leibe zu rücken. Funktioniert super. Die Zitronensäure löst eventuellen Urinstein und beseitigt in Kombination mit Natron auch Kalkrückstände.

Wenn der Abfluss mal verstopft ist ... 356

... nehme ich eben keinen Rohrreiniger, denn der ist mir viel zu aggressiv – und der Umwelt erst recht. Wenn noch ein bisschen Wasser abfließt, der Abfluss also nicht vollständig verstopft ist, arbeite ich normalerweise mit einer bewährten Kombination aus Backpulver und Essigessenz – zuerst gibst du 4 Esslöffel Backpulver in den Ausguss, dann gleich 1/2 Tasse Essigessenz hinterher. Wenn Backpulver und Essig sich verbinden, hörst du es sprudeln. Wenn das abgeklungen ist, gießt du noch kochendes Wasser hinterher, um das aufgelöste Hindernis wegzuspülen. Statt Backpulver kannst du auch Waschsoda verwenden.

Wenn aber gar nichts mehr geht, nehme ich den guten alten Pömpel zur Hand. Wichtig ist, dass du beim Pumpen den Überlauf des Waschbeckens mit einem Tuch zuhältst, sonst entsteht kein Unterdruck, und alle Mühe ist vergeblich. Wenn auch diese Aktion erfolglos bleibt, hilft nur noch die Rohrspirale. Die führt man durch Abfluss und Siphon vorsichtig bis ins Fallrohr, und sobald man ein Hindernis spürt, beginnt man, die Kurbel zu drehen, um die Ablagerungen zu beseitigen. Wenn du dich für diese Variante entscheidest, ist Fingerspitzengefühl geboten, damit du das Rohr nicht beschädigst.

Ran an die Fuge

So praktisch Fliesen ja sind, so mühsam ist es, die Fugen zu putzen. Früher habe ich die immer munter mit allem geschrubbt, was der Putzschrank so hergab, in der Tendenz eher mit scharfen, sauren Sachen. Keine gute Idee, denn die lösen den Kalk in den Fugen ab. Heute weiß ich's besser und gehe mit dem umweltfreundlichen Wundermittel Natron an die Sache. Du mischst das Pulver einfach im Verhältnis 3:1 mit Wasser, trägst es mit einer alten, weichen Zahnbürste auf, wartest eine Stunde und spülst dann alles mit klarem Wasser und einem Tuch ab. Das Ganze klappt auch mit Waschsoda, aber das ist deutlich aggressiver und kann Augen und Schleimhäute reizen.

Schön sauberer Teppichboden

Ein angeranzter Teppichboden kann mir echt das Wohnvergnügen verleiden. Damit im Gegenzug die Umwelt nicht leidet, wenn ich dem Schmutz zu Leibe rücke, gehe ich die Reinigung meistens mit sanften, ökologisch unbedenklichen Methoden an.

Eher ungewöhnlich ist die Teppichreinigung mit Kartoffelwasser. Dafür übergießt du einige geriebene rohe Kartoffeln mit kochendem Wasser und lässt die Mischung 3 Stunden lang stehen. Dann gießt du das Wasser in einen Eimer ab und bürstest den Teppich damit ab. Danach wartest du eine Weile und saugst den Schmutz anschlie-Bend einfach ab. Klingt kurios, funktioniert aber wirklich.

Etwas schneller geht's mit einer trockenen Natronbehandlung, die allerdings leicht aufhellend wirkt. Dafür bestreust du den Teppich einfach großzügig mit Natron, das du 15 Minuten später wieder absaugst. Danach sollte der Teppich wieder frisch, sauber und geruchsfrei sein. Alternativ kannst du auch feuchtes Salz mit einer Bürste in den Teppich einarbeiten. Wenn es gut eingewirkt ist, kannst du es einfach absaugen. Obacht, ebenso wie Natron hellt auch Salz etwas auf.

Augen auf beim Putzmittelkauf

359

Klar, es ist toll, wenn man es schafft, beim Putzen mit Hausmitteln wie Natron, Essigessenz und Kernseife auszukommen, aber das ist auch nicht jedermanns Sache. Wenn du Putzmittel lieber fertig kaufst, solltest du allerdings genau auf die Inhaltsstoffe achten und die folgenden lieber meiden:

→ Synthetische Tenside: Tenside bauen die Oberflächenspannung des Wassers ab und sorgen dafür, dass wir mit unserem Putzwasser auch Fett lösen können. Synthetische Tenside werden aus Erdöl hergestellt. Sie können sich, obwohl sie laut Vorgaben des Gesetzgebers biologisch abbaubar sein müssen, in der Umwelt ablagern und das Leben in unseren Gewässern gefährden. Sie werden oft in Kombination mit Enthärtern eingesetzt, die sich ebenfalls in der Umwelt anreichern.

→ Biologische Tenside, die aus nachwachsenden Rohstoffen hergestellt werden, gelten als bessere Alternative zu den synthetischen Tensiden, doch allzu oft wird zu ihrer Herstellung Palmöl verwendet, und damit das im großen Stil produziert werden kann, werden riesige Regenwaldflächen gerodet. Also nicht so gut.

→ Synthetische Konservierungsstoffe, die die Putzmittel haltbar machen sollen, können Allergien auslösen. Besonders schädlich für die Gesundheit ist Formaldehyd. Konservierungsstoffe sind außerdem nur schlecht biologisch abbaubar, giftig für Wasserorganismen und reichern sich in der Umwelt an.

→ Ebenfalls keinesfalls zu empfehlen sind sogenannte Hygienereiniger mit desinfizierender Wirkung. Sie sind schlecht für die Umwelt, haben im Alltag wirklich keinen Mehrwert, und der verstärkte Einsatz von antibakteriellen Mitteln könnte unter Umständen auch noch zu Resistenzen bei den Bakterien führen – und dann sind Desinfektionsmittel wirkungslos, wenn sie wirklich gebraucht werden.

→ Keine gute Idee sind auch Putzmittel, die als Bleichmittel Natriumperborat und Natriumhypochlorid enthalten, die unsere Gewässer belasten. Wenn es unbedingt ein Bleichmittel sein muss, dann am besten Natriumpercarbonat.

Das sind natürlich jede Menge Einschränkungen, und du wirst kaum ein konventionelles Reinigungsmittel finden, das keinen der oben genannten Wirkstoffe enthält. Wenn du allerdings zu einem ökologischen Produkt greifst, kannst du davon ausgehen, dass es überwiegend aus Rohstoffen besteht, die aus nachwachsenden Quellen stammen, gut abbaubar ist und in der Umwelt möglichst wenig Schaden anrichtet. Achte beim Einkaufen am besten darauf, dass die Reinigungsmittel entweder die Siegel ecocert oder Eco Garantie tragen oder mit dem EU-Umweltsiegel ausgezeichnet sind. Dann kannst du eigentlich ziemlich sicher sein, dass ein möglichst umweltschonendes Produkt in deinem Einkaufswagen landet.

Glänzende Lösungen fürs Silber

Ich hole das Familiensilber ja genau zweimal im Jahr aus dem Schrank: an Weihnachten und zu Ostern. Und dann muss ich es natürlich jedes Mal putzen, weil es in der Schublade schwarz angelaufen ist. Lange habe ich das so gemacht wie meine Mutter auch schon: Besteck in Alufolie einwickeln und in kochendes Salzwasser legen. Nachpolieren, fertig. Aber Alufolie soll man ja aus bekannten Gründen nicht mehr nutzen. Darum bin ich inzwischen auf andere Methoden ausgewichen.

Ziemlich bequem finde ich die Lösung, das Besteck 30 Minuten lang in eine Schüssel mit Zitronensaft oder Zitronensäure (gibt's im Drogeriemarkt) zu legen und anschließend in ein Wasserbad mit Natron. Danach muss man es nur noch abspülen und nachpolieren.

Ganz ähnlich wirkt die Behandlung mit einer Paste aus Salz und Zitronensaft, mit der du das Besteck prima blank polieren kannst.

Die Verfärbungen verschwinden auch, wenn du Backpulver mit ein bisschen Wasser zu einer Paste anrührst, die du mit einer ausgedienten weichen Zahnbürste auf das Besteck aufträgst. Dann wartest du 30 Minuten und wäschst Messer, Gabel und Löffel gründlich mit Wasser ab. Anschließend wird trocken gerieben und poliert.

Außerdem gibt es noch ein paar Tricks, mit denen du allzu schlimmes Anlaufen verhindern kannst. Wenn du einige Centmünzen mit in die Silberschublade legst, laufen die an statt des Silbers. Oder du wickelst das Besteck in Baumwolltücher ein, sodass es nicht mit Sauerstoff und Schwefelwasserstoff aus der Luft reagiert. Du kannst auch ein Stückchen weiße Schulkreide in die Schublade legen, das entzieht der Luft nämlich die Feuchtigkeit und verhindert damit das Anlaufen.

361 Bio-Bügeleisenpflege

Bügeln ist sowieso nicht gerade meine Lieblingsbeschäftigung. Vollends zu viel kriege ich, wenn das Bügeleisen nicht mehr richtig gleitet. Aber als ich gesehen habe, was Reiniger fürs Bügeleisen kosten, hat es mir fast die Sprache verschlagen. Außerdem wurde darauf hingewiesen, dass man die Dämpfe nicht einatmen sollte – in Sachen Gesundheit und Umwelt auch nicht gerade vertrauenerweckend. Also habe ich mich auf die Suche nach Hausmitteln begeben … und bin begeistert. Zitronensaft ist wirklich ein Wundermittel. Du musst das Bügeleisen nur leicht erwärmen, dann ziehst du den Stecker raus und reinigst die Unterseite des Bügeleisens mit einem mit Zitronensaft getränkten Tuch, anschließend polierst du mit einem trockenen Baumwolltuch nach, um den gelösten Schmutz zu entfernen, und schon flutscht es wieder. Mit nix als Zitronensaft. Toll.

Grobe Verschmutzungen kannst du lösen, indem du mit einer in ein Baumwolltuch gewickelten weißen bzw. farblosen Kerze über die warme Bügelfläche streichst. Der Schmutz lässt sich dann leicht abwischen und wegpolieren. Auch im Handumdrehen erledigt. Oder du stellst das heiße, vom Strom getrennte Bügeleisen auf ein mit Essigwasser getränktes Baumwolltuch. Nach 10 Minuten kannst du Verschmutzungen einfach mit einem sauberen Tuch abnehmen. Und verstopfte Dampfdüsen befreist du einfach mit einem in Essig getränkten Wattestäbchen vom Kalk.

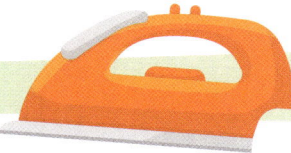

362 Scheuerpulver aus der Natur

Ich kann mich noch gut daran erinnern, dass bei unserer Großtante immer ein Topf mit Wiener Kalk herumstand. Das Pulver ist nichts anderes als gemahlenes Gesteinsmehl und für Mensch und Umwelt vollkommen unbedenklich. Besonders gut eignet es sich zum Putzen von glatten Oberflächen, die man durch Wienern (daher der Name!) wieder auf Hochglanz bringt. Früher stand Wiener Kalk wohl in jedem Putzschrank, heute ist es im stationären Handel kaum noch zu kriegen. Wenn du zufällig mal ein Angebot entdeckst, solltest du unbedingt zuschlagen. Und keine Angst: Auch wenn es sich um ein „Scheuerpulver" handelt, Wiener Kalk ist so fein gemahlen, dass er keine Kratzer hinterlässt, wenn du glatte Flächen aus Edelstahl, Silber, Messing, Glas und Glaskeramik sowie lackierte Flächen damit behandelst.

Wenn du das Pulver mit Spülmittel mischst, kannst du es auch prima zum Reinigen von fettigen Flächen (z. B. Ceranfeld, Spüle) verwenden, gibst du Essig zu, ist es ein toller Kalklöser. Überzeugt?

Nachhaltig waschen leicht gemacht

Beim Waschen kann man ziemlich wirkungsvoll an der Nachhaltigkeitsschraube drehen – nicht nur, was den Energie- und Wasserverbrauch betrifft, sondern auch, was die Langlebigkeit der Textilien angeht. Wie gut ein Kleidungsstück die Wäsche übersteht und wie es langfristig um seine Lebenserwartung bestellt ist, liegt in deiner Hand!

Aufmerksam sortieren

363

Das hat mir schon meine Mutter beigebracht: Das Waschen fängt beim Sortieren an. Also immer schön nach Weiß, Bunt und Fein trennen, sonst hat vor allem die helle Wäsche schon bald einen mehr oder weniger einheitlichen und eher unattraktiven Grauton. Und auch der Blick in die Pflegehinweise für die Textilien kann sich lohnen, man sieht nicht jedem Kleidungsstück an, wie empfindlich oder auch robust es eigentlich ist. Und dass die feine Bluse nicht zusammen mit der Jeans mit Nieten und Metallknöpfen in die Trommel gehört, versteht sich eigentlich von selbst, oder? Schließlich willst du die Bluse nach dem Waschen ja auch noch mal anziehen …

364

Maschine voll beladen

Ich weiß, ich weiß, manchmal braucht es wirklich Geduld, bis ausreichend Wäsche zusammengekommen ist, um die Waschmaschine wirklich voll zu machen. Aber es lohnt sich, denn ein Waschgang kostet je nach Maschine, Waschpulver und Temperatur zwischen 0,60 und 1,20 Euro, davon gehen 0,50 Euro für Energiekosten drauf. Wenn du dir nur fünfmal im Monat eine Zusatzwäsche gönnst (für einen 4-Personen-Haushalt ist das ja noch nicht mal so viel), dann kostet euch das um die 4 Euro und im Jahr fast 50. Und das ist ja schon eine Menge Geld, oder?

365 Passend dosieren

Normalerweise wird bei den Dosierungsangaben für Waschmittel ja zwischen leicht, normal und stark verschmutzter Wäsche unterschieden. Meiner Erfahrung nach kommt man mit der Dosis für die leicht bis normal verschmutzte Wäsche locker zurecht. Außerdem musst du die Wasserhärte berücksichtigen. Die findest du auf der Website deines Wasserversorgers. Wenn nicht, kannst du die Frage schnell mit einem Anruf klären. Je weicher das Wasser ist, desto weniger Waschmittel brauchst du nämlich.

366 Waschmittel richtig wählen

In Deutschland liegt der Pro-Kopf-Verbrauch an Waschmittel bei fast 8 Kilogramm pro Jahr, dazu kommen dann noch mal reichlich zusätzliche Pflegemittel wie Weichspüler, Fleckenlöser usw. Bedenkt man diese Mengen, können wir als Verbraucher ja schon einiges tun. Wenn du besonders umweltbewusst waschen willst, dann mit einem hochkonzentrierten, ergiebigen Waschmittel, denn je geringer die Dosierung ist, desto weniger Waschmittelchemikalien kommen in die Gewässer. Außerdem wird die Verpackung mit steigender Ergiebigkeit kleiner, und du produzierst weniger Verpackungsmüll. Lass dich nicht von den relativ hohen Preisen für die vergleichsweise kleinen Gebinde bei den hochkonzentrierten Produkten abschrecken. Wie teuer sie dich wirklich kommen, kannst du im Vergleich der Anzahl der mit dem Packungsinhalt möglichen Waschgänge ermitteln.

367 Vorgehen bei groben Verschmutzungen

Besonders im Frühjahr und im Herbst, wenn wir wie wild im Garten rumwühlen, landen auch mal ganz schön verdreckte Klamotten im Wäschekorb. Die stecke ich dann nicht zusammen mit unseren Schul- und Büroklamotten in die Maschine, sondern sammle die Schmutzfinken, bis ich genug beisammenhabe, um eine ganze Maschine damit zu füllen und dann Waschmittelmenge und Temperatur entsprechend anzupassen. Und wenn ein einzelnes Kleidungsstück besondere Flecken hat – ich sag nur Tomatensauce, Kaffee, Kakao –, behandele ich die lieber vor dem Waschen schon, statt für eine ganze Waschladung ein eher energieaufwendiges Fleckenprogramm zu wählen.

Klug programmieren

Bei uns hat eigentlich niemand einen Job oder ein Hobby, bei dem man besonders schmutzig wird. Darum wasche ich in aller Regel ohne Vorwäsche. Und im Normalfall wähle ich auch das Öko-Waschprogramm. Das braucht zwar wirklich ganz schön lange, verbraucht aber dafür deutlich weniger Energie. In letzter Zeit habe ich die Maschine oft so programmiert, dass sie in den frühen Morgenstunden anfängt zu waschen, sodass ich die Wäsche dann noch schnell vor der Arbeit aufhängen kann. Dann sind mir die langen Waschzeiten erst recht egal. Auf die Kurzwaschprogramme solltest du wirklich möglichst verzichten, denn die sparen zwar ordentlich Zeit, aber fallen durch einen sehr hohen Energieverbrauch auf.

Nicht zu heiß waschen

Den größten Einfluss auf den Energieverbrauch deiner Waschmaschine – und den damit einhergehenden CO_2-Ausstoß – hat die Wahl der Waschtemperatur, denn das Aufheizen ist extrem energieintensiv. Aber der Trend geht ja sowieso zum Niedrigtemperaturwaschen: Die modernen Waschmittel sind inzwischen so leistungsstark, dass die Waschergebnisse schon bei 30 °C ziemlich gut sind. Solange die Wäsche nicht wahnsinnig dreckig ist, kannst du getrost eher niedrige Temperaturen einstellen, für nur leicht verschmutzte Buntwäsche 30 °C, für Weißwäsche 40 °C. Dein Waschmittel schafft das schon! Und wenn du dich für eine Wäsche bei 40 °C statt 60 °C entscheidest, sparst du 35 bis 40 Prozent Energie. Ein- bis zweimal im Monat solltest du allerdings eine Ladung Wäsche bei 60 °C mit Vollwaschmittel waschen (bei uns ist das immer die gute weiße Bettwäsche von der Oma), dann gedeihen auch keine Keime in der Maschine. Kochwäsche muss eigentlich gar nicht mehr sein, es sei denn, ein Familienmitglied hat eine ansteckende Krankheit ...

Die Baukastenmethode

Wir waschen normalerweise im Tandem. Nein, das bedeutet nicht, dass mein Mann und ich zusammen im Waschkeller stehen (schön wär's!), sondern dass ich für Bunt- und Weißwäsche unterschiedliche Super-Kompaktwaschmittel verwende – ein Colorwaschmittel und ein Vollwaschmittel, dazu haben wir noch ein Feinwaschmittel. Das Umweltbundesamt und diverse Verbraucherzentralen raten übrigens zu pulverförmigem Waschpulver, weil das bei gleicher Dosierung im Vergleich zum Flüssigwaschmittel eine höhere Waschkraft hat und weniger Tenside enthält. Außerdem wird es im Pappkarton statt im Plastikbehälter verkauft. Mich hat das überzeugt, wieder zum Pulver zurückzukehren. Noch

besser als die Tandemmethode sind aber die sogenannten Baukastensysteme, bei denen das Basiswaschmittel, der Enthärter und das Bleichmittel getrennt dosiert werden. Da wollte ich mich demnächst mal heranwagen, denn es erscheint mir schon sinnvoll, von allen Zutaten nur so viel zu nehmen wie nötig. Da, wo das Wasser sehr weich ist, braucht man ja gar keinen Enthärter, in „Fertigwaschmitteln" ist der aber schon drin. Und fiese Flecken sind selbst bei uns nicht in jeder Wäsche, dann kann man sich den Fleckenentferner ja auch häufig sparen. Ich glaube, ich probiere das bald mal aus. Bei uns in der Nähe gibt es so ein System im Drogeriemarkt und im Bioladen.

Rote Karte für den Weichspüler

In Weichspülern stecken jede Menge Substanzen, die alles andere als wohltuend für die Umwelt sind. Und zur Reinheit der Wäsche tragen sie auch nicht bei. Zugegeben, ich finde es schon schön, wenn die Wäsche gut duftet und die Handtücher nicht bretthart sind. Doch wie ich inzwischen weiß, braucht man dafür keinen Weichspüler. Wenn du eine halbe Tasse Essig (für Bettwäsche und Handtücher auch eine ganze) ins Weichspülerfach gibst, wird die Wäsche auch schön weich. Zudem sorgt Essig auch noch dafür, dass die Farben frisch bleiben, Fusseln und Tierhaare sich von der Kleidung lösen, weil sie ihre statische Aufladung verliert, und Wäsche und Trommel gründlich von eventuellen Waschmittelresten befreit werden. Ach so, falls dir der Duft des Weichspülers fehlt: Gib doch mal ein mit Orangen- oder Zitronenschalen gefülltes Stoffsäckchen mit in deine Wäsche – das riecht auch richtig lecker.

Lüften statt waschen

Sind dir Wollpullover in der Wäsche auch so ein Gräuel? Ich wasche die Teile ja noch nicht mal mit der Hand. Aber mich nervt es schon, dass sie im Liegen getrocknet werden müssen und dann an allen erdenklichen Orten im Haus Pullover vor sich hin trocknen. Darum bin ich in den Streik getreten. Wollsachen werden bei uns jetzt immer erst mal ausgiebig gelüftet, bevor ich überhaupt daran denke, sie zu waschen. Denn schöner werden die im Wasser ja auch nicht. Und was soll ich sagen? It works! Wenn es sich nicht gerade um extrem schwere Winterpullis handelt, kannst du sie zur Erfrischung auch mal mit ins Bad nehmen. Einfach auf den Bügel hängen und bedampfen, während du eine heiße Dusche oder ein schönes Vollbad nimmst.

373

Gut geschleudert ist halb getrocknet!

Ich achte bei der Einstellung des Waschprogramms immer darauf, dass unempfindliche Kleidungsstücke wie Jeans und Baumwollhosen ordentlich geschleudert werden. Das verkürzt die Trockenzeit enorm – und der Wäscheständer steht nicht mehr lange im Weg herum.

374

Lieber auf die Leine

Ja, Wäschetrockner sind eine tolle Erfindung, aber leider auch echte Energiefresser. Wenn du die Möglichkeit hast, deine Wäsche im Freien zu trocknen – immer raus damit. Das tut übrigens nicht nur deiner Stromrechnung gut, sondern auch der Wäsche. Die büßt nämlich durch die heiße Luft im Trockner an Lebenszeit ein. Und was riecht besser als Wäsche, die im Sommerwind getrocknet ist? Wenn das nicht möglich ist: Trocknet die Wäsche auf dem guten, alten Wäscheständer.

375

Eiskalt trocknen

Was ich lange nicht wusste, aber letzten Winter gleich mal ausprobiert habe: Man kann Wäsche durchaus auch bei Minustemperaturen draußen zum Trocknen aufhängen. Im ersten Schritt gefriert sie zwar und wird bockelhart, aber dann trocknet sie. Dabei geht das Wasser direkt vom gefrorenen in den gasförmigen Zustand über. Allerdings brauchst du ein bisschen mehr Geduld als im Sommer, und solange die Wäsche steif gefroren ist, solltest du sie lieber nicht anfassen, da das Gewebe unter Umständen beschädigt werden könnte. Ich kann nur empfehlen, das mal auszuprobieren. Übrigens: Angeblich verliert weiße Bettwäsche durch eine Frostnacht auf der Leine ihren Grauschleier. Ich werde das nächsten Winter unbedingt mal versuchen.

Die Stunde der Wahrheit ist gekommen

Familien-Quiz

Wer von euch hat am aufmerksamsten gelesen?

1. Es ist richtig nachhaltig, wenn man

a) überall, wo es geht, Recyclingpapier verwendet, weil für die Herstellung viel weniger Ressourcen verbraucht werden als für die Produktion von Papier aus Frischfasern.

b) immer Papiertaschentücher verwendet, weil das Waschen von Stofftaschentüchern so viel Energie kostet.

c) jede Mail ausdruckt, die man bekommt. Dann kann man sie nämlich vom Computer löschen, und das spart Energie.

d) sich alle Bücher kauft, die man gerne lesen würde, weil Bücher so langlebig sind.

2. Deutschland ist internationale Spitze, was den Verbrauch von Aluminium angeht.

a) Das ist auch gut so, denn Aluminium ist ein superleichtes, biegsames und hitzebeständiges Material, das man toll recyceln kann.

b) Das ist ziemlich bedenklich, denn die Produktion von Aluminium ist extrem umweltschädlich und führt dazu, dass Regenwald gerodet wird.

c) Das muss sich auch nicht ändern, denn der bei der Produktion entstehende Rotschlamm lässt sich problemlos in große Seen oder Flüsse entsorgen.

d) Das macht auch gar nichts, denn die Herstellung von Aluminium ist eher gut als schlecht für die Umwelt.

3. Im Supermarkt gibt es immer mehr Produkte aus Bio-Plastik.

a) Das ist super, denn die verrotten alle rückstandslos. Darum kann man Bio-Plastik auch einfach in der Natur entsorgen.

b) Um die sollte man lieber einen Bogen machen, denn sie sind weder problemlos biologisch abbaubar, noch ist ihre Produktion umwelttechnisch unbedenklich.

c) Bio-Plastik kann man einfach in die Gelbe Tonne entsorgen. Es wird dann vollständig wiederverwertet.

d) Die sind besonders nachhaltig, weil die pflanzlichen Rohstoffe für ihre Herstellung ein Nebenprodukt der Bio-Landwirtschaft sind.

4. DVDs und CDs braucht ja heute fast kein Mensch mehr. Wenn du sie entsorgen möchtest,

a) dann bitte in den Restmüll.

b) solltest du sie am Wertstoffhof oder speziellen Sammelstellen abgeben. Sie bestehen nämlich aus einem wertvollen Kunststoff, der sehr gut wiederverwertet werden kann.

c) darfst du auf keinen Fall die Datenschicht auf der Oberseite zerstören, dann sind sie nämlich nicht mehr für das Recycling geeignet.

d) kannst du sie auch in die Gelbe Tonne werfen, denn sie sind ja so eine Art Verpackung für die gespeicherten Daten.

5. Für das Sortieren von Altpapier gibt es ganz klare Regeln:

(a) Altpapier ist alles, was sich entfernt nach Papier anfühlt. Auch Kassenzettel, Papiertaschentücher und kunststoffbeschichtete Pappen.

(b) Ins Altpapier darf alles, was mal Verpackung war.

(c) In die Altpapiertonne dürfen ausschließlich Papier und Pappe.

(d) In Folie geschweißte Werbeprospekte darf man einfach ins Altpapier entsorgen. Die werden von den Mitarbeitern in den Sortieranlagen sowieso noch mal durchgesehen.

6. Putzen macht einen großen Teil der Hausarbeit aus.

(a) Und wenn man einmal dabei ist, verwendet man am besten einen Hygienereiniger mit desinfizierender Wirkung. Dann haben ansteckende Krankheiten auch keine Chance.

(b) Damit es nicht ganz so anstrengend ist, sollte man möglichst Reinigungsmittel mit synthetischen Tensiden kaufen. Die lösen Fett und Schmutz mit einem Wisch.

(c) Darum sollte man besonders darauf achten, ökologische Reinigungsmittel zu kaufen, die überwiegend aus nachwachsenden Rohstoffen bestehen, gut abbaubar sind und in der Umwelt so wenig Schaden wie möglich anrichten.

(d) Hausmittel wie Natron, Essigessenz und Kernseife sind darum nicht zu empfehlen, denn sie sind extrem teuer, und sauber machen sie auch nicht.

7. Wenn es an die große Wäsche geht,

(a) sollte man einfach alles zusammen waschen. Ist doch Quatsch, immer alles zu trennen. Wenn man nicht zu heiß wäscht, verlaufen die Farben ganz sicher nicht.

(b) kann man ruhig auch mal eine halb volle Maschine starten – allerdings am besten im Kurzprogramm. Das verbraucht nicht so viel Energie.

(c) kann man getrost alles mit demselben Waschmittel waschen. Die Produkte sind heute so intelligent, dass sie sich der Wäschequalität anpassen.

(d) ist es sehr sinnvoll, ein hochkonzentriertes, ergiebiges Waschmittel zu verwenden, denn so gelangen weniger Waschmittelchemikalien ins Wasser, und es fällt weniger Verpackungsmüll an.

8. Ein großer Teil unseres Mülls gehört in die Wertstofftonne. Bei der Entsorgung sollte man einige Dinge beachten:

(a) Der Müll sollte möglichst sauber sein. Also Joghurtbecher am besten spülen.

(b) Wenn unterschiedliche Wertstoffe aneinanderhaften, z. B. weiches und hartes Plastik oder Kunststoff und Metall, versagt die Sortieranlage häufig. Darum trennst du sie am besten schon bei der Entsorgung voneinander.

(c) Platz sparen ist angesagt, darum versuche alles ineinanderzustapeln, was geht.

(d) Brötchentüten gehören nicht in die Gelbe Tonne, sondern ins Altpapier.

9. Im Alltag fällt zunehmend mehr Elektroschrott an.

(a) Den darf man einfach in den Hausmüll werfen.

(b) Aber das ist kein Problem, den kann man einfach beim nächsten Supermarkt abgeben.

(c) Den kannst du einfach neben den Altglascontainer stellen, dann nimmt das Müllfahrzeug den auch mit.

(d) Alles, was ein Kabel hat oder per Batterie betrieben wird, muss sorgfältig entsorgt werden. Der stationäre und der Online-Fachhandel sind, sofern das Unternehmen über eine Verkaufs- bzw. Lagerfläche über 400 m² Größe verfügt, verpflichtet, kleine Elektrogeräte zurückzunehmen.

Kennzeichen-Auswahl für Bio- und nachhaltige Produkte

LEBENSMITTEL-SIEGEL

Manchmal habe ich das Gefühl, man kann sich beim Lebensmittelkauf vor Bio-Kennzeichnungen gar nicht mehr retten. Grundsätzlich gilt: Die Begriffe „bio", „öko" und „aus kontrolliertem Anbau" sind in der Europäischen Union geschützt – „nachhaltig" ist dagegen nicht geschützt. Ob ein Lebensmittel den EU-Anforderungen an Bio-Produkte entspricht, erkennt man am **EU-Bio-Logo**:

Mit diesem Siegel werden alle verpackten Bio-Lebensmittel (Käse, Milch, Eier, Fleisch und Wurstwaren, Obst, Salat, Gewürze, Getreideprodukte usw.), die in Europa produziert wurden, gekennzeichnet. Das Siegel garantiert bestimmte Mindeststandards:

→ Die Produkte enthalten keine gentechnisch veränderten Bestandteile.

→ Sie wurden weder mit synthetischen Pflanzenschutzmitteln noch mit leicht löslichen mineralischen Düngern behandelt.

→ Sie enthalten höchstens 5 Prozent konventionell erzeugte Bestandteile (das ist zum Beispiel dann zulässig, wenn bestimmte Zutaten nicht in Bio-Qualität verfügbar sind).

→ Bei der Produktion wird auf Geschmacksverstärker, künstliche Aromen, Farbstoffe und Emulgatoren verzichtet.

→ Rohwaren und Bestandteile, die aus Drittländern eingeführt werden, unterliegen strengen Kontrollen.

→ Voraussetzung für die Vergabe des Siegels sind außerdem abwechslungsreiche Fruchtfolgen. Das bedeutet, dass auf einer Nutzfläche nicht immer dieselben Pflanzen angebaut werden dürfen.

→ Bei der Tierhaltung müssen bestimmte Mindestgrößen für Stall und Freiflächen eingehalten werden.

→ Es kommen ausschließlich ökologisch produzierte Futtermittel ohne Antibiotika und Leistungsverstärker zum Einsatz.

Die gleichen Anforderungen gelten für Lebensmittel, die mit dem **nationalen deutschen Bio-Siegel** gekennzeichnet sind. Dieses Siegel sollte eigentlich durch das EU-Bio-Logo abgelöst werden, aber viele Hersteller verwenden es auch heute noch, weil es so bekannt ist.

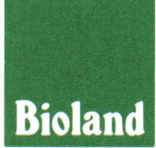

Die Kriterien für die Vergabe des **Bioland-Zeichens** sind strenger als die der EU-Öko-Verordnung: 100 Prozent aller Zutaten für ein Bioland-Lebensmittel müssen ökologisch erzeugt sein, nur 22 Zusatzstoffe sind erlaubt. Das Bioland-Zeichen wird für Fleischprodukte, Obst, Gemüse, Salat, Käse, Milch, Eier, Getreideprodukte, Gewürze, Wein, Bier, Getränke, Honig und auch Pflanzen vergeben.

Ebenfalls strenger als das EU-Bio-Siegel ist das **Naturland-Siegel**. Neben detaillierten Regeln für Anbau und Verarbeitung der Produkte sind auch soziale Anforderungen fester Bestandteil der Naturland Richtlinien. Die Zusatzzertifizierung Naturland Fair deckt überdies auch den Fairen Handel ab. Weitere Besonderheiten sind die Öko-Aquakultur sowie nachhaltige Waldwirtschaft.

Der Anbauverband **Demeter** legt die strengsten Kriterien für die Vergabe seines Siegels an. Maßgeblich für den Bio-Anbau bei Demeter sind die Prinzipien der biologisch-dynamischen Landwirtschaft, wie Rudolf Steiner, der Begründer der Anthroposophie, sie formulierte. Steiner ist dir vermutlich vor allem als Begründer der Waldorfschulen ein Begriff.

Dies sind die wohl bekanntesten und am weitesten verbreiteten Bio-Siegel im Lebensmittelhandel. Viele Supermarktketten führen daneben noch eigene Bio-Siegel, deren Aussagekraft vergleichsweise gering ist. Sie dienen eher der Werbung, aber solange sie in Kombination mit einem der oben genannten Kennzeichen auftreten, ist die Bio-Qualität garantiert.

Das MSC-Siegel

Der Marine Stewardship Council MSC ist eine unabhängige gemeinnützige Organisation, die Fischereiunternehmen nach Umweltkriterien zertifiziert. Auch wenn viele Umweltorganisationen das MSC-Siegel inzwischen als zu lax kritisieren, bietet es dir beim Einkauf eine erste Orientierung. Wenn du noch bewusster einkaufen möchtest, helfen dir die entsprechenden Einkaufsratgeber von Greenpeace und dem WWF weiter.

Das ASC-Siegel

Gegenwärtig stammen bereits rund 50 Prozent der weltweit verzehrten Speisefische aus Zuchtbetrieben.

Der Aquaculture Stewardship Council (ASC) ist eine unabhängige Organisation, die ihr Siegel für Aquakulturen vergibt, die ihren Fisch umweltverträglich und sozial verantwortungsbewusst produzieren.

Das Fairtrade-Siegel

Dieses Siegel erhalten ausschließlich fair angebaute und gehandelte Produkte, für die alle Zutaten zu 100 Prozent unter Fairtrade-Bedingungen gehandelt wurden und die sich physisch zurückverfolgen lassen. Es garantiert Kleinbauernkooperativen stabilere Preise sowie langfristige Handelsbeziehungen. Neben dem Fairtrade-Siegel für Lebensmittel gibt es noch eine Reihe spezifische Fairtrade-Siegel, z. B. für Baumwolle, die zu 100 Prozent fair produziert wurde, für Gold, das fair abgebaut und gehandelt wurde, für Kosmetikprodukte mit Fairtrade-Inhaltsstoffen und für Textilien, deren gesamte Lieferkette nach Fairtrade-Textilstandard zertifiziert ist.

SIEGEL FÜR WASCH- UND REINIGUNGSMITTEL

Ecocert

Dieses Siegel erhalten Wasch- und Reinigungsmittel, die im Vergleich zu konventionellen Produkten natürlicher und umweltschonender sind. Vergeben wird es von der ECOCERT GREENLIFE, die neben dem ECOCERT-Siegel für ökologische Wasch- & Reinigungsmittel auch noch das Siegel „ECOCERT für ökologische Wasch- & Reinigungsmittel hergestellt mit Biorohstoffen" führt, für das ein Produkt mindestens 95 Prozent natürliche Inhaltsstoffe und mindestens 10 Prozent Inhaltsstoffe aus ökologischem Anbau enthalten muss.

ALLGEMEINE ÖKO-LABEL

Das EU Ecolabel

Dieses EU-Umweltzeichen wird an Produkte vergeben, die geringere Auswirkungen auf die Umwelt haben als vergleichbare andere Produkte. Du findest es auf Elektrogeräten, Textilien, Schmierstoffen, Farben und Lacken, und es dient außerdem der Zertifizierung von Beherbergungsbetrieben und Campingplätzen. Für Nahrungsmittel, Getränke, Arzneimittel und medizinische Geräte wird es hingegen nicht vergeben.

Blauer Engel

Seit über 40 Jahren gibt es ihn bereits: Der Blaue Engel ist das älteste Umweltzeichen weltweit und Deutschlands bekanntestes. Aktuell sind 12.000 Produkte von rund 1.600 Unternehmen mit dem Blauen Engel ausgezeichnet. Er garantiert, dass die betreffenden Produkte umweltfreundlicher sind als vergleichbare Produkte. Alle 3 bis 4 Jahre überprüft das Bundesumweltamt jeweils die Kriterien, um bei technischem Fortschritt zu garantieren, dass auch die Produkte immer umweltfreundlicher werden.

TEXTILSIEGEL

GOTS

Dieses Siegel geht auf eine Initiative der International Working Group on Global Organic Textile Standards zurück, in der sich verschiedene Organisationen zusammengeschlossen haben, die sich für eine umweltverträgliche und sozial verantwortliche Textilproduktion einsetzen. Im Fokus steht dabei der Einsatz von Chemikalien. Das Siegel zielt darauf ab, auf internationaler Ebene einen einheitlichen, kontrollierbaren, sozialen und ökologischen Standard für die gesamte Produktionskette von Textilien zu etablieren.

Oeko Tex Made in Green

An diesem Siegel erkennst du garantiert schadstofffreie Textilprodukte, die umweltfreundlich und sozialverträglich hergestellt wurden. Es wird von der Internationalen Oeko-Tex® Gemeinschaft, einem Zusammenschluss von Textilforschungs- und Prüfinstituten, vergeben und gilt für die Herstellungs- und Nutzungsphase der Textilien.

Der Grüne Knopf

Dieses im September 2019 eingeführte staatlichen Siegel soll dir Orientierung beim Klamottenkauf geben. Es dient der Kennzeichnung nachhaltiger Textilien. Damit ein Kleidungsstück dieses Siegel erhält, müssen bei seiner Produktion 46 strenge Umwelt- und Sozialstandards eingehalten werden.

IVN NATURLEDER

Dieses Siegel versucht die Herstellung von Lederwaren ökologischer, sozialverträglicher und gesünder zu gestalten. Es wurde vom Internationalen Verband der Naturtextilwirtschaft e. V. (IVN) gegründet. Es deckt alle Herstellungsstufen von der Rohware bis zum Verkauf und Gebrauch des fertigen Leders ab. Nicht eingeschlossen sind verarbeitete Lederprodukte. Entscheidend für die Vergabe sind Faktoren wie Umweltbelastung, Gefahrenstoffe, Entsorgung und Recyclingfähigkeit des Leders, Gesundheit sowie gerechte Arbeitsbedingungen.

Stichwortverzeichnis

A

Altglasentsorgung 231
Altkleidersammlung 63, 72 f., 204
Altpapier 230
Aluminium 33, 55, 218 ff., 224
Autofahren 162, 166 ff., 211
Autokauf 172
Avocados 48

B

Bahnfahren 185, 193 ff.
Bambusbecher 202
Batterien/Akkus 214, 220
Baumwolle 66
Beleuchtung 94, 122, 123, 140, 229
Bienen 103, 105, 108, 231
Bienenwachstücher 58 f.
Bio-Kiste 40
Bio-Mode 66
Bio-Plastik 228
Boiler 156
Brot 47
Bügeln 142, 243
Butter 50

C

Carsharing 173
Challenge 14 f., 42 f., 52, 64 f., 78, 154, 171, 174 f.,
    280 f., 227
Coffee to go 26, 202
Computer/Smartphone 116 ff., 205
Conditioner 83

D

Dienstreisen 196
Do It Yourself
- Abschminkpads 80
- Balkonbeet 105
- Bienenwachstuch 59
- Chips 12
- Christbaumschmuck 92 f.
- Deo 85
- Dünger 101
- Feuchttücher 87
- Gläser Upcycling 37
- Handwaschpaste 104
- Joghurt 30
- Kerzen 150 f.
- Kleidung Reparatur 70 f.
- Kleidung Upcycling 77
- Kosmetikprodukte 82
- Kürbissnack 28
- Lebensmittel-Fertigprodukte 56 f.
- Limonade 23
- Make-up-Entferner 80
- Meisenknödel 107
- Öllämpchen 221
- Putzmittel 236 f.
- Spielzeug 88 f.
- Spüllappen 234
- Stoffbeutel 35
- Stofftaschentücher 212
- Verpackungen wiederverwenden 208
Durchlauferhitzer 156
Duschen 154

E

E-Bike 175, 185
Eier 31, 41
Eierkartons 214
Einkaufen 34 ff.
Einkochen 58
Einwegpfand 200
Elektroauto 172, 197
Elektrogeräte 120, 121, 220, 222
E-Scooter 163
EU-Energielabel 138

F

Fahrrad als Transportmittel 182 ff.
Fahrradfahren 165 f., 176 ff., 187
Fahrradpflege 180 f.
Fairer Handel 48
Fast Food 52
Fensterputzen 238
Fernbusse 193
Fisch 29

Fleisch 10 f., 31, 33, 41
Flugreisen 109, 187, 190, 193
Flugware 39, 49
Föhn 142
Frischhaltefolie 58, 220
Frittierfett 12
Früchte 18, 19, 25, 31, 51
Funktionskleidung 76

G

Garten 100 ff.
Gelbe Tonne/Gelber Sack 39, 224, 225, 226, 228
Gemüse 13, 17, 28, 31, 33, 51
Gentechnik 46, 228
Geschirrspülen 133, 153, 234, 235
Glas 57, 200
Glyphosat 46
Grillen 32 f., 219
Grundwasser 157
Grüner Strom 141

H

Haarpflege 83
Heizpilz 33
Heizung 94, 143 ff., 151
Hochdruckreiniger 153
Hühnerfleisch 11
Hülsenfrüchte 17, 31
Hygienepapier 230

I/J

Internet 116 ff.
Joghurt 30

K

Kaffee 26, 48
Kaffeekapseln 218, 220
Kaffeemaschine 131
Kaffeesatz 26
Kaugummi 47
Kleiderkammer 63
Kleidung 78 (Kinder), 86 (Babys), 204, 244 ff.

Kochen 126 ff.
Kompost 101, 102, 104, 228
Konserven 57 f., 202
Konservierungsstoffe 241
Kontaktlinsen 84
Kork 233
Körperpflegeprodukte 81, 85, 223
Kosmetikprodukte 81, 157, 219
Krabben 29
Kräuter 23
Kreuzfahrten 196
Küchenherd 124 ff.
Kühlschrank 43, 45, 50, 51, 54, 55, 134 ff.
Kunstdünger 100
Kürbiskerne 28

L

Lebensmittelaufbewahrung 37, 43, 54
Lederwaren 74
LED-Leuchten 94, 140, 229
Luffaschwamm 235
Luftbefeuchter 149

M

Margarine 50
Medikamente 157, 232
Mehrwegflaschen 200
Merinowolle 69
Mikroplastik 24, 81, 202
Milch 47
Mindesthaltbarkeitsdatum 45
Mischbatterie 153
Monatshygiene 84
Müllvermeidung 217, 227

O

Ökologische Banken 109
Ökostrom 141
Online-Shopping 208 ff.
ÖPNV 97, 164, 175

P

Palmöl 27, 241
Papier 36, 91, 97, 98, 205 ff., 230
Papierküchentücher 213

Papiertaschentücher 212
Papiertüten 34
Pappgeschirr 26, 98
Perlator 155
Pestizide 100, 108
PET-Flaschen 200
Pflanzenkauf 99, 108
Pflanzenschädlinge 100 f.
Pflanzenschutzmittel 157
Planetary Health Diet 31
Plastik 35, 36, 201, 232, 235
Plastikgeschirr 26, 98
Plastikflaschen 23
Plastiktüten 34 f., 216
Plogging 233
Putzmittel 81, 153, 157, 235, 238, 241, 243

R

Radfahren 165 f., 176 ff., 187
Reisen 186 ff.
Repair-Café 203
Resteessen 44
Rindfleisch 10 f.
Rohrreiniger 239

S

Saisonkalender 20 f.
Schnellkochtopf 128
Schokolade 48, 95
Schuhe 74, 75
Second-Hand-Kleidung 73, 75, 78
Silberputzen 242
Silica (Kieselgel) 223
Soja 10, 16
Sous-vide 16
Speisefett/-öl 12, 157
Spielzeug 89
Sport 110 ff.
Spritverbrauch 167 ff.
Spülmaschine 132 ff.
Staubsauger 121, 123
Staubwischen 151
Strom sparen 116, 120, 123, 124 f., 130, 134, 136, 140
Superfood 49
Süßigkeiten 95

T

Tafel Deutschland 45
Tee 48
Teebeutel 24
Tenside 241
Tetrapack 105, 202
Textilindustrie 62
Tierbedarf 112 f.
Toilettenpapier 207
Torf 101
Treibhausgase 11, 27, 62
Trinkwasser 22, 152

U

Unverpackt-Läden 39, 215

V

Vegetarische Ernährung 14 f.
Verbrauchsdatum 45
Verpackungen 16, 24, 36 ff., 44, 46, 215 ff.
Vogelfütterung 106 f.

W

Wäschepflege 67, 244 ff.
Wäschetrockner 249
Waschmaschine 120, 244 ff.
Waschmittel 81, 245, 247
Wasser 152 ff.
Wasserkocher 128 f.
Wassersprudler 22
Wattestäbchen 213
WC-Reiniger 239
Weichspüler 248
Weihnachten 90 ff.
Weihnachtsbaum 90
Wertstoffhof 214, 225, 231, 250
Windeln 86
Wolle 69

Z

Zahnbürsten 80
Zimmerpflanzen 107, 149
Zucker 31

Verweise:

S. 20: www.bzfe.de/inhalt/app-saisonkalender-3131.html

S. 27: www.codecheck.info

S. 29: https://fischratgeber.wwf.de

S. 31: www.bzfe.de

S. 45: www.foodsharing.de

S. 53: www.foodwatch.de

S. 66: www.fairwear.org

S. 68: z. B. www.tchibo-share.de

S. 68: www.mudjeans.eu

S. 81: www.codecheck.info

S. 102: www.umweltbundesamt.de

S. 116: www.ecosia.org oder auch www.gexsi.com

S. 165: z. B. Nextbike, Call a bike u. v. a.

S. 173: z. B. Cambio, Share Now, Sixt Share u. a.

S. 194: www.bessermitfahren.de

S. 203: www.repaircafe.org/de

S. 215: www.vzhh.de/themen/mogelpackungen

S. 232: http://brillenweltweit.de

S. 233: http://hamburg.nabu.de

Illustrationen: